AF366325

Regímenes aduaneros económicos

y procesos logísticos en el comercio internacional

PEDRO COLL

Con la colaboración de:

www.logisnet.com

Colección: Gestiona
Director: David Soler

Regímenes aduaneros económicos y procesos logísticos en el comercio internacional
1.ª edición, 2012

© 2012, Pedro Coll Tor
© de esta edición, incluido el diseño de la cubierta, ICG Marge, SL
© Fotografía de la portada, Parc Logístic de la Zona Franca

Edita: Marge Books
Avda. Alcalde Moix, 28
08207 Sabadell (Barcelona)
Tel. 931 429 486 - marge@margebooks.com
www.margebooks.com

Gestión editorial: Hèctor Soler
Edición: Rosa Serra
Colaboración editorial: Roser Pérez
Compaginación: Mercedes Lara
Impresión: Servicecom (Alcalá de Henares, Madrid)

ISBN: 978-84-15340-32-4
Depósito Legal: B-26.312-2013

Procedencia de las ilustraciones:

Aduanas Pujol Rubió, 37, 154
Autoridad Portuaria de Bilbao, 201
DSG, 186
Gala, 127
Juanjo Martínez, Autoridad Portuaria de Barcelona, 198, 204
Juanjo Martínez, Cilsa, 140-141
Puerto Seco de Burgos, 137

Reservados todos los derechos. Ninguna parte de esta edición, incluido el diseño de la cubierta, puede ser reproducida, almacenada, transmitida, distribuida, utilizada, comunicada públicamente o transformada mediante ningún medio o sistema, bien sea eléctrico, químico, mecánico, óptico, de grabación o electrográfico, sin la previa autorización escrita del editor, salvo excepción prevista por la ley. Diríjase a Cedro (Centro Español de Derechos Reprográficos, www.conlicencia.com) si necesita fotocopiar, escanear o hacer copias digitales de algún fragmento de esta obra.

 El papel empleado en este libro no ha sido blanqueado con cloro elemental (CI_2).

Índice

Capítulo 9

Capítulo 10

Capítulo 11

Capítulo 12

El autor

Pedro Coll

Tras estudiar Ingeniería Técnica Mecánica, se licenció en Ciencias Económicas y Empresariales por la Universitat de Barcelona y obtuvo el título de Doctor en Economía Aplicada por la Universitat Abat Oliba - CEU.

Especializado en comercio internacional, ha llevado a cabo su cometido en empresas nacionales y multinacionales. También ofrece asesoría y ejerce como agente de aduanas, compaginando su actividad profesional con la de profesor, pues desde hace más de veinticinco años imparte clases en varias universidades y escuelas de negocios en España y otros países.

Prólogo

Cuando el director de la editorial Marge Books, David Soler, me propuso publicar mi tesis doctoral *Los regímenes aduaneros económicos como factores de impulso al desarrollo*, con acierto sugirió ampliarla con dos temas relevantes, uno que hiciera referencia a los procesos logísticos y las infraestructuras logísticas relacionadas con el comercio exterior y otro dedicado a la protección del medio ambiente, ya que ambos tienen una estrecha relación con los regímenes aduaneros.

Las producciones industriales precisan de una amplia aplicación de la logística, en particular de cuantas infraestructuras están relacionadas con el transporte, el almacenamiento y la distribución de mercancías, es decir, con obras públicas como los puertos, los aeropuertos, los centros logísticos y las terminales ferroviarias, que requieren de los correspondientes sistemas viarios y ferroviarios para su conexión.

Asimismo, la producción industrial está estrechamente relacionada con el medio ambiente. Gobiernos y empresas han de valorar las acciones que se ejercen contra éste y, para protegerlo, han de adoptar medidas que eviten la permisividad y persigan las conductas empresariales negativas, sin duda una de las mayores amenazas para las próximas generaciones.

No defiendo conductas alarmistas sobre la contaminación o destrucción del medio. Hay que ser coherente y promover medidas justificadas. Todo requiere un riguroso análisis, y es obvio que la aplicación de medidas correctoras implica un coste. Proceder legislativamente de forma no armoniosa con la realidad conduce a la implantación de normas de dudosa eficacia, con un coste que soporta el proceso productivo y se traslada al bolsillo del consumidor, cuestión altamente negativa en un contexto de mercado global, que puede incentivar la búsqueda de nuevos enclaves en el exterior. Siempre hay países dispuestos a recibir cualquier producción industrial.

El libro sigue las pautas de la tesis a lo largo de los ocho primeros capítulos, continúa con aportaciones sobre la logística en el comercio exterior y el medio ambiente, y finaliza con unas conclusiones que deben tomarse en consideración si se desea incentivar un modelo de desarrollo a través de determinados regímenes económicos aduaneros.

La legislación aduanera es conocida, de forma general, por su intervención en el control de las operaciones de importación y exportación, tanto en la aplicación de la recaudación fiscal en frontera como del obligado cumplimiento de las normas afectas al tráfico internacional, siendo los organismos aduaneros los responsables de las comprobaciones pertinentes. Así, por ejemplo, las autoridades aduaneras velan por el cumplimiento de las normas de política comercial dictadas por el gobierno, la regulación de la libertad comercial o de la restricción de las operaciones, la verificación de la aplicación de las medidas técnicas sobre las mercancías, la seguridad de las personas y los bienes, o la comprobación de los valores declarados en las transacciones internacionales, entre otros aspectos cautelares.

Una parte importante de la legislación aduanera desarrolla una serie de normativas fiscales sobre las operaciones de transformación de mercancías, llamadas regímenes aduaneros económicos, los cuales son el objeto de desarrollo de este libro. Nuestro propósito es mostrar su influencia en la operatividad productiva de las empresas exportadoras, evidenciando su relación directa con la balanza de pagos.

Las producciones amparadas en los regímenes aduaneros económicos inciden directamente en el desarrollo del país que las aplique. En las siguientes páginas, mencionamos varios ejemplos de implantación de esos regímenes en países latinoamericanos, y ofrecemos un análisis específico de lo que representaron para España en su producto interior bruto en el periodo de 1975 a 1986.

Desarrollamos cada uno de los posibles regímenes aduaneros económicos que los países pueden aplicar, detallando sus operativas. Asimismo, resumimos y comentamos la evolución legislativa en España, desde 1850 hasta la actualidad, evolución que puede ser adaptada a otras legislaciones. También aportamos una investigación de los datos de comercio exterior español del periodo analizado, como base del cálculo al desarrollo español por la aplicación de tales regímenes, junto con ejemplos de aplicación prácticos en la producción y de los logros alcanzados en otros países.

Hemos considerado conveniente referenciar las posibilidades de cooperación de la Unión Europea en el desarrollo de otros países, ya que aquellos que disponen de más recursos técnicos y económicos han de ser, necesariamente, los actores principales en la ayuda al desarrollo, siendo éste un patrimonio económico y social que debe actuar en beneficio de todos.

Siempre me han preocupado las diferencias de renta existentes en el mundo, en muchos casos con resultados trágicos e inadmisibles. No es de recibo que las actuaciones de los intereses dominantes estén por encima del bien social.

La investigación y el análisis realizado para la publicación de esta obra muestran que la aplicación acertada de determinados regímenes aduaneros económicos, junto con las infraestructuras logísticas adecuadas y el respeto al medio ambiente, son claros factores de impulso al desarrollo. Si estas páginas sirven para ilustrar cómo ello puede ser aplicado por las autoridades gubernamentales con el objetivo de mejorar el desarrollo, aunque sea en un pequeño grado, estoy más que satisfecho.

Capítulo 1

Introducción a los regímenes aduaneros económicos

1 Introducción

La observación del entorno económico mundial denota una gran pluralidad de niveles de renta y, por tanto, diferentes grados de desarrollo económico de los países.

La división habitual entre países desarrollados y países en vías de desarrollo y, dentro de éstos, el segmento de los menos desarrollados, también evidencia la existencia de economías dispares.

El incremento de la renta de los países más desfavorecidos con el fin de que su población disfrute de un mayor grado de bienestar, solo se conseguirá poniendo en marcha medidas económicas y sociales.

Aunque puedan parecer lejanos, no son ajenos los argumentos que en 1916 expuso Luis de Marichalar, vizconde de Eza, diputado en las Cortes en Madrid, en el libro *El problema económico en España*. Su texto es de absoluta vigencia para muchos países. En el capítulo I dice:

Veo a todo el mundo, fuera de los límites de mi país, trabajar y moverse, hablar y discutir, tantear caminos, promover remedios, organizar resistencias o tomar delanteras, revelándose por doquier el afán de todos esos pueblos de vivir, de sostenerse y de continuar su historia. Haciendo contraste enervador, se me muestra el quietismo español, que nos hace permanecer indiferentes, cual si todo tuviéramos garantido contra concurrencias futuras, o disfrutásemos de desarrollo económico tan pletórico, que no nos cupiera ni una tonelada más de producción en cualquiera rama de la riqueza, ni hubiera mercado alguno en el mundo que no nos perteneciera ni poseyéramos una sola primera materia nacional que no sufriera en España todas las transformaciones manufactureras imaginarias e imaginables, hasta las más últimas, concluidas y delicadas. [...]

Pero un plan razonado de economía nacional; un criterio fijo acerca de la acción que habremos de imponernos para desarrollar nuestras energías y expansionar nuestra potencia productora; un punto de mira, en fin, diáfano, claro y enhiesto, y una trayectoria firme, segura y matemática, es la falta que echaremos de ver en los partidos políticos, como en las clases educadas y directoras, cuanto más es la masa del país, que de aquellas es reflejo y que a los primeros nutre de su estulticia.

Iniciado el siglo xxi, la exposición del vizconde de Eza sigue siendo válida, y podemos afirmar que los responsables políticos y las instituciones públicas y privadas de numerosos países, deberían requerir el recurso de expertos que expongan con claridad las posibles dificultades económicas, el modo de actuar en la resolución de los problemas e invitar a la reflexión y la participación de la sociedad civil para poner en marcha las medidas necesarias para estimular la economía productiva. Entre estas medidas cabría considerar los regímenes aduaneros económicos, objeto de este libro, y las infraestructuras logísticas conexas.

En 1916, las economías de los países centroeuropeos habían experimentado un importante avance, encontrándose la economía española a notable distancia. España, aún no resarcida del desastre de la guerra contra Estados Unidos de 1898, estaba sumida en el subdesarrollo, dependiente en gran medida de la agricultura y demás actividades primarias; solo destacaba la industria manufacturera, en el Levante y la zona norte. Respecto a ello, son reveladores los datos de la estimación de la renta nacional del Banco Urquijo, detallada en 1973, por Ramón Tamames en su libro *Estructura económica de España,* donde indica que la agricultura, la ganadería y la minería representaban el 45,35 % de la renta, la producción industrial el 29,04 % y la propiedad inmueble el 14,32 %. Aunque el método de elaboración contiene algunos errores, según el propio Tamames explica, no deja de confirmar la precariedad de aquella economía. También es cierto que la Gran Guerra (1914-1918), como escribió en 1971 Vicens Vives en *Historia económica de España,* «provocó un auge importante en la vida económica de España: tanto la industria como la agricultura se beneficiaron de los altos precios y de las facilidades que hallaron en los mercados que los beligerantes habían dejado de atender». No obstante, fue un hecho fugaz, pues al finalizar la contienda retrocedieron en su producción la agricultura y la industria, salvo la del sector textil, mientras que los precios aumentaron generando una importante inflación, aspectos que se manifestaron con crudeza en 1921, con una gran problemática social.

Más adelante, en el último tercio del siglo xx, la aplicación de los regímenes aduaneros económicos supuso una importante ayuda a la exportación y al desarrollo. Lo que ello significó para las exportaciones españolas en la transformación de mercancías destinadas a la exportación y su relación con el producto interior bruto (PIB) lo abordamos en el capítulo 5.

Por otro lado, la firma en 1985 del Tratado de adhesión de España a las Comunidades Europeas comportó una apertura al exterior sin precedentes de la economía española, y la posibilidad de acceder a importantes ayudas económicas destinadas al desarrollo general, la inversión productiva y la construcción de infraestructuras. En cuanto a los regímenes aduaneros existentes, siguen en vigor adaptados a la normativa comunitaria.

En el ámbito de las relaciones económicas internacionales y en el marco de la globalización, es un hecho que las economías eficientes disfrutan de ventajas comparativas frente a las que tienen dificultades para aplicar políticas dinámicas, donde resultan de gran importancia los regímenes económicos aduaneros, las infraestructuras y las políticas sociales y de medioambiente. No se debe confundir crecimiento con desarrollo; el primero es fugaz, el segundo es permanente.

La posibilidad de ofrecer productos a los mercados internacionales incentiva la acción de las «ventajas comparativas disponibles». Esto implica poner en marcha cuantos procesos productivos, medidas económicas y reformas legislativas sean necesarios para favorecer la participación en el mercado exterior propiciando el incremento del PIB, ya que la exportación es el camino de la internacionalización de la empresa abriendo nuevos mercados. De lo contrario, las ventajas comparativas que puede poseer un país pueden verse reducidas e, incluso, anuladas por la dinámica del mercado exterior, resultando que la tendencia a incrementar el PIB[1] quede condicionada negativamente.

2   Definiciones de los regímenes aduaneros económicos

Los regímenes aduaneros económicos objeto de este libro son:

- Régimen de zona franca.
- Régimen de perfeccionamiento activo.
- Régimen de depósito franco o régimen de depósito aduanero.
- Régimen de transformación bajo control aduanero.
- Régimen de perfeccionamiento pasivo.

---

[1] El producto interior bruto (PIB) es una magnitud económica con la que se expresa el valor monetario de la capacidad productiva de bienes y servicios finales de un espacio económico (provincia, comunidad autónoma, nación, Estado, etc.) en un periodo determinado (generalmente un año). No incluye la producción intermedia, es decir, los bienes elaborados en dicho periodo para integrarse como materia prima en la producción de otros bienes y servicios. El PIB no debe usarse como medida del bienestar social o del desarrollo de un país, porque, entre otras limitaciones, no puede estimar con certeza el valor de la economía sumergida, no tiene en cuenta la autoproducción (o autoconsumo) de las personas, no evalúa la contribución real de la Administración pública y, sobre todo, no considera el valor económico de los activos y pasivos públicos y privados (recursos naturales, por ejemplo) ni mide, por tanto, las externalidades positivas o negativas que influyen en el valor económico. Prescinde, asimismo, de los costes ecológicos (impacto de la actividad económica sobre el medio ambiente) y sociales (desigual distribución de la riqueza) y no los considera al cuantificar el crecimiento. (N. del E.)

Estos regímenes son los que, de forma amplia y general, recogen las legislaciones de los distintos países para su aplicación por las empresas. Evidentemente, aunque las definiciones legislativas dadas por los gobiernos sean similares, su redactado legal, la amplitud de la norma y los sistemas productivos operativos contemplados, no son coincidentes, pues cada país adapta los regímenes aduaneros a sus necesidades. Sus definiciones esenciales son:

- **Régimen de zona franca**
  Se refiere a las áreas territoriales exentas fiscalmente de aranceles o de cualquier otra restricción a la importación, en las que se pueden ubicar empresas para someter las mercancías allí introducidas a procesos industriales de ensamblado, confección, manipulación o transformación en otras mercancías, ultimando el régimen con la exportación del producto obtenido.

- **Régimen de perfeccionamiento activo**
  Consiste en la importación temporal de mercancías exentas de aranceles o de cualquier otra restricción a la importación, para ser ensambladas, confeccionadas, manipuladas o trasformadas en otras mercancías, ultimando el régimen con la exportación del producto obtenido.

- **Régimen de depósito franco o depósito aduanero**
  Consiste en almacenes o depósitos habilitados para introducir mercancías con exención arancelaria y de cualquier otra medida restrictiva a la importación. Estas mercancías pueden estar almacenadas por tiempo indefinido sin someterlas a trasformación alguna, salvo las necesarias de conservación, ensamblado, puesta a punto o simples manipulaciones. También puede autorizarse la trasformación en otras mercancías en el marco de un proceso productivo. Este régimen queda ultimado con la exportación del producto almacenado o del nuevo producto obtenido de la transformación.

- **Régimen de transformación bajo control aduanero**
  Se basa en la introducción en recintos debidamente habilitados de mercancías con exención arancelaria o de cualquier otra restricción a la importación, para someterlas a modificación de especie o estado, ultimándose el régimen con la importación en el territorio fiscal gravado.

- **Régimen de perfeccionamiento pasivo**
  Estriba en la exportación de mercancías para someterlas en el exterior a procesos de confección, manipulación o transformación en otras mercancías, reimportando el producto obtenido.

La aplicación por las empresas del régimen de zona franca y de perfeccionamiento activo en sus ventas al exterior favorece la producción y la competitividad, pues ambos regímenes permiten:

— Producir las mercancías destinadas a la exportación a costes más bajos que los producidos para el consumo interior, gracias a la posibilidad de acopios en los mercados exteriores a mejores precios y con franquicia arancelaria.
— Disponer de las mercancías necesarias para cumplir con las condiciones contractuales con los compradores, bien sea por causas técnicas o comerciales, que han de incorporarse al proceso productivo y deben previamente importarse.
— La no afectación de las políticas comerciales restrictivas que impiden la normal importación o exigen un sistema arbitrario de licencias o permisos de importación.
— La inexistencia de contingentes, los cuales son un procedimiento protector de la producción interna, al exigir autorizaciones de importación con asignación de cuotas o cantidades máximas de importación, en función de las cuantías y condiciones establecidas en la gestión del contingente.

La aplicación de las ventajas de los regímenes aduaneros económicos, y los de zona franca y de perfeccionamiento activo en particular, incrementa la productividad, ocupa a un mayor número de empleados, permite una acumulación de capital susceptible de ser reinvertido, y puede contribuir directamente al desarrollo. El régimen de perfeccionamiento pasivo, sin embargo, no puede definirse como de apoyo directo al desarrollo, pues los trabajos se realizan en el exterior, y según los motivos que lo impulsen puede significar:

• *Ahorro en coste de mano de obra.* Un simple crecimiento y prácticamente nada o muy poco desarrollo directo. Ello es así cuando se trata de manufacturas que se realizan en el exterior, y el objetivo de ello es reducir el costo de la mano de obra necesaria en la fabricación. Sería el caso de exportar tejido a la plana para la confección de trajes.

• Dumping *ecológico.* Trata de obtener beneficios de la permisividad ecológica de algunos gobiernos. Aunque el beneficio o ahorro extraordinario puede ser de compleja valoración, podría ser el resultado de, por ejemplo, la fabricación de productos químicos contaminantes, cuyos residuos generan un alto coste social o medioambiental, o la utilización de productos fitosanitarios de flora controlada en otras economías.

• *Reparaciones de alto nivel tecnológico.* Un nivel técnico elevado implica disponer de mercancías equivalentes de producción, las cuales precisan un mantenimiento periódico que debe realizar el proveedor extranjero. En este caso, tanto el país exportador como el importador disfrutan de alta tecnología, lo cual puede resultar beneficioso para el país en que se realizarán los trabajos de mantenimiento. Un ejemplo de ello es la reparación y puesta a punto de instrumentos ópticos o de laboratorio de gran precisión.

- *Trabajos en el exterior con fin último de exportación.* En este supuesto, las mercancías exportadas temporalmente para su transformación son después importadas en el mismo país exportador, o bien en un tercero. Si la importación la realiza un país tercero, se daría el caso de una exportación al final del proceso productivo, de modo que el régimen de perfeccionamiento pasivo se habrá utilizado para exportar los productos obtenidos en el exterior. Pero también puede ocurrir que la mercancía reimportada sea finalmente exportada a un tercer país. En el primer supuesto, la exportación se ultima de forma directa y en el segundo, de forma indirecta. Un ejemplo de ello son las filmaciones cinematográficas efectuadas en el exterior con material exportado cuyas películas se exhiben en salas de terceros países, o las producciones textiles que una vez reimportadas, envasadas y etiquetadas, son exportadas a distintos destinos.

Los países en vías de desarrollo aceptan de buen grado importaciones provenientes de exportaciones en régimen de perfeccionamiento pasivo de otros países, para realizar operaciones de transformación en su territorio por simples que éstas sean. Una vez ultimadas, son retornadas al país de procedencia o a un tercero en forma de producto compensador, aportando un valor añadido, quizá pequeño si se trata de un sencillo montaje o confección, pero siempre apreciado en países de baja actividad industrial.

Obsérvese que para el país importador de las mercancías para transformar, el régimen de importación temporal aplicable es el de perfeccionamiento activo, resultando una relación directa entre ambos regímenes. Lo que para el exportador-importador es régimen de perfeccionamiento pasivo, para el importador-transformador-exportador es régimen de perfeccionamiento activo.

En general, las empresas que operan en estos regímenes aduaneros disfrutan de unos beneficios que inciden directamente en la minoración de los costos de producción, al gozar de franquicia arancelaria y demás tasas a la importación. Tampoco son aplicables las medidas restrictivas por razones comerciales o técnicas, pues las mercancías en nada inciden en el mercado interior, ya que su fin último es la exportación. Situación distinta es la utilización del régimen de perfeccionamiento pasivo, tal y como hemos indicado, cuyo recurso suele estar supeditado a licencias de exportación, en particular cuando se trata de la simple sustitución de manipulaciones interiores por otras exteriores más económicas, debiendo además liquidar los derechos arancelarios sobre el producto obtenido en el exterior en el momento de retornar dichos productos terminados al país de origen.

La utilización de estos regímenes aduaneros está en función directa de los intereses sociales, comerciales e industriales del sistema productivo, de modo que cada país decide, según sus necesidades, utilizar uno u otro régimen. No son excluyentes, son procedimientos distintos puestos a disposición de las empresas para ser utilizados. Su aplicación ha sido y sigue siendo dispar. Unos países han dado prioridad al régimen de perfeccionamiento activo y otros al de zona franca. Para algunos, la utilización de los regímenes de depósito franco o aduanero tiene fines subsidiarios de almacenamiento.

A título de ejemplo, en Europa se ha utilizado para la transformación de mercancías, principalmente, el régimen de perfeccionamiento activo y, en menor medida, el de zona franca. Por el contrario, en América Latina y en el continente asiático la zona franca ha gozado de un gran apoyo de las autoridades económicas. Por este motivo, haremos varias referencias a las zonas francas de algunos Estados latinoamericanos y del continente asiático, en especial a los datos económicos de crecimiento de la República Dominicana y algunos ejemplos de voluntad de aplicación en Perú, Colombia, Cuba, China e India.

Cabe mencionar el auge existente en América Latina de los regímenes de zona franca, como un exponente de desarrollo. Las periódicas conferencias latinoamericanas de zonas francas «han pasado de ser una iniciativa creada con el fin de promover y abrir espacios de discusión, a convertirse en un semillero de compromisos y propuestas», como se manifestó en el discurso inaugural de la IV Conferencia Latinoamericana de Zonas Francas celebrado en Costa Rica en el año 2000.

En cuanto a España, los depósitos francos han sido autorizados como almacenes de mercancías exentos fiscalmente, en los que no se permitía efectuar transformaciones, salvo aquellas manipulaciones destinadas a la conservación de las mercancías. En el resto de Europa, las zonas francas tampoco han tenido el mismo auge que en Latinoamérica y Extremo Oriente, donde ocupan centenares de kilómetros cuadrados.

3   Periodo temporal estudiado para analizar el caso español

En esta obra, se ha considerado la legislación española, partiendo del Real Decreto (RD) de 11 de junio de 1852, sobre los puertos francos de las islas Canarias hasta la integración española en las Comunidades Europeas en 1986. Aunque también se hace alguna referencia a la legislación posterior.

Asimismo, se analiza la legislación comunitaria referente a los regímenes aduaneros, desde la firma del Tratado de Roma en 1957 hasta 1992, año en que fue redactado el Código Aduanero Comunitario, junto con su reglamento de aplicación de 1993. Esta legislación fue puesta al día en 2008, con el llamado Código Aduanero Modernizado, aprobado por el Reglamento de la Comunidad Europea 459/2008 y el posterior reglamento de aplicación 1192/2008.

La exposición legislativa española y comunitaria son exponente de la voluntad económica de utilizar estos regímenes aduaneros que, aun después de la integración de España en la Comunidad Europea, siguen totalmente en vigor. La Unión Europea (UE) legisla en este sentido, ya que es necesario utilizar tales regímenes en el comercio internacional con terceros países.

En cuanto a los datos históricos utilizados en el cálculo de lo que aportó el régimen de perfeccionamiento activo al PIB español, se ha delimitado al espacio temporal de 1975 a 1987, por ser un periodo significativo para el desarrollo económico. En 1975, tras el fallecimiento de Francisco Franco, se inició un cambio de sistema político, y se pasó de un sistema dictatorial a uno democrático. Esta nueva situación comportó cambios en el sistema económico imperante, al avanzar hacia un sistema de mayor libertad y de eliminación de restricciones. Además, se mostró un claro interés por adherirse a la Comunidad Económica Europea (CEE), lo cual supuso la asunción de libertad de transacciones comerciales de bienes, servicios y capitales, eliminándose paulatinamente las intervenciones estatales en la economía y las barreras existentes. El periodo analizado finaliza en 1987, el año siguiente a la integración de pleno derecho a las Comunidades Europeas, pues el Tratado de Adhesión firmado en 1985 inició su aplicación en el comercio con los demás Estados miembros a partir del 1 de marzo de 1986, siendo el siguiente año el primero íntegro de participación comunitaria, en un nuevo entorno económico de competitividad y libertad comercial.

Tampoco es ajeno a este periodo analizado la crisis que se arrastraba desde 1973, y que se agravó en 1975, a causa de la problemática situación económica internacional derivada de la crisis del petróleo, desencadenada por los países exportadores de petróleo árabes junto con Siria y Egipto, al decidir el 17 de octubre de 1973 el embargo petrolífero a los países que apoyaron a Israel en la guerra del Yom Kippur. Ello significó cuadriplicar el precio del petróleo, escasez en el mercado, crecimiento de la inflación, descenso de la producción, nacionalizaciones de empresas occidentales en Oriente Medio, cambio de sentido de los flujos monetarios al pasar de Occidente a Oriente, masivas compras de armamento, y la generalización de un caos económico que se prolongó durante toda la década. En España, la crisis, que afectaba a causa del entorno recesivo europeo y norteamericano, se agudizó por la inoperancia gubernamental. Concurrió entonces que la escasez de demanda interna abocó a las empresas a compensar sus pérdidas con las exportaciones, utilizando en gran medida los regímenes económicos aduaneros.

Cabe mencionar la dificultad para obtener datos oficiales fiables de los valores del comercio exterior relacionados con los regímenes aduaneros económicos, ante la inexistencia de publicaciones del Departamento de Aduanas o del Instituto Nacional de Estadística (INE). Lo encontrado ha sido parcial e incompleto. Para el desarrollo de este trabajo era imprescindible conocer los valores económicos de las mercancías importadas y exportadas al amparo de los citados regímenes aduaneros. Ante la falta de estadísticas oficiales completas, ha sido necesario elaborar datos propios. Para ello, partiendo de los datos globales conocidos, se ha realizado un proceso de ajuste del periodo de análisis considerado, hasta determinar las cuantías monetarias relativas a los regímenes aduaneros y, concretamente, al régimen de perfeccionamiento activo, el más característico de la economía exportadora española.

4 Los organismos internacionales de ayuda al desarrollo y de preferencias al comercio internacional

Observando el mapa mundial, se evidencian las diferencias y los desequilibrios existentes entre los países. Unos pocos disfrutan de las rentas más altas, mientras que otros están sumergidos en niveles de extraordinaria pobreza. La comparación entre los países del hemisferio norte y los del sur muestra tal evidencia. Sería el caso de África frente a Europa, en especial la integrada en el Espacio Económico Europeo (EEE), constituida por los Estados integrantes de la UE y los de la Asociación Europea de Libre Cambio (AELC); o de Estados Unidos y Canadá, que en 1989 suscribieron el Tratado de Libre Cambio de América del Norte (TLCAN), ampliado con México en 1994 frente a Latinoamérica. Afortunadamente, la comparación Norte-Sur debe considerarse generalista, pues existen muchos ejemplos del Sur que se esfuerzan en el desarrollo y, por tanto, en el incremento del nivel de renta de sus ciudadanos, como así ocurre en Costa Rica y en la República Dominicana en Centroamérica y el Caribe, o bien en Chile, en el Cono Sur americano, o el importante avance experimentado por Túnez, o las privilegiadas Nueva Zelanda y Australia en el Pacífico, sin olvidar las economías de los países del Sureste Asiático, en especial Corea del Sur, Taiwán y Singapur, a los que hay que agregar los restantes países del área: China, Indonesia, Malasia, Tailandia y el emergente Vietnam.

Una simple ojeada nos obliga a pensar en la existencia de posibilidades para el desarrollo, con independencia del «medio hostil» o la «falta de recursos». La cuestión es saber cuáles son las medidas necesarias para salir del subdesarrollo y ponerlas en práctica. Se debe tener en cuenta que existen organismos internacionales de ayuda al desarrollo y de incentivo al comercio internacional, a los que se puede acudir para demandar medios formativos, técnicos o económicos de financiación.

4.1 La Conferencia de las Naciones Unidas sobre Comercio y Desarrollo

En 1961, en el marco de la Organización de las Naciones Unidas (ONU), se celebró la Conferencia de las Naciones Unidas sobre Comercio y Desarrollo (Unctad), de donde surgió una resolución titulada «El comercio internacional, principal instrumento del desarrollo económico». Se consideró también la posibilidad de celebrar una conferencia intergubernamental para tratar de los problemas del comercio y del desarrollo, para el incremento de las exportaciones de productos manufacturados y semiacabados originarios de los países en vías de desarrollo. Ello se tradujo en una conferencia en Ginebra el 23 de marzo de 1964, en la que participaron 120 Estados. Se adoptaron numerosas recomendaciones relativas al comercio internacional, y se resolvió la creación de una organización de carácter permanente, creada en la Asamblea General de la ONU de 30 de diciembre de 1964.

La Unctad se ocupa de todo cuanto interesa al desarrollo de los países en vías de desarrollo y en particular de los problemas comerciales y financieros. Es un foro de discusión política en el que se dictan recomendaciones, entre ellas la aplicación de las «preferencias generalizadas» a favor de los productos acabados y semiacabados originarios de los países en vías de desarrollo, facilitándose también información acerca de los mercados exteriores, técnicas de mercadotecnia y formas de promocionar los servicios de ayuda a las exportaciones y de formación del personal necesario.

4.2   *El Fondo Monetario Internacional y el Banco Internacional de Reconstrucción y Fomento*

En su calidad de «banquero», el Fondo Monetario Internacional (FMI) proporciona liquidez que permite la expansión del comercio mundial. Está constituido como una sociedad por acciones, disponiendo cada Estado de un número de votos proporcional a su cuota de participación. Cuenta con tres órganos decisorios: la junta de gobernadores, representados por los presidentes de los respectivos bancos centrales, el consejo de administración y el director general, con voto de calidad en caso de empate.

Este organismo, junto con el Banco Internacional de Reconstrucción y Fomento (BIRF), nació en la Conferencia Monetaria y Financiera de las Naciones Unidas, celebrada en julio de 1944 en Bretton Woods (EEUU), con la participación de 44 países. A partir de 1947, ambos organismos iniciaron sus actividades. Con el tiempo, el BIRF, cuyo objetivo inicial era la ayuda a la reconstrucción de los países devastados por la Segunda Guerra Mundial ha ido evolucionando hacia las nuevas necesidades, ampliando sus funciones con la creación de nuevos organismos, integrando lo que actualmente se denomina Banco Mundial (BM) o Grupo del Banco Mundial (GBM). La organización, con sede en Washington, tiene como prioridades la ayuda para paliar los daños causados por los desastres naturales, la financiación de la reducción de la pobreza, la financiación de la deuda externa y la mejora en la gobernabilidad.

El BIRF también proporciona asistencia técnica en el marco de operaciones financieras y coordina la ayuda al desarrollo con el Comité de Ayuda al Desarrollo de la Organización de Cooperación y Desarrollo Económico (OCDE).

El Grupo del Banco Mundial lo integran:

– El Banco Internacional de Reconstrucción y Fomento (BIRF), en el que participan 185 países. Ofrece ayuda financiera y asesoría en gestión económica.

- La Asociación Internacional de Fomento (AIF), creada en 1960 y formada por 166 países. Otorga créditos a muy bajo interés a los países más pobres en vías de desarrollo. Los recursos se destinan a la construcción de servicios básicos de educación, vivienda, captación de agua y sanidad, así como en acciones de fomento de la productividad y el empleo.
- La Corporación Financiera Internacional (CFI), formada por 179 países, data de 1956. Se ocupa del desarrollo económico a través del sector privado, buscando socios inversores y facilitando préstamos a largo plazo.
- Organismo Multilateral de Garantía e Inversiones (Omgi), integrado por 171 países, creado en 1988. Su objetivo es incentivar las inversiones extranjeras en los países en vías de desarrollo, ofreciendo garantías a los inversionistas.
- Centro Internacional de Arreglo de Diferencias Relativas a Inversiones (Ciadi), formado por 143 países, data de 1966. Se ocupa de las inversiones extranjeras en los países en vías de desarrollo, facilitando medios de arbitraje y conciliación a los inversionistas en dichos países.

4.3 Preferencias generalizadas como ayuda directa a la exportación

Una ayuda directa al desarrollo es el sistema de preferencias generalizadas (SPG), que sobre la base del Reglamento (CE) 980/2005 otorga importantes reducciones arancelarias a la importación de los productos originarios de los países en vías de desarrollo. Este reglamento fue acordado en 1971, bajo el auspicio de las Naciones Unidas en la Unctad, y utiliza el formulario A (FormA) para demostrar el origen de los productos, según las normas de obtención o transformación previstas en el código aduanero.

El sistema de preferencias generalizadas incluye tres regímenes:

- **General**
  Concede exención arancelaria para los productos no sensibles cubiertos por el SPG y una reducción de 3,5 puntos respecto al arancel normal para los sensibles, aplicando una reducción del 20 % para los textiles y de la confección.

- **De estímulo del desarrollo sostenible y el buen gobierno**
  Concede exención arancelaria para todos los productos cubiertos por el SPG originarios de aquellos países vulnerables que ratifiquen y apliquen efectivamente una serie de convenios internacionales sobre derechos humanos, laborales, medio ambiente y buen gobierno. Está en vigor desde el 1 de julio de 2005 y ha sustituido a los anteriores regímenes de droga, social y medioambiental.

- **EBA** *(Everything but arms)*
  Concede exención total de aranceles a todos los productos, menos las armas. Existen medidas transitorias para el plátano, arroz y azúcar.

Desde 1971, la UE mantiene la aplicación del SPG a los países en vías de desarrollo, instrumento que ha sufrido constantes modificaciones a lo largo del tiempo. Actualmente, está en vigor el Reglamento (CE) 732/2008 del Consejo, de 22 de julio de 2008, en el cual se destaca:

- La política comercial de la Comunidad, tendente al desarrollo sostenible reconocido en los convenios e instrumentos internacionales, como la Declaración de las Naciones Unidas sobre el Derecho al Desarrollo de 1986, la Declaración de Río sobre Medio Ambiente y el Desarrollo de 1992, la Declaración de la Organización Internacional del Trabajo (OIT) relativa a los Principios y Derechos Fundamentales del Trabajo de 1998, la Declaración del Milenio de las Naciones Unidas de 2000 y la Declaración de Johannesburgo sobre Desarrollo Sostenible de 2002.
- Erradicación de la pobreza y la gobernabilidad de los países en vías de desarrollo.
- Los países beneficiarios serán aquellos que el Banco Mundial no incluya entre los países con ingresos elevados y cuyas exportaciones no estén suficientemente diversificadas.
- Las preferencias deben estar orientadas a promover un mayor crecimiento económico, suspendiéndose los derechos arancelarios de tipo porcentual o ad valórem y los derechos a tanto por unidad o específicos (excepto los combinados con un derecho específico).
- Tratamiento especial de mayores beneficios arancelarios a los países menos desarrollados, así clasificados por la ONU, aplicándoles un acceso de sus productos libres de derechos arancelarios.
- Eliminación de los derechos sobre el azúcar a partir del 1 de octubre de 2009.
- El régimen distingue entre productos «sensibles» y «no sensibles», para tener en cuenta la situación de los sectores que fabrican los mismos en la Comunidad.
- No se recaudarán derechos ad valórem iguales o inferiores a 1 %, o derechos específicos iguales o inferiores a 2 €.
- Las normas de origen y su demostración documental debe asegurar que solo gozan de los beneficios del sistema los países a los que está destinado.
- Puede aplicarse suspensión de los beneficios a aquellos países que incumplan los principios establecidos en los convenios internacionales sobre derechos humanos y derechos laborales básicos o relacionados con el medio ambiente. Con el fin de que ninguno goce de una ventaja por tal motivo de incumplimiento.

4.4   *La Organización Mundial de Comercio y los intercambios comerciales*

La organización antecesora de la Organización Mundial de Comercio (OMC) fue el Acuerdo General sobre Aranceles Aduaneros y Comercio (Agaac), el General Agreement on Trade and Taxes (GATT), cuyo origen fue la Carta de la Habana de 1945 bajo los auspicios de los Estados Unidos de América. El acuerdo fue refrendado en la Conferencia de Bretton Woods de 1947, año en que se inauguró un «nuevo orden económico» en el comercio mundial, y fue firmado en Ginebra el 30 de octubre de 1947, pero no entró en vigor hasta el 1 de enero de 1948. Constituyó un marco para facilitar el comercio internacional basado en los siguientes principios:

1. El comercio no ha de hallarse sujeto a ninguna discriminación. Todas las partes contratantes están obligadas por la cláusula de «nación más favorecida» en cuanto a la imposición de derechos y cargas de importación y de exportación, por ello cada país se compromete a conceder inmediata e incondicionalmente a los productos similares originarios de los territorios de las demás partes contratantes del acuerdo cualquier ventaja, favor, privilegio o inmunidad que hubiera concedido en materia aduanera a los productos similares procedentes de otro país.
2. Las industrias nacionales deben protegerse exclusivamente por medio de los aranceles aduaneros, sin recurrir a ninguna otra medida comercial.
3. Las consultas tienen que ser concebidas como un medio para evitar perjudicar los intereses comerciales de las partes contratantes.
4. Las negociaciones tienen como fin reducir los aranceles y otros obstáculos al comercio.

El GATT fue la consecuencia de las conversaciones emprendidas por Australia, Bélgica, Brasil, Birmania, Canadá, Ceilán, Chile, China, Cuba, Checoslovaquia, Estados Unidos, Francia, India, Líbano, Luxemburgo, Holanda, Noruega, Nueva Zelanda, Pakistán, Reino Unido, Rhodesia, Siria y Sudáfrica, si bien China, Siria y Líbano abandonaron la reunión, por lo que no suscribieron el Acuerdo de Ginebra.

Los principios indicados no han sido fáciles de lograr de forma universal, pues los intereses particulares de cada país han repercutido en un buen número de exclusiones; así, por ejemplo, los contingentes como cantidades máximas de importación, bien en divisas o en especie, han estado presentes, entre otros, para los textiles, los juguetes, la porcelana de mesa, los automóviles, etc.

Aun así, el GATT ha celebrado periódicamente conferencias, llamadas rondas, para tratar de incrementar las facilidades comerciales. La Ronda Uruguay (1986-1993) fue una de las más importantes. En ella, se abordaron temas agrícolas y textiles, así como cuestiones de la propiedad industrial y de los servicios, y además se dio una nueva orientación al crear el Acta de la OMC, la cual inició su actividad el 1 de enero de 1995, sustituyendo al GATT.

El preámbulo del Acta expone los objetivos, con el siguiente texto:

Reconociendo que sus relaciones en la esfera de la actividad comercial y económica han de tender a elevar los niveles de vida, conseguir la plena ocupación y un volumen considerable y en aumento constante de ingresos reales y de demanda efectiva, y a aumentar la producción y el comercio de bienes y servicios, que permita al mismo tiempo la utilización óptima de los recursos mundiales de acuerdo con el objetivo de desarrollo sostenible, y procurando proteger y preservar el medio ambiente e incrementar los recursos para lograrlo, de forma compatible con sus respectivas necesidades e intereses según los diferentes grados de desarrollo económico. Reconociendo además que es necesario hacer esfuerzos positivos para que los países en desarrollo, en especial los menos avanzados, obtengan una parte del incremento del comercio internacional que corresponda a las necesidades de su desarrollo económico.

Las características diferenciales de la OMC respecto del GATT son las siguientes:

- **Único contrato**
  El acuerdo OMC es un único contrato que se aplica a todos los miembros por igual. En el GATT se permitía a los países aceptar o no el acuerdo.

- **Órgano de solución de diferencias**
  Imposibilidad de bloquear propuestas para la resolución de disputas, cuestión que en el GATT era posible.

- **Transparencia**
  La OMC, gracias al Mecanismo de Revisión de las Políticas Comerciales, posee mayor poder para conseguir la transparencia y vigilancia en sus funciones.

- **Liderazgo en la organización**
  Los directores generales son figuras políticas relevantes, eliminándose la tradición del GATT de designar un alto funcionario de uno de los Estados miembros.

- **Funcionamiento**
  En la OMC las partes contratantes han de reunirse al menos cada dos años, mientras que el plazo del GATT era indefinido.

El triunfo del multilateralismo comercial es un hecho. Las concesiones en materia textil y agrícola dadas por los países industrializados son un paso importante en favor de las economías en vías de desarrollo, al igual que la propiedad intelectual y los servicios.

La OMC vigila el cumplimiento de los acuerdos de la Ronda Uruguay, centro de nuevas negociaciones del comercio mundial, actuando de árbitro en los conflictos comerciales internacionales por medio del «Sistema de Solución de Diferencias», al objeto de impedir reacciones proteccionistas unilaterales.

La competitividad internacional se acentúa. Los gobiernos están obligados a ayudar a sus conciudadanos para que sus producciones sean competitivas en el mercado mundial, y como consecuencia de ello, puede quedar deteriorada la economía del bienestar al trasvasarse recursos hacia la productividad. Todo lo cual obliga a los países industrializados a reajustar su proceso productivo, ya que la competencia internacional les insta a ser competitivos por técnica, eficiencia y diseño y a apartarse de los bajos valores añadidos procedentes de la mano de obra intensiva.

La OMC debe velar por el cumplimiento armónico de los siguientes parámetros:

- *Competitividad internacional*
  El nivel de competitividad debe ser equivalente entre los distintos países.

- Dumping *ecológico*
  La economía no puede expandirse a costa del medio natural, la degradación ambiental o la malversación de recursos.

- *Reciprocidad de apertura de mercados internos*
  No debe haber barreras que impidan la libre competencia, y si éstas existieren no deben ser distintas a las que están obligados los ciudadanos del país.

Las rondas o sesiones de trabajo de la OMC son convocadas periódicamente, con el propósito de ir abriendo el mercado mundial hacia una libertad comercial global.

La III Conferencia ministerial de Seattle, celebrada del 30 de noviembre al 3 de diciembre de 1999, llamada Ronda del Milenio, en la que se proveyó un tiempo de negociaciones de al menos tres años, estuvo llena de controversias y de esperanzas incumplidas. Prueba de ello es que, a pesar de la predisposición de Estados Unidos a aceptar la adhesión de China al GATT, ello no fue posible. Se trataba de una cuestión importante, habida cuenta de la pujanza exportadora china desde sus zonas francas, hecho que la convierte en un importante actor del comercio internacional. Téngase en cuenta que en aquel momento había 270.000 empresas públicas en China, cuyas ventas de exportación en 1998 ascendieron a 183.760 millones de dólares estadounidenses, importando por valor de 140.170 millones de dólares; representaba el décimo país en comercio exterior, cuyo PIB creció el 9,6 %, siendo el séptimo en crecimiento, si bien el PIB por habitante se situaba en el lugar 149. Por su parte, Estados Unidos, en la reunión bilateral de 15 de noviembre de 1999 en Pekín, había conseguido una reducción del 23 % de los tipos arancelarios, la exhibición de veinte películas al año (el doble que hasta entonces) y el acceso de las empresas de servicios, al propio tiempo que desmantelaba los contingentes textiles progresivamente.

En aquel mes de noviembre de 1999, la OMC intentó poner orden al comercio de servicios y de propiedad intelectual, junto con las transacciones de bienes, para establecer un marco global de libre competencia sin subvenciones en el comercio mundial.

Existieron discrepancias importantes, por la acusación de Estados Unidos junto con el Grupo de Países Exportadores Agrícolas formado por Canadá, Australia y los países integrantes del Mercado Americano del Cono Sur (Mercosur): Argentina, Brasil, Uruguay y Paraguay, quienes representan el 30 % del comercio mundial agrícola, hacia la UE por las subvenciones agrícolas, argumentando esta última cuestiones sociales, laborales y medioambientales para mantener su postura.

En resumen, la conferencia de Seattle fue un fracaso, al enfrentarse defensores y detractores del mercado global, así como los intereses de agricultores y otros proteccionismos. La conferencia se desarrolló en un marco de serios enfrentamientos, tanto en el hemiciclo como en las calles.

Los problemas irresolubles suelen ser siempre los mismos. Los países ricos quieren libertad comercial para sus bienes industriales acompañada de sustanciales rebajas arancelarias, pero siguen poniendo trabas al comercio agrícola e incluso asignan subvenciones a sus agricultores, resultando por todo ello difícil la exportación de esos productos por los países en vías de desarrollo.

El 31 de enero de 2000, en Bruselas, la UE, representada entonces por Hans-Friedrich Beseler, director general de comercio de la Comisión Europea, inició conversaciones con el viceministro chino Long Yongtu, con vistas a la adhesión de China a la OMC. Tales conversaciones se presumían lentas y difíciles, aunque existía una voluntad de acercamiento, pues no en vano la UE es un gran cliente de China.

En abril del 2000, Jordania fue admitida en la OMC como el miembro número 136 tras seis años de negociaciones. Asimismo, continuaban las conversaciones con una treintena de países, entre ellos, China, Rusia, Andorra, Taiwán y Arabia Saudita.

Los esfuerzos para contar con la incorporación de China dieron fruto en la reunión de Al-Dawha (Doha, Emirato de Qatar) el 10 de noviembre de 2001, conocida como Ronda Doha. Fueron necesarios quince años de intensas negociaciones para que el gigante asiático se incorporara como el Estado 142 de la OMC, lo cual significa:

- Los bancos extranjeros podrán operar con el yuan.
- Se permite la instalación de grandes superficies comerciales.
- En cinco años desaparecerán las restricciones a la importación de automóviles.
- Podrán formarse empresas mixtas de telecomunicaciones.
- Reducción entre un 8 y un 10 % en los aranceles de 150 productos europeos (maquinaria, cerámica, cristal, textil, calzado, bebidas alcohólicas, cosmética, etc.).
- Privatización de algunos sectores de la economía, salvo la energía y el transporte.
- Cambios en la agricultura para salir a un mercado más competitivo.

– Previsión de un incremento de tres puntos del PIB y un punto adicional hasta el año 2005.
– Inversiones en nuevas empresas para la exportación.
– Previsión de crear 12 millones de puestos de trabajo a corto plazo y 40 millones a medio plazo.

Hoy en día, China disfruta de un crecimiento anual superior al 11 % y posee la mayor reserva de divisas en dólares, siendo un gran exportador desde sus zonas francas, también conocidas como zonas francas industriales o zonas económicas especiales.

La reunión de 2003 en Cancún (México), que se vio envuelta en las manifestaciones contrarias al comercio mundial, fue un fracaso, pero permitió establecer contactos bilaterales entre varios Estados con EEUU y la UE.

En 2005, había 149 Estados miembros. La reunión de ministros de diciembre de ese mismo año en Hong Kong estuvo envuelta de enfrentamientos con los manifestantes, pues los problemas del subdesarrollo seguían latentes, en especial las subvenciones a la agricultura por los países ricos y por la existencia de trabas al comercio. Bajo la presidencia del director general de la OMC, Pascal Lamy, se estableció un calendario de negociaciones para 2013 encabezado por el negociador comunitario Meter Mandelson. Los países subdesarrollados solicitaban soluciones para el año 2010, sin embargo, se preveía que algunas exportaciones, por ejemplo las de algodón a los países ricos, se liberalizasen antes del plazo establecido.

El 21 de julio de 2008, iniciaron reuniones en Ginebra los 40 ministros de asuntos comerciales más representativos, para tratar de avanzar la Ronda Doha. Actualmente, los Estados que forman parte de la organización son 153. Unos critican que 40 Estados representen a los 153; otros consideran que es la única forma de alcanzar acuerdos positivos. Las conversaciones terminaron el 30 de julio sin ningún acuerdo. Los países y regiones económicas más representativos (EEUU, Australia, China, Brasil, India, Japón y la UE) no llegaron a ningún acuerdo en la apertura de los mercados agrícolas y los industriales, habida cuenta de las acusaciones de la existencia de subsidios a la agricultura que unos mantienen y otros aspiran a abolir. Un enfrentamiento entre países ricos y países pobres que se arrastra desde hace muchos años.

Tras dieciocho años de negociaciones, el 16 de diciembre de 2011, la Federación Rusa firmó el protocolo de adhesión a la organización, el cual fue ratificado por el Parlamento y el presidente Putin al año siguiente. A partir del 22 de agosto de 2012, Rusia ingresó en la OMC. Esta incorporación significó que el 96 % del comercio mundial lo realizan los países de la OMC.

El GATT/OMC sigue siendo el foro de mayor discusión de las transacciones comerciales internacionales, y gracias a él se han conseguido importantes acuerdos. La liberalización de mercancías es un hecho, al igual que el cambio en los criterios de la UE, que en vez de subvencionar el producto final apoya el producto primario, lo cual representa un gran paso para liberalizar el sector agrícola. De subvencionar el litro de aceite se ha pasado a subvencionar el olivo, y de la producción de manzanas al manzano. Con esta nueva aplicación de las ayudas, la producción deja de estar subvencionada, se mantiene el árbol como elemento productivo pero no su fruto, al tiempo que se permite la importación de productos equivalentes procedentes de otros países.

Capítulo 2
Los regímenes aduaneros económicos y el comercio exterior

1 Los procedimientos aduaneros económicos como incentivo a la exportación

La exportación de mercancías inmersa en una competencia a escala mundial, requiere medidas de apoyo que permitan la penetración y la permanencia en los mercados foráneos. Dicha exportación actuará directamente en el mantenimiento y crecimiento de la actividad interior, al precisar suministros y acopios para cumplir su cometido. Los regímenes aduaneros son un apoyo a la exportación porque permiten a las empresas ser más competitivas en el mercado exterior tanto en precio como en calidad, pues su aplicación consiente importaciones de materias primas con franquicia arancelaria, eligiendo origen, procedencia, calidad y coste de compra.

Además, los regímenes aduaneros son instrumentos de política económica, compatibles con las normas de la OMC, que los gobiernos pueden utilizar y poner a disposición de sus empresas y ciudadanos. Su utilización incide directamente en la producción y comercialización internacional de mercancías.

2 Gestión de los regímenes aduaneros económicos

La aplicación de los regímenes aduaneros económicos, en tanto que medidas de apoyo a la exportación y al crecimiento económico, proporciona amplias ventajas. En concreto el régimen de perfeccionamiento activo, ampliamente utilizado en Europa, significó una importante aportación al PIB. Además, su funcionamiento es bastante similar al régimen de zona franca empleado en Latinoamérica y en varios países del continente asiático, como también guarda relación con los regímenes de depósito franco que permitan producciones en su interior.

Desde una perspectiva realista, en España se alcanzó un grado de desarrollo medio a lo largo del último tercio del siglo xx. Esto fue posible gracias a las normas legales liberalizadoras de ayuda a la exportación que posibilitó la Ley Arancelaria de 1960. También ayudó a ello la presión por exportar debido a la caída de la demanda interna registrada en la década siguiente, y en particular a partir de 1973, a causa de la crisis del petróleo. Dicha situación contribuyó a aplicar el régimen de perfeccionamiento activo a las exportaciones de productos textiles, alimenticios, navales, de automoción y siderúrgicos, y atrajo capitales extranjeros para la inversión productiva. Asimismo, las empresas instaladas en las zonas francas, las leyes de interés preferente y de impulso de los polígonos industriales, contribuyeron a la producción de productos alimenticios, manufacturas, confección y montaje de equipos, entre otros, al ofrecer facilidades a la instalación industrial, con bajos arrendamientos de locales y terrenos y un coste asequible de mano de obra.

Más tarde, aparecieron nuevas necesidades de consumo que se cubrieron por el incremento de la demanda interna, acorde con el crecimiento derivado de las producciones citadas. Las medidas económicas empleadas por aplicación de los regímenes aduaneros económicos, a la vista de los resultados alcanzados en España pueden ser un modelo de aplicación en otros países.

El recurso del régimen de perfeccionamiento activo y de las zonas francas corrige las distorsiones arancelarias que gravan las mercancías importadas gracias a la franquicia del coste arancelario que disfrutan las importaciones, lo cual repercute directamente sobre el costo de producción de los productos exportados. Con la aplicación de estos regímenes se mejora la concurrencia en los mercados internacionales, tanto en costes como en calidad de mercancías que requiera el proceso productivo, ofreciendo precios competitivos al mercado exterior.

En el mercado internacional, es frecuente que los países más industrializados requieran la concurrencia de terceros países menos desarrollados o en vías de desarrollo para el montaje, la manipulación, la confección y el acabado de sus producciones. Para ello, utilizando el régimen de perfeccionamiento pasivo, exportan temporalmente sus producciones, y las someten en el exterior a procesos de acabado. Estos trabajos son realizados en países menos desarrollados para aprovechar la ventaja comparativa que significa el menor costo de mano de obra o del recurso a métodos productivos permisivos para aquellas producciones que no pueden realizarse libremente o que requieren un alto costo ecológico: tenería o curtidos, producciones con bióxido de titanio, tintorería, tejidos lavados a la piedra, y otros contaminantes, agresores al medio y a la salud.

Estas operaciones, conocidas como transformación u operaciones de «maquila» en América Latina, permiten la aportación de mano de obra intensiva a los procesos productivos y son una fuente de crecimiento para algunos países, al menos mientras los costes salariales sean competitivos y permitan emplear dicha fuerza de trabajo.

La empresa maquiladora importa mercancías temporalmente en régimen de perfeccionamiento activo, para transformarlas y exportar el producto obtenido al cliente extranjero que opera en régimen de perfeccionamiento pasivo, el cual ha realizado primero una exportación temporal, seguida de una importación también temporal en régimen de perfeccionamiento activo por la empresa transformadora radicada en el país importador. La importación en este tipo de régimen está exenta de derechos arancelarios y no requiere vender la mercancía al importador, pues al devolverse una vez perfeccionada o transformada por éste, puede seguir perteneciendo al exportador inicial radicado en el otro país.

La empresa del país importador que realizará los trabajos de transformación al amparo del régimen de perfeccionamiento activo, quizá obtenga un valor añadido reducido, pero ofrece trabajo a la población, y éste siempre es bienvenido.

Sin embargo, existen operaciones de régimen pasivo de alta tecnología, por ejemplo, el equilibrado y puesta a punto de motores de aviación, en que forzosamente hay que exportar los motores al país capacitado en tal tecnología. En este supuesto, el coste de la mano de obra es irrelevante.

En las zonas francas también es posible realizar operaciones de transformación sin la concurrencia de los derechos arancelarios y demás medidas restrictivas a la importación. Al realizarse esas operaciones en áreas fiscales exentas, no irrumpen sus fabricados en el mercado interior pero favorecen la inversión productiva.

La distinción principal entre el régimen de perfeccionamiento activo y la zona franca radica en los términos de la autorización operativa concedida a las empresas operadoras. En el primer caso, la empresa opera en un taller o fábrica situada en algún

Figura 1. Recinto aduanero de la empresa Aduanas Pujol Rubió, SA, en la Zona Franca de Barcelona.

lugar de la geografía; por tanto, puede estar radicada en un área fiscal gravada, y será necesario que la Administración aduanera tome las medidas cautelares ante la deuda tributaria suspendida de las importaciones temporales realizadas, obligando a un control específico para cada operación y solicitando las garantías oportunas. En cambio, en las zonas francas, al ser áreas controladas por la Administración aduanera, con una férrea vigilancia en la entrada y salida de mercancías, se autoriza la instalación en su interior de empresas productoras de bienes. El resultado es que las mercancías son introducidas con franquicia arancelaria, y las salidas son consideradas importaciones si van destinadas al consumo interior o bien exportaciones sin coste fiscal cuando se destinan al exterior.

En cuanto a los depósitos francos o depósitos aduaneros, el objetivo puede ser el de simple almacén de mercancías, disfrutando de las mismas facilidades que las zonas francas. Según las legislaciones operativas, también podrían admitirse producciones en su interior, en cuyo caso el control sería similar al del régimen de perfeccionamiento activo.

Igualmente, el régimen de transformación bajo control aduanero permite a las empresas productoras efectuar transformaciones en áreas exentas de fiscalidad o en condiciones de exención particular a una empresa en concreto, con el objeto de introducir después en el mercado interior las mercancías obtenidas, quedando sometidas estas importaciones a las normas generales de importación. De esta forma, se favorece una producción industrial que, de otra manera, no se realizaría o su coste sería más elevado si hubiera que pagar derechos arancelarios previos a la transformación.

3   El problema de los precios y las calidades ante el mercado exterior. Recurso a los regímenes aduaneros económicos

En el comercio internacional, las empresas exportadoras concurren en competencia con otras existentes en el mercado. El resultado puede ser que los precios interiores del país productor no sean competitivos con los existentes en el mercado de exportación, o bien que la calidad de los productos no sea la adecuada respecto a las exigencias de los mercados exteriores. Algunas de las causas de todo ello son:

- La falta de recursos naturales obliga a importar las materias básicas, como las energéticas (carbón, gas o petróleo), o las necesarias para la industria (hierro y acero), las cuales son ofrecidas en el mercado interior a precios de mercado o a precios políticos, en función de las circunstancias. Los precios de mercado suelen ser altos porque las mercancías importadas soportan aranceles o bien por la propia estrechez del mercado, que obliga a adquirirlos a precios superiores. Si los precios son políticos, puede significar que el intervencionismo del Estado repercuta en precios artificialmente bajos, según determine el gobierno, con una deficiente utilización de los recursos económicos generales, al beneficiar un sector de la economía en detrimento de otro, o bien en precios altos para suplir otras necesidades de la gestión pública.

- La capacidad productora de bienes es directamente proporcional a la capacidad tecnológica, a la capacidad productiva disponible de bienes intermedios o manufacturados y, por supuesto, a la demanda existente. El resultado es que la productividad obtenida marca los costes de producción, los cuales serán altos en un mercado estrecho.

El proteccionismo por aplicación de «barreras arancelarias» encarece las mercancías de importación de forma generalizada con elevados tipos y gravámenes.

- Una política comercial restrictiva con las importaciones dificulta la competencia externa y, en ocasiones, es tan alta la restricción que la anula. Esta situación propicia la profusión de «barreras no arancelarias», es decir, licencias, autorizaciones, permisos de importación, contingentes, homologaciones, normas técnicas y otras análogas que dificultan el libre comercio. Ante estos hechos, la producción interior goza de un mercado cautivo, cuyos precios no responden al equilibrio entre la oferta y la demanda.

- El proteccionismo del mercado interior por medio de barreras arancelarias y no arancelarias influye negativamente en el avance tecnológico, lo cual se traduce en deficiente calidad de las mercancías producidas, que son demandadas en el mercado interior ante la falta de competencia externa, pero resultan inadecuadas para penetrar en los mercados exteriores.

- La capacidad tecnológica es vital en los procesos productivos, por lo que es necesario estimular la inversión en este ámbito. La carencia tecnológica puede solventarse de las siguientes formas:

  - Invirtiendo en formación tecnológica. No suele solucionar los problemas a corto plazo, pero sienta las bases del futuro. Ante eventuales dificultades para invertir por falta de recursos financieros o formadores capacitados, deben buscarse otras fuentes.
  - Adquiriendo tecnología en el exterior, lo cual requiere, un mínimo de capacidad técnica para desarrollarla.
  - Realizando contratos de cesión tecnológica y asistencia técnica de empresas ubicadas en países desarrollados, lo cual implica la compra de patentes, derechos y métodos operativos.

– Estimulando la llegada de inversión exterior en tecnología y en inversión directa, siendo necesario para ello ofrecer estabilidad política, seguridad jurídica de las inversiones, y autorizar la repatriación de capitales y dividendos.

• La falta de producción interna de ciertas mercancías necesarias para el proceso productivo, que obliga a importar para incorporarlas al mismo, se encarecen con los trámites de la importación, y ello repercute en los costes de producción.

• La baja productividad incide directamente en el incremento del coste unitario de los productos.

• Costes adicionales por causas ajenas a la producción, debidos al sistema económico imperante, a la organización industrial o la burocracia administrativa, que traslada a los precios el coste de esos factores: cuotas de la seguridad social, estrechez del mercado de trabajo, imposición directa, controles de la Administración a la producción, agilidad administrativa, tasas y demás tributos directos.

• La aplicación de aranceles a la exportación con fines recaudatorios.

• La situación de monopolio u oligopolio en el mercado repercute en precios superiores a los normales de libre competencia.

• La inexistencia de un sistema de devolución de la imposición indirecta para todos los productos exportados, o de los gravámenes directos soportados durante el proceso productivo no recuperables por el exportador.

Las tendencias globalizadoras obligan a las empresas a ser más competitivas en precio y en calidad, entendiendo por ello que el producto exportado cumple los requisitos requeridos, es decir, el producto de la compraventa satisface las necesidades exigidas por el cliente y, por tanto, como señaló P. B. Crosby (1986a), «el coste de incumplirlas es el coste de la calidad». En apoyo a la exportación, los gobiernos han de dictar las medidas legislativas necesarias, en particular promulgado la legislación sobre los regímenes aduaneros económicos, junto con otra adicional sobre medidas complementarias de ayuda a la exportación.

En este sentido, es necesario aplicar métodos que sean compatibles con la reducción de costes y con los acuerdos internacionales, en especial con el GATT/OMC. Uno de ellos es la reducción de los costes de producción vía el acopio de materias primas provenientes de la importación a precios más bajos que los existentes en el mercado interior; esto puede lograrse por el procedimiento aduanero de los regímenes aduaneros económicos antes citados, pues se importarían las mercancías sin pagar derechos arancelarios.

Además, puede ocurrir que la calidad exigida por el comprador extranjero no se halle disponible en el mercado interior, y en consecuencia deba importarse. Si la importación se realiza al amparo de un régimen aduanero, disfrutará de la franquicia arancelaria, y se podrá ofrecer el producto final de exportación al precio internacional aceptado.

Cuando las empresas entran o quieren entrar a competir en el mercado exterior, suelen disponer de varios precios de venta para sus productos; aplican una tarifa u otra en función del mercado y del precio posible de venta, el cual depende de la renta disponible, la apetencia del consumidor, el proteccionismo interior, la calidad y la competencia.

También hay que considerar que los precios de venta de exportación guardan relación directa con los ofrecidos al mercado exterior, por el sistema de doble lista de precios. El procedimiento consiste en confeccionar una lista a un precio A, para el mercado exterior, y otra al precio B = A + k, para el mercado interior. Siendo k el factor de incremento de precio trasladado al mercado interior, equivalente al necesario para sufragar el menor precio de venta del mismo producto en el mercado exterior.

Esa dualidad de precios A y B es típica de las economías cerradas, en las que los componentes del precio de venta no son neutrales, bien sea por una política fiscal de imposición directa sobre la fabricación, por un proteccionismo que permite mayor precio o por una deficiente estructura productiva. Sin embargo, ese proceder tiene un límite de precio de venta, que atribuimos a tres situaciones distintas:

- El precio máximo que los consumidores interiores están dispuestos a pagar.
- El precio que el propio mercado interior impone, bien sea por la competencia existente o por la existencia de productos sustitutivos.
- Incurrir en un procedimiento sancionador exterior por precio *dumping* al vender por debajo del precio de venta del mercado interior.

En este último caso, existe una clara subvención incompatible con el artículo VII del GATT, que define el valor de transacción como la suma de todos los factores necesarios para producir un bien, incluido el transporte y seguro hasta el primer punto de introducción en el país comprador.

La pluralidad de listas de precios produce efectos negativos en el mercado interior, ya que genera inflación y aminora la renta disponible. Aunque el mercado sea libre y cada cual pueda aplicar el precio que estime conveniente, han de existir medidas fiscales neutrales que eviten las malas prácticas y el perjuicio que puede sufrir el consumidor interior. Es una política comercial no exenta de riesgo.

Por otra parte, la composición de los precios interiores responde a unos costes de producción derivados de la política económica y social existente, los cuales han de enfrentarse a los que rigen en el mercado exterior cuando son exportados, y no tienen por qué responder al mismo modelo económico. Por ello, si los precios de exportación no están al nivel de la competencia, los esfuerzos por vender serán estériles, sobre todo en manufacturas o productos primarios.

En algunos casos, las mercancías disfrutan de una demanda distinta del precio debido a hechos complementarios al proceso productivo (una imagen de marca, supuesta calidad, diseño exclusivo, etc.); sin embargo, estas mercancías acostumbran a estar en manos de las empresas radicadas en los países industrializados y de renta elevada, resultando que los productos y mercancías ofrecidos por los países en vías de desarrollo suelen coincidir en las manufacturas y los productos primarios. Marcas como Nike, Adidas, Babolat, Loeve, Hugo Boss, Hermes, Dior, Carolina Herrera, etc., muy difícilmente están bajo el dominio de los países en vías de desarrollo o poco desarrollados, pues su capacidad económica, tecnología disponible y conocimiento del mercado no son equivalentes a los de los países del Primer Mundo. Se limitan, pues, a producir para las empresas multinacionales, como sucede con las exportaciones de países asiáticos con destino a Europa y Estados Unidos.

En la figura 2 se observan los distintos niveles de precios.

Los precios interiores nacionales son del orden del «precio indicativo» P_3, frente al precio exterior P_1. Ello es debido a las causas enunciadas anteriormente, que actúan como factores que alteran el precio del producto en el mercado interior, sin obviar los problemas derivados de la distribución de la renta nacional.

En la figura 2, el precio del mercado internacional para un bien considerado se encuentra en el nivel P_1, pero en el mercado interior desde el que deseamos acceder el precio de referencia está en el nivel P_3. Tal disparidad de precios hace imposible vender el producto en el exterior.

Una posibilidad para equiparar los precios P_1 y P_3 podría ser que el sistema económico devolviera a la exportación la imposición indirecta soportada durante las distintas

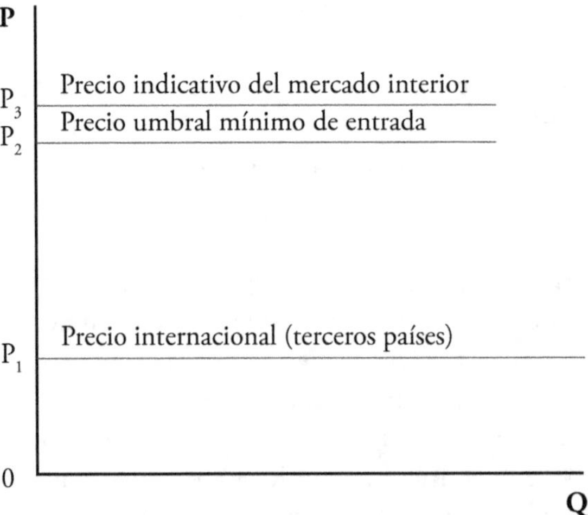

Figura 2.

fases del proceso productivo, es decir, el impuesto sobre el valor añadido (IVA) u otro equivalente, en la cuantía P_1P_3; entonces los precios serían equivalentes y el producto exportado podría concurrir en el mercado exterior. Pero si la imposición indirecta devuelta es inferior a P_1P_3, o la composición de costes productivos carece de neutralidad a la exportación, el producto exportado tiene un precio superior a su equivalente en el exterior y no puede competir.

Para adecuar los costes a nivel competitivo internacional, es preciso disponer de otros mecanismos que permitan reducirlos. Uno de ellos es trasladar el diferencial de precios entre los mercados exterior e interior. También puede subvencionarse la exportación, pero siempre dentro de un sistema de equidad de costes, lo cual es complejo y existe el riesgo de primar inadecuadamente las exportaciones y, en consecuencia, considerar la compraventa a precio *dumping*. Otra posibilidad es devaluar la divisa para conseguir precios más competitivos, pero esta medida que favorece las exportaciones también encarece las mercancías de importación porque genera inflación, y los beneficios iniciales de la devaluación pueden verse anulados a medio plazo. Para paliar la incidencia de esos costes productivos, existen dos posibilidades: incrementar la productividad y recurrir a los regímenes aduaneros, o bien aplicar ambas conjuntamente.

3.1 Costes y liberalización

En determinadas situaciones (véase la figura 2), las autoridades económicas gravan las importaciones con un sistema de derechos arancelarios equivalente a P_1P_3, claramente proteccionistas, al objeto de incrementar dicho precio exterior hasta el nivel P_3.

También puede fijarse un precio umbral P_2, mínimo para la importación, cercano al precio indicativo del mercado P_3. Este precio, a nivel P_2 o P_3, es el equivalente al precio mínimo que un producto ha de tener para entrar en aquel mercado interior. Para mantener este precio protegido se aplican barreras arancelarias, que incrementan los precios con aranceles de «tipo específico», es decir, a «tanto por unidad»; o de tipo ad valórem, que es un porcentaje sobre el valor declarado en aduana; o ambos a la vez, cuya cuantía de repercusión equivalga a la cuantía P_1P_2. De esta forma, los precios más bajos del mercado exterior quedan equiparados a los que rigen en el mercado interior.

La existencia de un precio umbral P_2 puede interpretarse como el importe o valor que dificulte la importación y, al mismo tiempo, incentive la economicidad tendente a disminuir el precio interior P_3. Si estos niveles de precios P_2 y P_3 se acompañan de una «política comercial restrictiva» aplicada a las importaciones, como contingentes o licencias, que dificultan o prohíben la importación, nos hallamos ante un proteccionismo a ultranza, un sistema económico protegido, una autarquía que conduce al aislamiento y el atraso.

La UE, pese a su liberalismo económico, mantiene un sistema proteccionista para determinados productos agrícolas, ganaderos y de la pesca. Aplica precios umbrales e indicativos, de modo que cuando son exportados en forma primaria o transformados, dentro de una cantidad determinada por campaña y con la correspondiente licencia de exportación, establece una cuantía económica de ayuda al exportador denominada «restitución a la exportación». Para algunos se trata de una subvención y para otros de una devolución impositiva que se paga a los exportadores en compensación por los mayores costos productivos. Ambos criterios tienen como fin favorecer la exportación de los productos agrícolas al mercado mundial, siendo la compensación por restitución una cuantía equivalente a la diferencia de precios existente entre los precios internos de la UE y los del mercado mundial, equivalente al importe P_1P_2.

La figura 2 evidencia el precio umbral comunitario equivalente a P_2 y el precio P_1 existente en el mercado exterior, al cual difícilmente podrá exportar, salvo que reciba la correspondiente restitución a la exportación. Este sistema de pagos al exportador comporta encendidas tormentas socioeconómicas que se han manifestado durante la celebración de los distintos foros y cumbres internacionales de economía, como las rondas de la OMC, o las reuniones del FMI.

Las restituciones a la exportación es una cuestión problemática. Es cierto que para los países en vías de desarrollo, son precisamente los productos primarios u otros producidos con mano de obra intensiva (textiles o calzado) los que pueden exportar a precios competitivos. Pero también es cierto que algunos productos, por ejemplo los agrícolas, son considerados estratégicos porque son necesarios; por tanto, es difícil renunciar a tales producciones en los países desarrollados y depender del exterior. Pero además, la amplia liberalización de esos productos conduce al declive de los sectores productivos afectados por tales medidas en los países desarrollados.

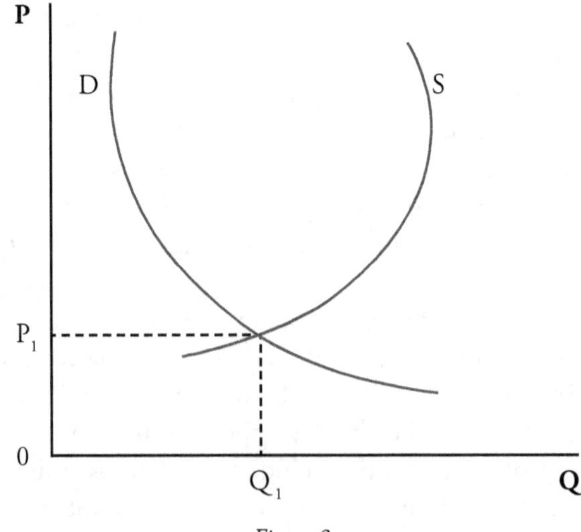

Figura 3.

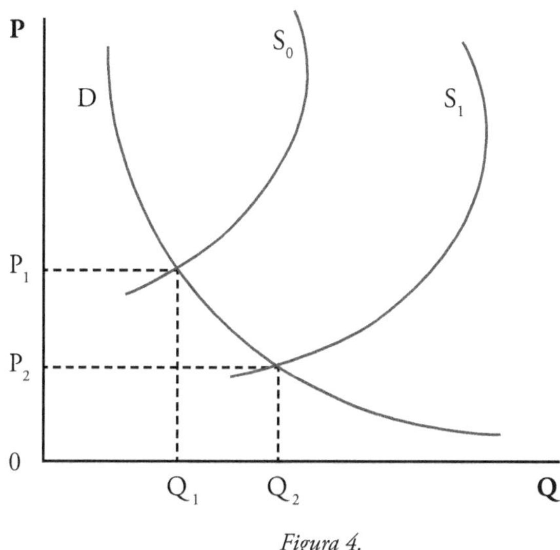

Figura 4.

Véanse los gráficos de las figuras 3 y 4, que ilustran las distintas situaciones de equilibrio de la demanda D y de la oferta S, por causa de la alteración de los precios P y de las cantidades Q, en función de la liberalización de política comercial a la importación.

La figura 3 responde a la situación de un país, que tiene una demanda D y una oferta S, cumpliéndose la relación de equilibrio de precios P_1 para cantidades Q_1. Pero ante una variación de la oferta S, por causa de una política comercial liberalizadora (véase la figura 4), la nueva situación de equilibrio es muy distinta: un desplazamiento de la curva de oferta S_0 hacia la derecha pasaría a la posición S_1, los equilibrios se trasladan desde una posición $P_1 Q_1$ a otra nueva $P_2 Q_2$, lo cual significa pasar a una nueva situación de mayor cantidad a menor precio. Esa liberalización comporta una drástica reducción de los precios internos del país, hasta entonces proteccionista, lo cual creará una fuerte distorsión en la producción interna que no podrá venderse por la llegada de los mismos productos del exterior; este hecho planteará un problema económico y social, pues la mayor oferta a menor precio supondría la desaparición de la producción interior, el incremento del paro y el déficit de la balanza comercial.

Ante tal situación, las autoridades deben informar de antemano a los sectores productivos afectados, al objeto de adecuar sus producciones a la nueva competencia externa y evitar conflictos sociales. Por ello es necesario plantear el problema analizando las consecuencias y buscar soluciones compensatorias.

3.2 *Aplicación de los regímenes aduaneros económicos*

Si la nueva oferta S_1 de producción es consecuencia de la exportación, la demanda también crece y, por tanto, se produce otro nuevo punto de equilibrio entre oferta y de-

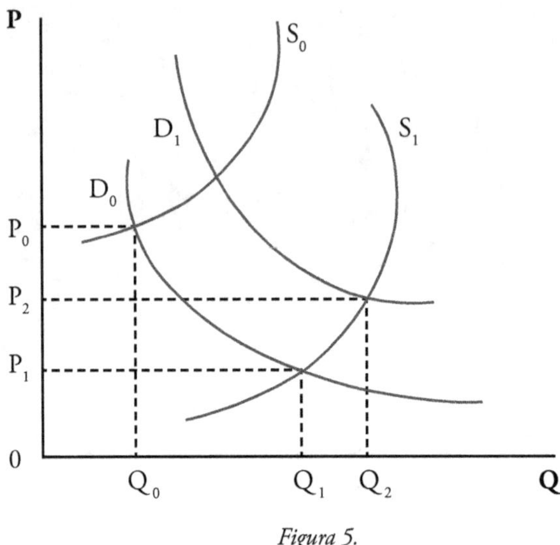

Figura 5.

manda. Así ocurre con las producciones adicionales por efecto de las transformaciones en los regímenes aduaneros económicos, cuyo destino último es la exportación (véase la figura 5).

En este caso, desde una demanda D_0 y una oferta S_0 con equilibrio P_0Q_0, por efecto de la nueva oferta S_1 derivada de la eliminación de las barreras arancelarias se produce un nuevo equilibrio en P_1Q_1, pero por el efecto de la exportación en régimen de perfeccionamiento activo u otros regímenes aduaneros económicos, aparece una nueva curva de demanda D_1, cuyo nuevo punto de equilibrio del mercado interior se sitúa en P_2Q_2. Ello sería así, ya que al destinarse a la exportación no tiene por qué afectar negativamente al equilibrio de precios existente en el mercado interior, dado que los incrementos de la oferta y la demanda se equilibran entre sí.

También se benefician los precios al situarse en el equilibrio de P_2Q_2 debido al efecto de los operadores en regímenes aduaneros económicos y de aquellos suministradores de los anteriores, pues los incrementos de producción disminuyen los costes fijos empresariales, además de estimular la inversión, el conocimiento tecnológico e implicar una mayor eficiencia productiva.

En definitiva, los precios de las materias que haya que transformar pueden ser determinantes para competir en los mercados exteriores, y dado que los regímenes aduaneros permiten importar con franquicia arancelaria y sin intervención de otras medidas restrictivas al comercio, constituyen un inestimable sistema de ayuda a la exportación y, por tanto, al crecimiento y desarrollo.

Capítulo 3

Antecedentes legislativos en España y la Unión Europea relativos a los regímenes aduaneros económicos

1 Introducción

Al objeto de ilustrar los antecedentes legales en que se basan los regímenes aduaneros económicos españoles y comunitarios, exponemos una referencia legislativa para informar de su desarrollo normativo y posterior aplicación, que tanto ha significado en el desarrollo industrial español.

Las normas legales son la base para la aplicación de los regímenes aduaneros económicos, y, en consecuencia, las empresas exportadoras tienen un marco legal operativo para producir bienes y conseguir los beneficios que comporta tal aplicación.

Cuanto exponemos significa una importante experiencia legislativa, la cual puede ser tomada por referencia o adoptada por otras legislaciones.

La acotación temporal para la legislación española abarca desde 1852, iniciada con el RD de 11 de julio sobre puertos francos, hasta su entrada en las Comunidades Europeas, firmada en 1985, si bien por razones de análisis incluimos normativas hasta 1987, con algunas referencias posteriores para una mejor comprensión.

En cuanto a las normas comunitarias, relacionamos desde la primera legislación en materia de regímenes aduaneros redactada en tres directivas comunitarias de 4 de marzo de 1969, 69/73/CEE, 69/74/CEE y 69/75/CEE, referidas respectivamente a régimen de perfeccionamiento activo, depósito aduanero y zona franca, hasta 1987. Dicha legislación la hemos referenciado hasta la actualidad, por la continuidad de aplicación de los regímenes aduaneros en la UE. Destacamos el código aduanero aprobado por el Reglamento CEE 2913/1992 y su Reglamento CEE 2454/93, puesto al día con el Código Aduanero Modernizado aprobado por el Reglamento CE 450/2008, junto con su Reglamento CEE de aplicación 1192/2008 de 17 de noviembre.

2 Legislación española

La legislación española más relevante sobre los regímenes aduaneros económicos se inicia en el siglo XIX, cuando el Gobierno español otorgó la concesión de las zonas francas para el territorio de las islas Canarias y las plazas de soberanía en el Norte de África, durante el reinado de doña Isabel II (1843-1868), al ser aprobado el RD de 11 de julio de 1852, que declaraba puertos francos de las islas Canarias a los puertos de Santa Cruz de Tenerife, Orotava, Ciudad Real de las Palmas, Santa Cruz de la Palma, Arrecife de Lanzarote, Puerto de Cabras y San Sebastián de la Gomera.

Posteriormente, fue promulgada la ley de 18 de mayo de 1863, que también declaraba puertos francos los de Ceuta, Melilla e islas Chafarinas, y siete años más tarde la ley de 22 de junio de 1870, que los ampliaba a varios puertos más, entre ellos el puerto de Valverde, ubicado en la isla del Hierro, y condicionaba la franquicia en los demás puertos de la provincia, la cual fue de nuevo ratificada por la ley de 6 de marzo de 1900.

En cuanto al régimen o tráfico de perfeccionamiento activo, la legislación española se remonta a la Ley de Admisiones Temporales de 14 de abril de 1888. Se trata de una legislación con clara tendencia a favorecer las exportaciones de la industria conservera, aunque con cierta rigidez de concesión y control. Por ejemplo, se obliga a que sea la misma persona, sociedad, empresa o quien legítimamente la represente, la que reciba, beneficie y exporte las mercancías. También las solicitudes de admisión temporal son publicadas en la *Gaceta de Madrid* (en la actualidad, *Boletín Oficial del Estado*) y en el *Boletín Oficial de la Provincia* donde el solicitante pretenda ejercer su industria, otorgando un plazo de 30 días para que las administraciones principales de aduanas, juntas provinciales de agricultura, industria y comercio, las sociedades económicas, las cámaras de comercio y, en general, todos aquellos a quienes afecte la concesión, puedan exponer ante la Dirección General de Aduanas cuanto estimen conveniente. Todo ello denota una clara prevención en las concesiones, ante lo novedoso de estas operaciones, que introduce medidas liberales en un sistema hasta entonces en extremo proteccionista.

Dicha legislación concreta las aduanas por las que se podrán realizar las operaciones, las personas físicas o jurídicas autorizadas, la obligación de publicar las solicitudes de admisión temporal en los medios mencionados, expresando la transformación o modificación a que se destina la mercancía, lugar donde aquélla haya de verificarse, el plazo para la exportación, y la suma que por cada unidad de mercancía beneficiada (importada) y reexportada (transformada o modificada) deba devolverse, teniendo en cuenta las mermas o aumentos que las mercancías experimenten en virtud de los procedimientos a que se someterán.

Es evidente que la legislación contempla unas ayudas a los sistemas productivos destinados a la exportación por medio de la exención arancelaria de las mercancías importadas que se han de utilizar en la transformación, cuyo hecho aduanero económico, después de casi cien años de su publicación, sigue en vigor.

Además, la ley no solo considera la exportación al resto de los países de los productos obtenidos de la transformación, sino también la posibilidad de ultimar el régimen con la introducción de los productos obtenidos en depósitos exentos fiscalmente, lo cual debe considerarse un gran avance fiscal para aquella fecha. Por ello, el espíritu de esa norma mantiene su plena vigencia.

Basándose en esta ley, se desarrollaron reales órdenes y se dictaron reglas de admisión temporal con las correspondientes autorizaciones de transformación. Por ejemplo, resina oscura americana para fabricar jabón, cilindros para ser grabados y utilizados en la estampación de productos textiles, hilazas de lino para fabricar tejidos destinados a la exportación, etc.; todo ello aportando comentarios al reconocimiento de la existencia de mermas, es decir, la cantidad de mercancía o materia primera que desaparece durante el proceso de transformación o fabricación.

Con el transcurso del tiempo, se emitieron normas legales para aplicar debidamente los regímenes económicos de zonas francas y de perfeccionamiento activo. Entre ellas, la Real Orden (RO) del Ministerio de Hacienda de 21 de junio de 1902, ampliada con la de 1 de junio de 1907, permitieron la recuperación del derecho arancelario pagado a la importación, operativa de devolución de derechos arancelarios que actualmente se conoce como «reintegro» o *draw back*. Esta norma también expone el concepto de «mercancía necesaria», que engloba la mercancía transformada más las mermas y los subproductos producidos en el proceso productivo, cuestión importante habida cuenta de los reales costos de producción.

El apoyo a la exportación a través del sistema de las admisiones temporales permitió un cierto auge exportador en distintos sectores, uno de ellos significó un empuje a la exportación conservera, al suprimir los derechos arancelarios de la hojalata en blanco, utilizada en la fabricación de los envases.

Posteriormente, la RO del Ministerio de Hacienda de 3 de mayo de 1909 establecía normas generales para todos los industriales de un sector determinado, al considerar un «antecedente legal» una autorización en vigor, anticipándose con ello cincuenta años a los conceptos legales de «autorización tipo, autorización prototipo y autorización precedente» de las Leyes 1/1960 y 86/1962, que tanta importancia tuvieron para las empresas exportadoras del textil. Cabe destacar la autorización para exportar por aduanas distintas de la de importación; éste era un extremo importante que daba agilidad a las empresas, al ampliarse el sistema logístico de transporte al exterior y el reconocimiento legal de mermas y desperdicios en los procesos industriales que, en el futuro, se encuadrará en el concepto denominado «coeficiente de rendimiento del proceso productivo».

Esta legislación de admisiones temporales con franquicia arancelaria permitía a los industriales españoles beneficiarse de un mecanismo legal para abaratar los costes de fabricación, transformación, ensamblado o montaje, así como disponer de las calidades exigidas por el mercado exterior. Ello les permitía concurrir en mejores condiciones de precio en el mercado internacional, iniciándose así una corriente exportadora, generadora de divisas, tan necesarias para la balanza comercial.

El primer precedente legal del régimen de perfeccionamiento pasivo lo contempla la RO 414 del Ministerio de Hacienda, de 22 de mayo de 1930. Dicta las reglas a que ha de someterse la exportación temporal de máquinas y útiles para ejecutar obras públicas y trabajos de establecimiento de nuevas instalaciones industriales en Ceuta, Melilla y zona española del Protectorado en Marruecos. Asimismo, contempla la franquicia arancelaria a la importación de tales máquinas y útiles una vez finalizado el trabajo o el plazo de permanencia en el exterior, bastando solo la identificación de que eran los mismos que previamente se habían exportado.

Dado que toda importación estaba y está sometida al pago de los correspondientes derechos de aduanas, esta Real Orden eximía a las empresas que cumplían unos determinados requisitos de tal obligación. Ciertamente, no se llevaba a cabo ninguna transformación sobre la mercancía exportada, por lo que no podía gravarse producto nuevo o adicional alguno. Si hubiera habido alguna transformación, estaría gravada con los correspondientes derechos arancelarios. La legislación exonera a las empresas del pago de impuestos arancelarios a la reimportación en el mismo estado de una mercancía previamente exportada.

Con el objeto de incrementar las exportaciones, el presidente del Consejo de Ministros, Dámaso Berenguer Fusté, emitió el RD 1932 de la Presidencia del Consejo de Ministros, de 16 de agosto de 1930, aprobando el reglamento para la aplicación de la Ley de Admisiones Temporales de 14 de abril de 1888. Cabe mencionar la exposición de motivos del reglamento, pues se trata de un salto adelante en la liberalización de las operaciones, obviamente dentro de un control, resaltando el beneficio que la exportación significa para el Estado. Así, reconoce que la elevación de los derechos arancelarios acentúa el sistema proteccionista del sistema productivo, pues se elimina la competencia externa, por ello considera necesario dotar al sistema fiscal de un régimen racional de admisiones temporales que pusiera al día la ley de 1888. Considera el Real Decreto en la exposición de motivos que las admisiones temporales son *«eficaces colaboradoras del trabajo nacional, constituyen un instrumento de alto valor económico»*, y concluye que la industria nacional nada debe temer de tal legislación que se traduce en trabajo nacional exportable.

La legislación de los regímenes aduaneros económicos avanza en la regulación administrativa en función de las necesidades operativas y con el transcurso del tiempo, hasta 1930, año en que fueron autorizados depósitos francos, por sus correspondientes reales decretos y órdenes, en los puertos que se detallan en la tabla 1.

El RD 1821/30, de 22 de julio de 1930, aprobó el Reglamento de Puertos, Zonas y Depósitos francos, definiendo los puertos francos, depósitos francos y zonas francas así:

- *Puertos francos.* Son aquellos puertos en que las mercancías desembarcadas o embarcadas disfrutan de franquicia arancelaria.

Norma legal	*Puerto*
RD 22-10-1914 *(Gaceta* del 25)	Cádiz
Reglamento de 10-12-1915	Cádiz
RD 10-09-1916 *(Gaceta* del 11)	Bilbao – Santurce
RD 30-07-1918 *(Gaceta* 2/8/18)	Bilbao – Santurce
RO 10-03-1919 *(Gaceta* del 22)	Bilbao – Santurce
RO 16-04-1920 *(Gaceta* del 22)	Bilbao – Santurce
RD 24-10-1916 *(Gaceta* del 25)	Barcelona
RO 7-11-1917 *(Gaceta* del 8)	Barcelona
RD 11-08-1918 *(Gaceta* del 13)	Santander
RO 15-06-1919 *(Gaceta* 11/7/1919)	Santander
RO 26-02-1923 *(Gaceta* 3/3/1923)	Santander
RD 25-03-1919 *(Gaceta* del 26)	La Coruña
RD 22-10-1918 *(Gaceta* del 25)	Vigo
RO 11-01-1923 *(Gaceta* 4/3/1923)	Vigo
RD 25-03-1919 *(Gaceta* del 26)	Gijón
RD 18-06-1930 *(Gaceta* del 21)	Valencia (silos en régimen de depósito franco)

RD = Real Decreto.
RO = Real Orden.

Tabla 1.

• *Depósitos francos.* Porción limitada de terreno enclavada en el lugar donde exista aduana marítima de primera clase en las que están autorizadas las operaciones de importación, exportación, transbordo, cabotaje y tránsito y nivel de habilitación para todo tipo de operaciones, con locales adecuados para introducir y almacenar mercancías extranjeras de importación permitida y mercancías españolas de exportación autorizada. En ellos podrán realizarse las siguientes operaciones:

  – Cambio de envases de mercancías.
  – División de las mismas para preparar clases comerciales.
  – Mezclas de unas y otras con idéntico fin.
  – Descascarado y tostadura de café y cacao.
  – Tundido de pieles.
  – Trituración de las maderas.

- Lavado de las lanas.
- Extracción del aceite de la copra y de las semillas oleaginosas.
- Todas las operaciones que aumenten el valor de los géneros depositados, sin variar, esencialmente, la naturaleza de los mismos.

- *Zonas francas.* Franja o extensión de terreno situada en el litoral, aislada de todo núcleo urbano, con puerto propio o al menos adyacente y en el término jurisdiccional de una aduana marítima de primera clase, en cuyo perímetro podrán realizarse las operaciones antes indicadas para los depósitos francos, y además instalarse:

  - Industrias no existentes en España.
  - Industrias existentes en España sin carácter exportador.
  - Industrias existentes en España con radio exportador notoriamente deficiente o que registre decrecimiento paulatino en los últimos años.

  Las mercancías gozarán de la franquicia de los derechos arancelarios y los demás que en cada caso se determinen; además de las operaciones citadas para los depósitos francos, podrán instalarse toda clase de industrias sin más restricciones que las que aconseje la natural defensa de la economía nacional.

Tras la Guerra Civil española, se impuso un nuevo orden político y económico, y con él, la autarquía fue un hecho. Considérese que la capacidad industrial de la época que tenía posibilidades de exportación era débil y tampoco fue favorable a los intereses españoles la llegada de la Segunda Guerra Mundial.

Hay que esperar al 12 de septiembre de 1946, fecha en que se publicaron en el *Boletín Oficial del Estado* (BOE) dos decretos ley, de 30 de agosto de 1946, de significada importancia. El primero procede del Ministerio de Industria y Comercio, Renta de Aduanas. Para simplificar la tramitación de solicitudes y concesiones de admisiones temporales, expone la necesidad de vitalizar el sistema de admisiones temporales, aprobado por la primitiva ley de 1888. Asimismo, para simplificar la tramitación de los expedientes, da plazos a la Administración de un máximo de 10 días hábiles para emitir los informes tendentes a autorizar las solicitudes. El decreto preveía las concesiones de carácter individual y de tipo colectivo, pues alcanza a las agrupaciones de exportadores y de transformadores para ser beneficiarias de las admisiones temporales.

El segundo decreto ley hace referencia a la importación de materias, con exención de aranceles, por transformadores-exportadores. En él se considera conveniente complementar el anterior decreto ley con otras medidas que *«puedan incrementar la eficacia general de un sistema que tiene abiertas grandes posibilidades»*. A tal efecto, destacamos que su objeto fue un cambio radical del régimen de perfeccionamiento activo, al otorgar la legislación nuevas modalidades operativas, pues a la admisión temporal se le añadía otra novedosa: la «reposición». Ésta consiste en el permiso para importar con exención arancelaria la cantidad de materias igual a la que, por transformación, ha llegado a constituir el producto transformado y previamente exportado. Esta modalidad tuvo un desarrollo extraordinario unos años más tarde, pues estaba en sintonía con la productividad empresarial real, poco dada a planificar a medio y largo plazo. El tejido industrial español, formado en su mayoría por pequeñas y medianas empresas, dificultaba la utilización de las admisiones temporales. La necesidad de ulterior exportación de los productos obtenidos por toda la mercancía importada condicionaba al empresario la compra de importación ante la inseguridad de exportar las mercancías producidas dentro de los plazos reglamentarios. La Administración había reconocido esta cuestión al emitir disposiciones ampliatorias de los plazos legales previstos, pues su incumplimiento implicaba la importación definitiva de la mercancía ingresando los derechos arancelarios, los cuales eran altos debido al sistema proteccionista imperante. Estas cuestiones no estimulan la importación sin saber con seguridad la venta de exportación que se preveía realizar. Tales circunstancias son resueltas por la modalidad de la reposición de materias primas, ya que al comprador solo le importa la cantidad de materia prima equivalente que ha utilizado en sus exportaciones. Esta legislación estuvo en vigor hasta la Ley 82/1960, que amplió y puso al día los conceptos y sistemas operativos en consonancia con las necesidades económicas españolas.

Es interesante destacar el Decreto Ley de 14 de noviembre de 1947, de la Jefatura del Estado, por el que la exportación de productos nacionales tiene carácter de actividad económica de preferente interés nacional, resultando ser una clara exposición de la importancia dada a la exportación. En él se afirma que es necesario fomentar las exportaciones para disponer de los medios con que atender el pago de las importaciones, pues la disminución de las primeras ocasionaría graves consecuencias *«desde el punto de vista del superior interés general»*.

En 1957, se inicia un proceso de cambio en la economía española dirigido por un nuevo gobierno de signo «tecnócrata», y la economía se abre al exterior. Los ingresos por turismo inician un despegue espectacular, las fronteras se abren y permiten a un gran número de ciudadanos españoles buscar trabajo en Europa, lo cual revierte en un importante ingreso vía transferencias por las remesas de los emigrantes, y el paro es prácticamente nulo. En 1959 se puso en marcha un Plan Económico de Estabilización, llevado a cabo por el economista Joan Sardà Dexeus, siendo ministro de Hacienda Mariano Navarro Rubio y de Comercio Alberto Ullastres.

Dicho plan significó, entre otras cosas, una liberalización al exterior y, por tanto, del comercio internacional. Permitió la llegada de inversiones extranjeras, la importación de tecnología, una amplia liberalización de las importaciones y una clara ayuda a las exportaciones.

Fruto de la nueva política económica fue la Ley Arancelaria 1/1960 de 1 de mayo, que recoge toda la legislación anterior e incorpora las normas necesarias para el desarrollo de la política arancelaria en el contexto del desarrollo económico y cooperación internacional.

La citada ley no era ajena a lo que significaba el comercio exterior y, en particular, a los regímenes aduaneros económicos. Decía que debían regularse el régimen de perfeccionamiento activo, en sus modalidades de admisión temporal, reposición de materias primas y la devolución de derechos arancelarios, así como en la materia relativa a las áreas aduaneras exentas, tanto las existentes como las que pudieran crearse en el futuro, es decir, las zonas y los depósitos francos, todo ello con el fin de favorecer el desarrollo industrial y comercial del país.

Como consecuencia de la ley anterior, fue promulgada la Ley 86/1962, de 24 de diciembre de 1962, la cual reguló el régimen de reposición de mercancías con franquicia arancelaria, que ya había sido contemplada en el Decreto Ley de 30 de agosto de 1946. En esta nueva redacción planteaba que la reposición podía autorizarse en tres formas: reposición tipo, reposición prototipo y reposición según precedente, con el objeto de facilitar el recurso a esta modalidad de perfeccionamiento activo, cuyos conceptos son los siguientes:

- *Tipo.* Autorización que se haga por primera vez a instancia del interesado para una determinada clase de productos.
- *Prototipo.* La aprobada por la Administración cuando las circunstancias así lo aconsejen, señalando los términos de la aplicación, los productos de exportación y los de reposición.
- *Según precedente.* La autorizada basándose en una reposición tipo o prototipo anteriormente autorizada, para unas mismas mercancías teniendo en cuenta que los procesos productivos y las mercancías a transformar pueden ser distintos; sería el caso de un industria textil química, que fabricara poliamida, y otra poliéster, o bien los fabricantes de fibra acrílica por proceso húmedo o por proceso seco.

Esta legislación destacaba la problemática del elevado déficit de la balanza comercial española, la importación de bienes de equipo necesarios para el desarrollo económico del país y la importancia de potenciar a las empresas transformadoras como posibles exportadores, empresas a las que era preciso dotar de métodos eficaces y ágiles, e instruirlas en la política arancelaria para que pudieran competir en el mercado internacional.

La ley desarrolla un articulado bastante liberal para las empresas. Por ejemplo, el artículo tercero reconoce el principio de «equivalencia de mercancías», cuestión fundamental porque autoriza la sustitución de unas mercancías por otras de iguales características técnicas, comerciales y subpartida arancelaria.

La posibilidad de utilizar mercancías equivalentes es un hecho que se produce forzosamente en aquellas operaciones de exportación amparadas en el sistema de reposición de materias primas, modalidad muy utilizada durante las décadas de 1970 y 1980, al basarse en exportaciones previamente realizadas.

La Ley Arancelaria 1/1960 supuso un cambio notorio en materia aduanera. En su cumplimiento, el Ministerio de Comercio emitió el Decreto 999/1960, de 30 de mayo, por el que aprobó el arancel de aduanas y las reglas generales y complementarias para la interpretación de la nomenclatura arancelaria, entre ellas, la redacción de la Disposición Quinta de las Ordenanzas de Aduanas, relativa a «exportaciones temporales y reimportaciones de mercancías nacionales y de extranjeras nacionalizadas», lo cual significó la regulación del régimen de perfeccionamiento pasivo.

Dicha disposición, en su apartado «A) Mercancías exportadas temporalmente», enumera unos casos legales relacionados con el régimen de perfeccionamiento pasivo, de los que cabe destacar las operaciones de exportación siguientes:

- Motores, maquinaria, herramientas, instrumentos, aeronaves, vehículos automóviles especiales, aparatos y elementos nacionales o nacionalizados que hayan sido exportados con el fin de realizar un trabajo en el extranjero a título lucrativo.
- Mercancías de todas clases que se exporten para su reparación o comprobación de estado.
- Devoluciones a título gratuito, dentro del periodo de garantía.
- Mercancías de todas clases, incluso materias primas o semimanufacturas, enviadas al extranjero para recibir una labor o trabajo complementario o de perfeccionamiento.
- Las mercancías o artículos que se reimporten deberán ser los mismos que se exportaron, si bien cuando sean materias primas o semimanufacturas, podrán contener otras distintas a condición de que sean «mercancías equivalentes».

Obsérvese que el régimen de perfeccionamiento pasivo permite exportar la práctica totalidad de las mercancías para sufrir, o no, un tratamiento en el exterior. Es decir, permite una apertura al exterior en función de las necesidades industriales.

Este régimen puede tener una trascendencia económica muy significativa, sobre todo cuando los costes internos crecen y, en consecuencia, existe la ventaja comparativa de producir en el exterior el mismo bien en condiciones más favorables. Esta cuestión ha suscitado una pluralidad de problemas sociales, pues muchas producciones se han desplazado a otros países. Ante presiones sindicales y otras protectoras, se ha impuesto de forma plural una legislación restrictiva en la concesión de las autorizaciones de régimen de perfeccionamiento pasivo; por ejemplo, en la UE se han establecido contingentes a la exportación de determinadas mercancías para su transformación en el exterior, en especial cuando llevan incorporada una fuerte manipulación de intensiva mano de obra.

Una legislación importante fue la Ley 194/1963, de 28 de diciembre, que aprobó el Primer Plan de Desarrollo Económico y Social. En su artículo 29.2, disponía facilitar el funcionamiento de los regímenes aduaneros especiales a favor de la exportación, y a tal fin encomendaba al gobierno que refundiera las disposiciones relativas a las admisiones temporales. Esta cuestión debió esperar seis años, hasta la aparición del Decreto 2665/1969, de 25 de octubre, por el que se aprobó el texto refundido de las admisiones temporales.

Poco después, la Ley 29/1965, de 4 de mayo, estableció el sistema de devolución de derechos arancelarios, liquidados e ingresados en la importación por exportaciones posteriormente realizadas, la cual fue desarrollada de manera reglamentaria por el Decreto 2581/1966, de 10 de septiembre. La ley considera el sistema de devolución de derechos arancelarios como un medio de fomento a la exportación.

Al mismo tiempo que los otros regímenes aduaneros, las zonas francas fueron tomando cuerpo. Así, la Ley 102/1965, de 17 de julio, sobre integración en el puerto de Barcelona del puerto interior de la zona franca de dicha ciudad, significó utilizar con carácter general los muelles y servicios de uso público. Mas tarde, el Decreto 2719/1965, de 14 de agosto, autorizaba la transformación en depósito franco al existente depósito comercial de La Coruña.

Debido al dinamismo comercial, en especial al auge del tráfico de mercancías por carretera, fue necesario prever el establecimiento de aduanas interiores, y así fue promulgado el Decreto 1412/1966, de 2 de junio, por el que se autorizó la aduana interior de Madrid y otras después. A esa legislación le siguió el Decreto 3161/1966, de 22 de diciembre, que autorizaba el establecimiento de un «depósito franco interior», dependiente de la Aduana de Madrid, con lo cual se formalizaban los depósitos francos en cualquier punto de la geografía, y se alejaba el concepto de ubicación junto a los puertos o adyacentes a ellos.

Otra cuestión, no menos interesante, fue el Decreto 3277/1968, de 26 de diciembre, sobre el establecimiento de «Tiendas Desgravadas de Impuestos» en los aeropuertos nacionales. La norma otorga el derecho a la devolución o exención de la impositiva indirecta. La importancia radica en que la legislación abrió el concepto de zona franca a otras actividades y a otras áreas que, por razón de las prácticas comerciales, eran imprescindibles, por ejemplo los recintos TIR o los aeropuertos, tanto para el depósito de mercancías como para la venta al detalle a los pasajeros, y los depósitos o almacenes pueden ubicarse en cualquier lugar de la geografía.

Una fecha importante en el devenir económico español la marcó la publicación de la Ley 1/1969, de 11 de febrero, por la que se aprobó el II Plan de Desarrollo Económico y Social. En su artículo 20, establecía el mandato de que el gobierno refundiera las disposiciones en materia de admisión temporal, extremo que ya había sido expuesto en la Ley 194/1963. Finalmente, el texto refundido de la Ley de Admisiones Temporales, aprobado por Decreto 2665/1969, definía la importación temporal como:

> La introducción en el territorio nacional de la Península e Islas Baleares, con franquicia total o parcial de derechos arancelarios, para su posterior exportación al extranjero o a puerto, zona o depósito franco, es decir áreas exentas, establecidos en territorio nacional.

Cabe resaltar que la legislación previó como ultimación del régimen de admisión temporal, además de la exportación, la introducción de las mercancías en áreas fiscalmente exentas, en las que se permitía almacenar, clasificar, agrupar y realizar operaciones usuales para ser destinadas al exterior y, con el perceptivo control, incluso realizar transformaciones destinadas al mercado interior o exterior.

Una legislación importante apareció con el Decreto 2517/1974, de 9 de agosto, por el que se creó la empresa nacional Almacenes, Depósitos y Estaciones Aduaneras, Sociedad Anónima (Aldeasa). En su objeto social quedó definida «la promoción, instalación, montaje y explotación de almacenes francos y recintos de despacho aduanero, así como la explotación de tiendas en puertos y aeropuertos cuando el fin sea la venta de artículos libres de impuestos y derechos por destinarse al extranjero y de cuantas actividades sean anejas o complementarias a las anteriores».

Esta legislación comportó un significativo avance en el desarrollo de los depósitos francos españoles, al ofrecer a todos los operadores, agentes de carga y empresas de comercio exterior el servicio de almacén franco, que se tradujo en la facilidad de realizar despachos aduaneros en régimen de importación, exportación y tránsito, así como los propios de depósito franco. Fue un valioso elemento de apoyo a las operaciones de comercio exterior como focos de actividad mercantil, y permitió realizar en sus instalaciones las operaciones de clasificación y acondicionamiento con vistas a mejorar su presencia comercial. Existieron detractores por la intromisión del Estado en un negocio que podía funcionar con iniciativa privada, pero debe considerarse la situación económica de 1974, que arrastraba una aguda crisis agravada por la escalada de los precios del petróleo iniciada el año anterior, con una inflación anual media superior al 14%. Por ello, hay que admitir que Aldeasa cumplió un cometido importante.

La delicada situación económica de mediados de los años setenta propició la aparición del Decreto Ley 6/1974, de 27 de noviembre, por el que se instrumentaron medidas fiscales frente a la coyuntura económica. Se liberalizó la operatividad de los sistemas de admisión temporal, reposición y devolución de derechos arancelarios, al permitir que un mismo titular pudiera operar en cualquier modalidad aunque no la hubiera solicitado inicialmente, así como permitir la equivalencia de mercancías en la reposición y en el reintegro o *draw back*.

Por el Decreto 1492/1975, de 26 de junio, fueron desarrollados y coordinados los citados sistemas de perfeccionamiento activo dentro del marco titulado «Régimen de Tráfico de Perfeccionamiento Activo», cuya exposición de motivos indicaba la necesidad de dotar de la máxima agilidad a estas figuras de modo que fuesen eficaces para los exportadores del país.

En el mismo año, la Orden de la Presidencia, de 20 de noviembre de 1975, determinó la normativa y los trámites que debían cumplirse en las operaciones efectuadas al amparo del régimen de tráfico de perfeccionamiento activo creado por el Decreto 1492/1975. Desarrollaba el proceso de actuación tanto para las empresas exportadoras como de los controles administrativos, detallando el modo de solicitud de la autorización, los beneficios, los sistemas operativos y de gestión del régimen, el cual definía como:

La medida de fomento a la exportación que permite eliminar, total o parcialmente, los efectos del arancel de aduanas correspondientes a los materiales con los que se han elaborado determinados productos, cuando salgan del territorio aduanero nacional.

En esta orden se señalaban el procedimiento y las obligaciones que debían cumplir los titulares de este régimen en la realización de las operaciones según el sistema operativo elegido: admisión temporal, admisión temporal simplificada como modalidad de la anterior, reposición con franquicia arancelaria y devolución de derechos arancelarios *draw-back*.

Es preciso definir y destacar aquí el objeto de la admisión temporal y la admisión temporal simplificada:

- *Admisión temporal.* Sistema que se inicia con la importación de materias primas o semielaboradas, bajo suspensión del pago de los derechos arancelarios, continúa por la transformación industrial de éstas u otras equivalentes, y se ultima con la salida del territorio aduanero nacional, dentro de un plazo señalado.

  Las mercancías exportadas podrán contener, además, otras nacionales, nacionalizadas, importadas temporalmente o en cualquiera de los sistemas de tráfico de perfeccionamiento.

- *Admisión temporal simplificada.* Es una modalidad que se aplica en las circunstancias siguientes:

  – Para introducir mercancías en el territorio aduanero nacional que, siendo normalmente de propiedad del cliente extranjero, no requieren su pago, sino solo el cobro del valor añadido por la transformación.
  – Excepcionalmente, su aplicación puede extenderse a otras operaciones que se configuren dentro del sistema de admisión temporal cuando existan razones de reconocida conveniencia nacional o de urgente tramitación, a juicio de la Dirección general de Exportación, previo informe de la Dirección General de Aduanas.

La modalidad de admisión temporal simplificada, por su rápida tramitación y autorización, tenía un marcado interés para aquellas empresas que, no disponiendo de la autorización de tráfico de perfeccionamiento activo por estar en tramitación, tuvieran negocios en cartera cuyas materias para transformar fueran originarias de otros países, bien por motivos económicos o por imposición contractual de la compraventa. Con solo solicitar esa modalidad operativa podían cumplimentar las demandas de mercancías dentro de los plazos contractuales.

También cabe resaltar la íntima relación que tiene con el régimen de perfeccionamiento pasivo, pues la legislación admitía que las mercancías importadas no tenían que ser compradas por el importador, al tratarse de una importación con transformación que una vez realizada se devolvería a aquél.

De la citada orden también podemos extraer las siguientes definiciones sobre la reposición y la devolución de derechos arancelarios:

- *Reposición con franquicia arancelaria.* Es un sistema que se inicia con la exportación de productos transformados o perfeccionados por la industria nacional, concediendo al exportador un derecho a importar con franquicia arancelaria mercancías idénticas o equivalentes a las que fueron necesarias para la elaboración, en todo o en parte, del producto exportado.

- *Devolución de derechos arancelarios.* Sistema que permite la restitución total o parcial de los derechos arancelarios satisfechos a la importación de determinadas mercancías, cuando éstas u otras equivalentes salgan del territorio aduanero nacional, una vez transformadas o incorporadas a otros productos.

La década de 1970 estuvo marcada por un alza de los productos petrolíferos y la desaceleración en el crecimiento de los países industrializados. En España, además, había una incertidumbre con respecto a la sucesión política del dictador Francisco Franco, quien falleció el 20 de noviembre de 1975. El gobierno presidido por Arias Navarro se caracterizó por la inactividad; mientras en Europa se restringía el consumo de petróleo, en España todo seguía igual. Tras la muerte del dictador, la sucesión como Jefe del Estado del Rey Juan Carlos I permitió encauzar el devenir político español dentro de unos límites aceptables para los Estados democráticos.

Fue un periodo económicamente difícil y con escasa actividad legislativa en los regímenes aduaneros, hasta la promulgación de los RD del Ministerio de Hacienda 1192 y 1193/1979, de 4 de abril, sobre regulación del despacho aduanero de mercancías en los recintos de los propios interesados y ampliando las operaciones de venta en las tiendas libres de impuestos a los aprovisionamientos y suministros a naves y aeronaves. En realidad, estos decretos no se refieren a las zonas o depósitos francos de forma amplia, pero sí establecieron el régimen de depósito para las materias primas o los productos semielaborados, siendo por tanto la puerta legislativa que, con el tiempo, permitió ampliar las operaciones a los depósitos francos dependientes de los propios interesados. A fin de obtener las autorizaciones pertinentes para operar, las empresas interesadas precisaban:

- Realizar un mínimo de operaciones.
- Disponer de unas instalaciones adecuadas al fin de almacenamiento de mercancías.

- Contar con un sistema de control informático, homologado por la administración de aduanas y a ella conectado, facilitando los datos de entrada y salida, así como las valoraciones fiscales.
- Cuando las mercancías estuvieran sujetas a la intervención de otros organismos distintos de Aduanas, como son Sanidad, Farmacia, Homologación, Medicina, Baja Tensión, Seguridad en las Máquinas, Análisis, Servicio Oficial de Inspección, Vigilancia y Regulación de las Exportaciones (Soivre), etc., sería preceptivo presentar el informe favorable de tales organismos como trámite previo a la exportación o importación.
- Prestar ante la administración una garantía bancaria o de compañía de seguros, equivalente a la deuda tributaria que devengaran las mercancías depositadas.

La norma contemplaba el depósito de mercancías exentas fiscalmente, e incluso permitía operaciones de clasificación, cambio de envase o cualquiera otra que no modificara la naturaleza o identidad de las mismas con relación a la habida en su entrada.

Como novedad, se devolvía la imposición indirecta para la entrada de mercancías en las zonas y depósitos francos, así como para el aprovisionamiento de buques y aeronaves, lo cual representaba un estímulo para la venta.

Un paso liberalizador en la titularidad de la gestión de los depósitos francos en los aeropuertos fue el RD 2858/81, de 27 de noviembre, de la presidencia del gobierno, sobre calificación de aeropuertos civiles y de las actividades de explotación económica que en ellos se desarrollaba.

Tal precepto será invocado en el futuro para autorizar la actividad de depósito franco en aquellos aeropuertos que lo soliciten los particulares, como sucedió en el aeropuerto de la Seo d'Urgell en 1982, que autorizó a la empresa Desarrollo del Alto Urgel, SA (Dausa). Con esta legislación se introdujo a las empresas privadas en la explotación de los depósitos francos.

En 1985 se produjo un cambio drástico en el ámbito económico español, al firmarse el 12 de junio el Tratado de Adhesión de España a las Comunidades Europeas, e incorporarse de pleno derecho el 1 de enero de 1986.

Se iniciaba un nuevo devenir económico con un periodo transitorio que finalizó el 31 de diciembre de 1992. A efectos prácticos, el desmantelamiento arancelario se puso en marcha el 1 de marzo de 1986. Al mismo tiempo, debía adaptarse todo el acervo legislativo a las normas comunitarias.

La Ley 30/1985, de 2 de agosto, sobre el impuesto sobre el valor añadido (IVA), fue sancionada. En su artículo 11, se establecen las exenciones relativas a las áreas exentas y a los regímenes aduaneros suspensivos. Esta ley reafirmó la voluntad fiscal de que las mercancías situadas en estas áreas exentas gocen también de la exención de la imposición indirecta.

La adaptación de la legislación comunitaria a la legislación española, por causa del Tratado de Adhesión, se concretó en la Ley 47/1985, de 27 de diciembre, de Bases de delegación al gobierno para aplicar el derecho de las Comunidades Europeas, que facilitó adecuar las normativas españolas a las comunitarias. Cabe mencionar también el RD 1297/1986, del Ministerio de Economía y Hacienda, de 28 de junio, por el que se adaptó al derecho de las Comunidades Europeas el régimen vigente en materia de regímenes aduaneros, mencionando una serie de directivas que debían integrarse en el acervo legislativo español.

La nueva situación económica, derivada de la integración de España a las Comunidades Europeas, desarrolló una adecuación legislativa, entre ellas la Orden de 21 de febrero de 1986, que reguló el procedimiento y la tramitación de las importaciones, ampliada por las órdenes de 26 de febrero de 1986, de la Dirección General de Comercio Exterior sobre comercio exterior siderúrgico, y de 24 de febrero de 1986, por la que se reguló la importación de determinados productos textiles, al ser necesario acomodar dicho procedimiento y tramitación en régimen de perfeccionamiento activo a la nueva documentación y normativa comunitaria.

A todo ello siguió la Resolución de la Dirección General de Comercio Exterior de 28 de febrero de 1986. Esta norma determinó los documentos de importación que hay que utilizar en operaciones realizadas al amparo del régimen de perfeccionamiento activo.

Al año siguiente, la Orden del Ministerio de Economía y Hacienda, de 24 de julio de 1987, sobre perfeccionamiento activo, adecuó la normativa española a la comunitaria en esta materia. La exposición de motivos de esta orden es muy significativa, al indicar la legislación comunitaria que regula el perfeccionamiento activo.

Al mismo tiempo, basándose en la Ley 47/1985 antes citada, de adaptación legislativa a la CEE, se emitió el RD 1297/1986, del Ministerio de Economía y Hacienda, de 28 de junio, adaptando el régimen de zonas y depósitos francos al derecho de las Comunidades Europeas.

Posteriormente, en la misma línea legislativa, fue publicado el RD 2094/1986, del Ministerio de Economía y Hacienda, de 25 de septiembre, sobre depósitos aduaneros. Este real decreto, que armonizaba con la legislación comunitaria, supuso un gran paso adelante para las empresas industriales y comerciales, ya que pudieron beneficiarse de la exención arancelaria. En él se enumeran las operaciones que, de manera general, son autorizadas para asegurar la conservación de las mercancías y la mejora de su calidad o presentación comercial, con la denominación de «Manipulaciones usuales». Son las siguientes:

- Examen, inventario y extracción de muestras.
- Reparación de averías surgidas durante el transporte o almacenaje, con tal de que sean operaciones elementales.
- Limpieza.
- Eliminación de partes averiadas.
- Selección, tamizado, cribado, clarificación de mecánica, filtrado, trasiego, trasvases y cualquier otro tratamiento simple similar.

- Colocación sobre las mismas mercancías o sobre sus envases de marcas, sellos, etiquetas, o cualquier otro signo distintivo similar, siempre que ello no confiera a las mercancías un origen aparente diferente del real.
- Modificación de las marcas y números de los bultos, siempre que ello no confiera a las mercancías un origen aparente diferente del real.
- Envasado, desenvasado, cambio de envase, trasvase o simple reacondicionamiento en otros recipientes.
- Fijación de las mercancías sobre soportes para su acondicionamiento o presentación.
- Operaciones de preparación de surtidos y clasificación.
- Examen, prueba y puesta en funcionamiento de máquinas, aparatos y vehículos con tal de que sean operaciones simples.
- Mezcla de mercancías que no sean licores, aguardientes, vinos y bebidas espirituosas, siempre que sean operaciones simples.
- Mezcla de licores entre sí.
- Mezcla de aguardientes entre sí.
- Mezcla de vinos y otras prácticas enológicas corrientes.
- Dilución de bebidas espirituosas con agua para reducir su grado alcohólico.
- Desalación, limpieza y cupronado de pieles.
- Trituración de legumbres secas.
- División de las mercancías con tal de que se trate de operaciones simples.
- Todas las manipulaciones destinadas a asegurar el estado de conservación de las mercancías durante su almacenaje: ventilación, secado (incluso por medio de calor artificial), refrigeración y congelación, adición de medios de conservación, fumigación, azufrado (tratamiento antiparásito), engrasado, pintura antióxido, aplicación de una capa protectora para el transporte, etc.

A continuación, la Orden de 4 de agosto de 1987 desarrolló el RD 2094/1986, sobre depósitos aduaneros y régimen de depósito aduanero. Es el marco legal que reguló la tramitación, las condiciones y demás requisitos y circunstancias precisos para la concesión y el funcionamiento de dichos depósitos y del régimen correspondiente. Esta orden fue modificada por la de 1 de febrero de 1989, al objeto de hacer más operativa la utilización de estos depósitos.

Hasta aquí la exposición legislativa española en cuanto a los regímenes aduaneros económicos de perfeccionamiento activo y pasivo, así como de los regímenes de zonas y depósitos francos, que quedan subordinados a la legislación comunitaria.

3   Legislación en la Unión Europea

Cuando se firmó el Tratado de Roma en 1957, los Estados integrantes tenían en sus respectivas legislaciones sus propias normas en materia de regímenes aduaneros. Las legislaciones eran distintas, pero el objetivo de las normas era común, pues las áreas fiscales exentas y los procedimientos de control y de gestión no diferían en gran medida, ya que los procedimientos operativos y objetivos eran muy similares para todos los Estados. Asimismo, las normas legales relativas a las transformaciones de mercancías importadas con exención arancelaria destinadas a una posterior exportación tampoco presentaban divergencias acusadas.

Sin embargo, para el conjunto de Estados que constituyen la CEE era fundamental disponer de una legislación única al respecto, pues su unión aduanera requiere una legislación común en materia de comercio exterior. Éste es uno de los principios básicos la libertad del comercio entre los Estados miembros y por ello no puede haber situaciones legales divergentes, ya que se crearían zonas de privilegio sobre las demás, cuestión inadmisible en el contexto comunitario. En el transcurso del tiempo, la uniformidad en la normativa de la CEE en el marco de la unión aduanera fue un hecho.

La legislación comunitaria sobre regímenes aduaneros se inició con tres directivas del Consejo de 4 de marzo de 1969, la 69/73, 69/74 y 69/75/CEE, relativas respectivamente al régimen de perfeccionamiento activo, régimen de depósitos francos o aduaneros y régimen de zonas francas, todas ellas con el fin de armonizar las disposiciones legislativas, reglamentarias y administrativas existentes.

Las directivas permitieron exponer las siguientes definiciones a cada régimen:

- *Régimen de perfeccionamiento activo.* Sistema que permite la importación de mercancías de cualquier origen y procedencia con franquicia arancelaria y de otros impuestos de efecto equivalente y de los *prélèvements agricoles* (exacción o derecho regulador, que grava las importaciones agrícolas a fin de elevar el precio a los niveles comunitarios), para ser transformadas, destinándose el producto resultante a la exportación y excepcionalmente se permitirá la importación para el consumo.

- *Régimen de depósitos francos o aduaneros.* Tienen por objeto el almacenamiento de mercancías de cualquier especie y origen, sin la percepción de los derechos de aduana, ni de los impuestos de efecto equivalente, ni de los *prélèvements agricoles,* durante el plazo de estancia en dichos depósitos. Asimismo, a la salida de los depósitos las mercancías podrán ser despachadas hacia el consumo, es decir, la importación de la mercancía con el pago de los impuestos arancelarios y demás exacciones que afecten al producto y del pago de los impuestos indirectos, como el IVA, o los impuestos especiales, permitiendo someterlas a otro régimen aduanero o destinarse a la exportación. Durante la estancia en los depósitos, las mercancías pueden ser tratadas de acuerdo con el concepto de «manipulaciones usuales» citado anteriormente.

- *Régimen de zonas francas.* Permite la introducción de mercancías de cualquier origen y procedencia en enclaves territoriales de los Estados miembros, considerándolas como si estuvieran fuera del territorio aduanero de la Comunidad a efectos de aplicación de los derechos de aduana, de los *prélèvements agricoles,* de restricciones cuantitativas y de cualquier impuesto o medida de efecto equivalente.

Tras analizar la legislación de los tres regímenes, observamos que:

– El *régimen de perfeccionamiento* activo está relacionado con la importación con franquicia arancelaria con posterior transformación, montaje, adaptación y puesta a punto de mercancías, ultimándose el régimen con la exportación del producto obtenido.
– Los *depósitos francos* permiten el almacenaje y determinadas manipulaciones, sin el pago de los derechos aduaneros al considerarse recintos exentos fiscalmente.
– En las *zonas francas,* como territorios exentos fiscalmente, se permiten operaciones de carga, descarga, transbordo y almacenaje, manipulaciones usuales y operaciones de destrucción, permiso para la cesión y otras transformaciones previa autorización. En las legislaciones latinoamericanas o asiáticas, se permite todo tipo de operaciones de transformación, y el producto obtenido se destina a la exportación.

Otro factor legal de interés es la cesión de las mercancías, pues significa realizar compraventas dentro de las zonas exentas, lo cual permite una mejor operativa comercial entre las empresas. En conjunto se trata de una legislación liberal, tendente a facilitar el comercio internacional.

Estas directivas hay que considerarlas como de base, pues a partir de su contenido se fue desarrollando la legislación complementaria de los regímenes aduaneros. Así, por ejemplo, fueron establecidas las siguientes disposiciones:

– La Directiva del Consejo 71/235/CEE, de 21 de junio de 1971, referente a la armonización de las disposiciones legislativas, reglamentarias y administrativas relativas a las manipulaciones usuales que pueden efectuarse en los depósitos aduaneros y las zonas francas.
– La Directiva de la Comisión 71/261/CEE, de 30 de junio de 1971, relativa a las mermas que desaparecen durante el proceso productivo, considerándolos una exportación de productos compensadores siempre que los productos obtenidos sean exportados. El contenido de la directiva resuelve el problema de las mermas, evitando así su coste de producción.

Una directiva relativa al control de las operaciones efectuadas en régimen de perfeccionamiento activo fue la Comisión 73/37/CEE, de 9 de febrero de 1973, que modificó la aplicación del artículo 31 de la Directiva 69/73, referente a informes estadísticos de las mercancías perfeccionadas y exportadas. Solicitaba los datos estadísticos relativos al conjunto de las operaciones de perfeccionamiento llevados a cabo en su territorio desde 1969, obligando a la comisión a informar de los datos a los Estados miembros; para ello se indicaba cómo debían realizarse las listas globales, diferenciando subpartidas arancelarias, cantidad y valor en aduana de las importaciones deducidas las cantidades despachadas para el consumo, y por otra parte subpartidas, cantidad y valor de los productos compensadores exportados.

Un paso importante armonizador de las legislaciones de los Estados miembros fueron las Directivas de la Comisión 73/94 y 95/CEE, de 26 de marzo de 1973, referentes a la armonización de las disposiciones legislativas, reglamentarias y administrativas relativas al régimen de perfeccionamiento activo. En ellas se considera ultimado el régimen cuando los productos compensadores obtenidos de la transformación sean exportados fuera de la comunidad, o bien almacenados en un depósito aduanero o zona franca, ya que ambos lugares han de considerarse áreas exentas fiscalmente no pertenecientes al territorio comercial comunitario; y también se considera ultimado el régimen cuando la mercancía esté al amparo del régimen de tránsito comunitario externo, al amparo del cual circulan mercancías no comunitarias por el territorio comunitario, para su posterior exportación.

Es interesante la Directiva 75/349/CEE, de 26 de mayo de 1975, relativa a las modalidades de compensación por equivalencia y de exportación anticipada en el marco del régimen de perfeccionamiento activo. Indica que para admitir la compensación por equivalencia, las mercancías deben pertenecer a la misma subposición arancelaria (igual número de codificación de las seis primeras cifras), tener la misma calidad comercial y poseer idénticas características técnicas. También cabe resaltar los motivos por los que se puede recurrir esta modalidad operativa; así, reconoce que será autorizada cuando parezca que los plazos de entrega no podrán ser atendidos si se parte de importaciones previas, que pudieran haber huelgas que entorpecieran los suministros, aplicación de medidas restrictivas en los países de destino, se trate de una empresa de escaso volumen exportador, o bien por razones estacionales de aprovisionamiento que impidan el cumplimiento de los contratos de venta. Todo ello era similar en la legislación española a partir de la Ley Arancelaria 1/1960 y en particular la Ley 86/1962, que reguló el régimen de reposición, en que se comenta la posición de las pymes al utilizar esta modalidad.

Cabe destacar la decisión del Consejo 75/199 (CEE) de 18 de marzo de 1975, relativa a la conclusión del convenio internacional para la simplificación y armonización de los regímenes aduaneros, con mención especial a los depósitos de aduana, ya que contribuye de manera eficaz al desarrollo de los intercambios internacionales, pues reconoce que en muchas ocasiones no se conoce el destino final de una mercancía importada, y debe almacenarse durante un largo periodo de tiempo. Cuando se trata de mercancías cuyo final sea la exportación, no interesa económicamente realizar un despacho aduanero de importación que obliga al pago de los derechos de arancel y demás gravámenes propios de la importación; por ello conviene que la mercancía pueda estar situada en un depósito franco, donde disfrute de una completa exención fiscal, hasta el momento de su exportación.

Es interesante resaltar la flexibilidad operativa que permite la legislación. Así, se prevé que los depósitos pueden ser públicos o privados. Los primeros estarían abiertos a todos los importadores y los segundos estarían reservados para uso exclusivo de determinadas personas, cuando las necesidades del comercio o de la industria así lo justifiquen.

En consecuencia, la gestión de los depósitos aduaneros puede llevarla a cabo la Administración pública u organismo autorizado, o bien una entidad privada, en forma de persona física o jurídica que aporte las oportunas garantías (económicas, técnicas o administrativas) y asegure, a satisfacción de la autoridad aduanera, el cumplimiento de las obligaciones legales y fiscales.

Los plazos de permanencia de las mercancías en estos depósitos quedan establecidos en función de las necesidades comerciales, lo cual significa, de hecho, un plazo indefinido. También está prevista la posibilidad de realizar determinadas operaciones sobre las mercancías, por ejemplo, examinarlas, extraer muestras, y tareas específicas para garantizar su conservación.

También puede realizarse la cesión de las mercancías depositadas, es decir, la transmisión, en la modalidad de venta en firme, consignación, a mejor precio o donación, a favor de otra persona física o jurídica.

Dentro de la CEE, las mercancías pueden circular en las modalidades de tránsito interno o tránsito externo, en función de si son comunitarias o están en libre práctica, o bien si no son comunitarias, respectivamente. Por ello, la Directiva de la Comisión 75/681 (CEE) de 23 de septiembre de 1975 procedió a la armonización de disposiciones legales, reglamentarias y administrativas en el régimen de perfeccionamiento activo, cuando las mercancías quedasen sujetas al procedimiento de tránsito comunitario externo, como si fueran mercancías no comunitarias, y por tanto, sujetas a la liquidación de derechos arancelarios y demás gravámenes en el supuesto de despacho a libre práctica o hacia el consumo.

La normativa del régimen de perfeccionamiento pasivo se inició con la Directiva (76/119/CEE), de 18 de diciembre de 1975, referente a la armonización de las disposiciones legislativas, reglamentarias y administrativas relativas al régimen de perfeccionamiento pasivo. En ella se define este régimen como:

> El régimen aduanero que permite exportar temporalmente mercancías de cualquier especie y origen fuera del territorio aduanero de la CEE para su reimportación en la forma de productos compensadores, con exención total o parcial de derechos a la importación, después de haber sido objeto, fuera del territorio aduanero de la Comunidad, de una o varias operaciones de perfeccionamiento.

La dinámica de comercio internacional obligó a redactar la Directiva de la Comisión 76/447/CEE, de 4 de mayo de 1976, relativa al sistema triangular en el régimen de perfeccionamiento pasivo. Se pretendía que los productos compensadores obtenidos en el proceso de transformación realizado en el exterior de la CEE fuesen reimportados por otro Estado miembro distinto al de exportación, y se daban las instrucciones operativas precisas para presentar a las autoridades competentes. Esta directiva fue modificada por la Directiva 78/765/CEE de la Comisión, de 7 de septiembre de 1978, con la intención de facilitar las informaciones de identificación de las mercancías exportadas y de los productos compensadores obtenidos, a efectos de conceder la exención total o parcial de los derechos de importación.

Otra cuestión resuelta en el régimen de perfeccionamiento pasivo es el tratamiento arancelario de reimportaciones sin haber efectuado ninguna transformación; en este caso, la mercancía es reintroducida en el mismo Estado por el que salió de la comunidad. La Directiva (78/206/CEE) de la Comisión, de 7 de febrero de 1978, prevé la situación descrita y lo resuelve asimilando la legislación de mercancías de retorno según el Reglamento (CEE) 754/76 del Consejo, de 25 de marzo de 1976, permitiendo la franquicia de derechos a la reimportación.

Cuando se exportan mercancías para su reparación o puesta a punto, en régimen de perfeccionamiento pasivo, puede plantearse la necesidad de recurrir a mercancías equivalentes; por ello, era necesario establecer un marco legal comunitario que contemplara el modo de actuación ante tal eventualidad. Apareció entonces el concepto de «intercambios *standard*», o «intercambios modelo». A tal efecto, la Directiva del Consejo (78/1018/CEE), de 27 de noviembre de 1978, estableció la armonización de las disposiciones legales, reglamentarias y administrativas relativas al régimen de intercambios modelo de mercancías exportadas para su reparación.

Por régimen de intercambios modelo se entiende la importación, con exención total o parcial de los derechos a la importación, de productos de sustitución que reemplacen a las mercancías de cualquier especie y origen exportadas fuera del territorio aduanero de la comunidad, para su reparación, comprendida en ésta su conservación y puesta a punto.

Lo importante de esta legislación es que permite importar los productos de sustitución con anterioridad a la exportación de las mercancías. En consecuencia, se plantea el concepto de «mercancías equivalentes», por lo que debe cumplirse, al igual que para cualquier régimen aduanero, la pertenencia del producto sustitutivo o equivalente a la misma subpartida estadística, la misma calidad comercial y las mismas características técnicas que las correspondientes a las mercancías de exportación, si estas últimas hubieran sido objeto de la reparación prevista.

A efectos de normalizar los rendimientos de producciones de transformados que puedan ser comprobados basándose en datos reales, al tratarse de operaciones de perfeccionamiento bien definidas, la Directiva de la Comisión 79/608/CEE, de 7 de junio de 1979, estableció los tipos de rendimiento a tanto alzado para determinadas operaciones de perfeccionamiento activo. Esta directiva fue modificada posteriormente por la Directiva de la Comisión 82/348/CEE, de 29 de abril de 1982, y la 83/608/

CEE, de 16 de noviembre de 1983, que simplificó la concesión de autorizaciones y facilitó la cuantificación de la cantidad de mercancía necesaria para la producción. Esta legislación tiene una relación muy estrecha con la existente en la legislación española basada en la Ley 86/1962, en particular, cuando define la autorización «según precedente».

La producción textil, un sector de gran actividad industrial que tiene problemas de costes de producción debido a la utilización de mano de obra intensiva, fue contemplada en el Reglamento (CEE) 636/82 del Consejo, de 16 de marzo de 1982, el cual estableció un régimen de perfeccionamiento pasivo económico aplicable a determinados productos textiles y de confección reimportados en la CEE tras su elaboración o transformación en terceros países. Este reglamento estableció las condiciones de aplicación del régimen a los productos textiles comprendidos entre los capítulos 50 y 63 del Arancel de Aduanas, englobados en la sección XI de la codificación arancelaria, con el título de «Materias textiles y sus manufacturas». Dado que estas transformaciones comportaban un traslado efectivo de la producción textil al exterior, convenía, para proteger la producción interna comunitaria, establecer las condiciones de la autorización, las cuales son restrictivas debido a las presiones socioeconómicas que comporta.

En cuanto al régimen de transformación de mercancías bajo control aduanero, plantea una situación específica de transformación, modificación o puesta a punto, previa a su introducción en la CEE, aplicándose a:

– Operaciones necesarias de conservación de mercancías.
– Modificaciones en las mercancías para evitar consumos no deseados a la mercancía que hay que importar.
– Operaciones tendentes a preparar surtidos o muestras.
– Otra particular operación que precisara realizarse previamente a la introducción en el mercado.

Algunos ejemplos de estas transformaciones de mercancías son:

• Las *mercancías higroscópicas,* que durante el tiempo de transporte han absorbido humedad y ello se ha traducido en mayor peso. Si las mercancías devengan por un arancel específico (tipo arancelario a tanto por unidad o peso o medida), se estaría liquidando arancel sobre el peso de la mercancía más el peso del agua incorporada, hecho injusto fiscalmente. Este problema se resuelve con una transformación bajo control aduanero, que consiste en someter las mercancías a una operación de secado antes de introducirlas para su consumo en la comunidad. El producto seco así obtenido refleja un peso equivalente al de la mercancía objeto de importación, y sobre él se aplican los derechos arancelarios.

- La *leche destinada a consumo humano,* que requiere cumplir rigurosas normas proteccionistas establecidas por la Política Agrícola Común (PAC). El sector de los lácteos tiene su propia Organización Común de Mercados (OCM), la cual defiende sus intereses sectoriales y establece, entre otras medidas, una política proteccionista de precios y aranceles. Pero si se destina al consumo animal, no choca con los intereses de la PAC. Para asegurar que el destino no es el consumo humano, se somete la leche a un tratamiento de desnaturalización, por ejemplo, se le incorporan anilinas. Estas operaciones suelen estar relacionadas con un bajo precio del producto en origen, por tratarse de excedentes que son importados con beneficios arancelarios, ya que en nada perjudican al mercado.

- El *aceite de colza,* que puede tener dos destinos diferenciados: uno para consumo humano y otro para su transformación en aceite refrigerante, conocido por «taladrina». Este aceite se utiliza industrialmente en las máquinas para cortar hierro, acero y otros metales. Debe tenerse muy presente su destino, pues el primero es un claro competidor de los demás aceites destinados al consumo humano, y en consecuencia, los tipos arancelarios, las normas de política comercial protectora y de regulación sanitaria estarán plenamente en vigor; en cambio, cuando el aceite se importa para su transformación en taladrina, el tratamiento arancelario es muy distinto, se considera un bien industrial al que se le incorporará, en el proceso del régimen de transformación bajo control aduanero, una materia colorante, saborizante u odorante que impedirá el consumo humano.

- También la importación de *artículos usados,* por ejemplo de prendería de textil, suele estar altamente protegida por una política comercial restrictiva que exige elevados derechos arancelarios. Si estos tejidos son incluidos en régimen de transformación bajo control aduanero para transformarlos en trapos, las restricciones y los derechos arancelarios desaparecen; los trapos no se consideran prenda textil porque se han transformado en desperdicios aptos solo como materia prima de la hilatura.

Considerando que las mercancías objeto de importación están sujetas al pago de aranceles, gravámenes y restricciones comerciales, técnicas, sanitarias y de seguridad, todo ello en un mercado abierto y competitivo a escala internacional, la aplicación de las medidas generales de importación pueden ser de dudosa justificación, pueden encarecer la mercancía e incluso hacer inviable la operación. Para evitarlo, la CEE adoptó una serie de medidas encaminadas a establecer una legislación armonizada aplicable en todos los Estados miembros con el Reglamento del Consejo 2763/83/CEE, de 26 de septiembre de 1983, relativo al régimen de transformación bajo control aduanero de mercancías, antes de su paso a libre práctica o al consumo. Podemos definirlo de la siguiente manera:

> El régimen que permite manipular en el territorio aduanero de la comunidad las mercancías no comunitarias para realizar en ellas transformaciones que modifiquen la especie o el estado de las mismas, y sin que estén sujetas a los derechos de importación, y de poner en libre práctica los productos transformados resultantes de dichas transformaciones con sus correspondientes derechos de importación.

El reglamento enumera las mercancías que pueden beneficiarse y las transformaciones previstas, así como las posibilidades de ultimación del régimen. La lista de la comisión de mercancías autorizadas y sus transformaciones siguientes se detalla en la tabla 2.

Los coeficientes uniformes de rendimiento de ciertas operaciones de perfeccionamiento activo, volvieron a ser contemplados en las Directivas CEE de la Comisión 84/442 y 444, de 26 de julio de 1984, en las que se incluyó un anexo de 128 posiciones que hace referencia a las partidas arancelarias, así como a la designación de productos compensadores y de las operaciones de perfeccionamiento de las que resultan.

Mercancías autorizadas para su transformación en aduana	*Transformaciones que pueden ser efectuadas*
Toda clase de mercancías	Transformación a muestras presentadas en su estado o en forma de colección
Toda clase de mercancías	Reducción a restos o desechos o destrucción
Toda clase de mercancías	Desnaturalización
Toda clase de mercancías	Recuperación de partes o elementos
Toda clase de mercancías	Separación o destrucción de las partes averiadas
Toda clase de mercancías	Transformación para remediar los efectos de las averías sufridas
Tabacos en bruto o no fabricados*	Transformación en tabacos*
Tabacos no fabricados, desechos de tabaco y productos tabaqueros diversos	Transformación en tabacos homogeneizados o tabacos reconstituidos

* Sustituido por el Reglamento CEE 2110/85, de 25 de julio de 1985.

Tabla 2.

Mercancías autorizadas para su transformación en aduana	*Transformaciones que pueden ser efectuadas*
Tabaco en bruto o sin elaborar de la partida 24.01 del arancel aduanero común*	Transformación en tabaco parcial o totalmente desvenado de la partida 24.01 del arancel aduanero común y en desperdicios de tabaco, de la subpartida 24.01 B del arancel aduanero común*
– Productos de las subpartidas 27.07 B, 27.07 G, 27.10 A, 27.10 B, 27.10 C I, 27.10 C II y 27.10 C III del arancel aduanero común – Aceites brutos de la subpartida 28.21 del arancel aduanero común – Trióxido dicrómico de la partida 28.21 del arancel aduanero común – Mercancías de toda clase	– Transformación en productos de la subpartida 27.10 C II a) o 27.10 III b) del arancel aduanero común – Transformación en productos de las subpartidas 27.07 B II y 29.01 D I b) – Transformación en cromo de la subpartida 81-04 D I b) del arancel aduanero común – Manipulaciones usuales que se pueden efectuar en depósitos aduaneros o en zonas francas con arreglo a la Directiva 71/235/ (CEE)

* Sustituye al Reglamento 2763/83.

Tabla 3.

El Reglamento (CEE) 2110/85 del Consejo, de 25 de julio de 1985, modificó la lista aneja al Reglamento (CEE) 2763/83 en lo referente al régimen de transformación bajo control aduanero. Se modificaron y añadieron las mercancías autorizadas y las correspondientes transformaciones que se detallan en la tabla 3.

Una legislación básica comunitaria es el Reglamento 1999/85 del Consejo, de 16 de julio de 1985, la cual dio un nuevo impulso al régimen de perfeccionamiento activo, al ser un procedimiento directamente aplicable a los Estados miembros, con unas modalidades de aplicación que ofrecen seguridad jurídica a los particulares, es decir, a las empresas. No cabe duda que este reglamento fue un paso adelante en el desarrollo del régimen. En él se definen los conceptos de: mercancías de importación, mercancías comunitarias, mercancías no comunitarias, mercancías equivalentes, persona, titular de la autorización, operadores, productos compensadores, mercancías sin perfeccionar, derechos de importación, derechos de exportación, autoridad aduanera, sistema de suspensión, sistema de reintegro, coeficiente de rendimiento, exportación anticipada, concesión de autorizaciones, y funcionamiento del régimen.

Una vez más, se modificó la lista de transformaciones permitidas en el régimen de transformación bajo control aduanero, por el Reglamento (CEE) 630/85 de la Comisión, de 12 de marzo de 1985. Dicha modificación consistió en agregar la siguiente mercancía y transformación:

Mercancías autorizadas para su transformación en aduana	*Transformaciones que pueden ser efectuadas*
Trióxido de dicromo, de la partida 28.21 del arancel aduanero común	Transformación en cromo de la subpartida 81.04 D I b del arancel aduanero común

Una regulación legal importante para el mantenimiento de equipos industriales, en el marco del régimen de perfeccionamiento pasivo y del sistema de intercambio modelo, es el Reglamento CEE 2473/86 del Consejo, de 24 de julio de 1986, el cual contiene las normas básicas de aplicación. Regula aquellas operaciones relacionadas con el mantenimiento de equipos industriales y de bienes de singular característica técnica, especificando las operaciones que hay que realizar. Concretamente, trata los intercambios modelo, permitiendo sustituir una mercancía importada o «producto de sustitución» por un producto compensador, siempre que consista en una reparación de mercancías comunitarias distintas de las sujetas a la política agrícola común.

Obsérvese que están excluidos los productos agrícolas y se centra en los bienes industriales. Este reglamento tiene un alto significado en el mantenimiento de aeronaves, cuyos motores y rotores han de enviarse forzosamente al país de fabricación para repararlos y ponerlos a punto. Tendría un coste prohibitivo mantener una aeronave durante un mes o más inmovilizada, a la espera de recibir del extranjero aquel motor debidamente reparado. El recurso a los intercambios modelo permite sustituir el equipo dañado por otro equivalente, de manera que en corto espacio de tiempo puede volver a ponerse en servicio.

Especial mención merece el Dictamen 86/C-263/03, de propuestas de reglamento del Consejo sobre depósitos aduaneros, zonas francas y depósitos francos. Fue aprobado por unanimidad por el Comité Económico y Social, en la 238.ª sesión de 2 de julio de 1986. El texto redactado sentó la base de la posterior legislación, de cuyo contenido destacamos diversas cuestiones, entre ellas la necesidad de:

– Reglamentar el derecho arancelario.
– Promulgar un código aduanero antes de 1992, el cual fue finalmente aprobado por el reglamento CEE 2913/92 del Consejo, de 12 de octubre de 1992.
– Desarrollar una normativa y definir los depósitos aduaneros, zonas francas y depósitos francos.
– Armonizar el derecho arancelario, ya que es una medida destinada al mercado común, tal y como lo define el artículo 235 del Tratado de Roma.

A finales de 1986, apareció el Reglamento (CEE) 3677/86 del Consejo, de 24 de noviembre de 1986, por el que se establecieron disposiciones de aplicación del Reglamento (CEE) 1999/85. En él se detallaronn las modalidades operativas del régimen de perfeccionamiento activo, así como la compensación por equivalencia, la exportación anticipada y el tráfico triangular.

El Reglamento CEE 2458/1987 de la Comisión, de 31 de julio de 1987, estableció determinadas disposiciones de aplicación del Reglamento CEE 2473/86 del Consejo, relativo al régimen de perfeccionamiento pasivo y al sistema de intercambios modelo. Este reglamento define los conceptos operativos, procedimiento de concesión del régimen y de su funcionamiento, haciendo una mención especial al sistema de intercambios modelo, así como los modelos de solicitud.

El Reglamento CEE 2483/87 de la Comisión, sobre determinadas disposiciones de aplicación del Reglamento 2473/86, define, entre otros, el «tráfico triangular». Este hecho queda legalmente reconocido, habida cuenta que, siendo la CEE un «mercado único», puede darse el caso que intervengan varios Estados en una misma producción; es decir, la exportación de los bienes que hay que transformar y la importación del producto compensador no tiene por qué realizarse en el mismo Estado. La definición del tráfico triangular queda así:

Es la modalidad según la cual el despacho a libre práctica con exención total o parcial de derechos de importación de los productos compensadores se efectúa en un Estado miembro distinto del Estado de exportación temporal de las mercancías.

Esta posibilidad operativa significa otorgar un mayor desarrollo a estas operaciones, al considerar todo el territorio comunitario junto con el concepto de unión aduanera que le es inherente. Este reglamento fue ampliado por el Reglamento CEE 1970/1988 del Consejo, de 30 de junio de 1988, relativo al tráfico triangular en el marco del perfeccionamiento pasivo y del sistema de intercambios modelo.

Si bien el periodo estudiado, sobre la aportación al desarrollo de los regímenes aduaneros, finaliza en el año 1986, toda la reglamentación citada se ha mantenido vigente hasta la publicación del Código Aduanero Comunitario de 1992, denominado Reglamento de base. Posteriormente, fue emitido el Reglamento CEE 2454/93 de la Comisión, de 2 de julio de 1993, por el que se fijaron determinadas disposiciones de aplicación del anterior y concretamente los regímenes aduaneros son desarrollados en los Títulos III y V. Estos reglamentos junto con las modificaciones adicionales posteriores han constituido el marco legal y único para todos los Estados miembros de la Unión Europea hasta esa fecha.

Dos reglamentos de la CEE merecen especial consideración: el 2503 y el 2504/88 del Consejo, con fecha de 25 de julio de 1988.

- En el *Reglamento (CEE) 2503,* referido a la armonización legislativa relativa a los depósitos aduaneros, se establece lo siguiente:

  - Las normas aplicables al régimen de depósito aduanero.
  - Las mercancías admitidas que pueden ser comunitarias y no comunitarias.
  - A las mercancías depositadas no son de aplicación los derechos de importación ni las medidas de política comercial.

Mercancías autorizadas para su transformación en aduana	*Transformaciones que pueden ser efectuadas*
Aceite de palma del código NC 1511 10 10, o Estearina de palma del código NC 1511 90 19, u Oleica de palma del código NC 1511 90 91, o Aceite de coco del código NC 1513 11 10, o Aceite de núcleo de palma del código NC 1513 21 11, o Aceite de babasu del código NC 1513 29 30	– Mezcla de ácidos grasos de los códigos NC 1519 11, 1519 12, 1519 19 – Fracciones puras de ácido grasos de los códigos NC 2915 70 10, 2915 70 90, 2915 90 00, 2916 15 00, 2916 19 90 – Mezcla de ésteres metílicos de ácidos grasos del código 3823 90 99 – Fracción pura de ésteres metílicos de ácidos grasos de los códigos NC 2915 70 10, 2915 70 90, 2915 90 00, 2916 15 00, 2916 19 90 – Mezcla de alcoholes grasos del código NC 1519 30 – Alcoholes grasos puros de los códigos NC 2905 16 90, 2905 17 00, 2905 15 90 – Glicerina del código NC 1520 10

Tabla 4.

– Se entiende por depósito aduanero todos los lugares autorizados por la autoridad aduanera, y sometidos a su control, donde las mercancías pueden ser almacenadas con los beneficios citados.
– Se distingue entre depósitos públicos y depósitos privados:

- *Depósito público:* utilizable por cualquier persona para almacenar mercancías.
- *Depósito privado:* reservado al almacenamiento de mercancías por el depositario.

• El *Reglamento (CEE) 2504/88,* relativo a las zonas francas y los depósitos francos, da relevancia a esos regímenes al considerarlos un «instrumento esencial de la política comercial de la comunidad».

Una nueva lista de transformaciones bajo control aduanero aparece en el Reglamento (CEE) 4032/88 de la Comisión, de 21 de diciembre de 1988, el cual amplía las listas anteriores añadiendo las mercancías y transformaciones que se detallan en la tabla 4.

Al año siguiente, el Reglamento (CEE) 2369/89 del Consejo modificó nuevamente el Reglamento (CEE) 2763/83, sustituyendo el anexo por el que se relaciona en la tabla 5.

Basándose en el Reglamento (CEE) 2503/88, se desarrollaron las disposiciones legales de aplicación por el Reglamento (CEE) 2561/90 de la Comisión, de 30 de junio de 1990, donde se establecieron:

- las disposiciones generales,
- la concesión de las autorizaciones,
- la inclusión de mercancías en el régimen,
- el funcionamiento del depósito,
- la ultimación,
- el tratamiento de mercancías agrícolas,
- el procedimiento de gestión, y
- las manipulaciones permitidas, tanto las usuales como las de ensamblado y montaje.

Cabe destacar la identificación de los depósitos aduaneros que se desarrolla en el texto del reglamento, y que determina las responsabilidades, principalmente fiscales, de los gestores del depósito. Se resumen en los siguientes apartados:

- *Depósito tipo A.* De gestión pública, utilizable por cualquier persona para el almacenamiento de mercancías, bajo la responsabilidad del depositario.
- *Depósito tipo B.* Público, utilizable por cualquier persona para el almacenamiento de mercancías, bajo la responsabilidad de cada depositante.
- *Depósito tipo C.* Privado, reservado al almacenamiento de mercancías por parte del depositario, que se identifica con el depositante sin ser necesariamente propietario de las mercancías.

Número de orden	*Mercancías para las que se autoriza la transformación bajo control aduanero*	*Transformación autorizada*
1	Mercancías de todo tipo	Transformación en muestras presentadas sin transformar o en forma de colecciones
2	Mercancías de todo tipo	Reducción a desperdicios y desechos o destrucción
3	Mercancías de todo tipo	Desnaturalización
4	Mercancías de todo tipo	Recuperación de partes o elementos
5	Mercancías de todo tipo	Separación o destrucción de las partes averiadas
6	Mercancías de todo tipo	Transformación para remediar los efectos de averías sufridas
7	Mercancías de todo tipo	Manipulaciones habituales que puedan realizarse en los depósitos aduaneros o en las zonas francas con arreglo a la Directiva 71/235/CEE

Continúa

Continuación

Número de orden	Mercancías para las que se autoriza la transformación bajo control aduanero	Transformación autorizada
8	Tabacos del capítulo 24	Transformación en tabaco «homogeneizado» o «reconstituido» del código NC 2403 91 00 y/o en polvo de tabaco del código ex 2403 99 90
9	Tabaco en rama o sin elaborar del código NC 2401 10	Transformación en tabaco total o parcialmente desvenado del código NC 2401 20 y en desperdicios de tabaco del código NC 2401 30 00
10	Aceite de palma del código NC 1511 10 10, o Fracciones sólidas de aceite de palma del código NC 1511 90 19, o Fracciones fluidas de aceite de palma del código NC 1511 90 91, o Aceite de copra del código NC 1513 11 10, o Fracciones fluidas de aceite de copra del código NC ex 1513 19 30, o Aceite de palmiste del código NC 1513 21 11, o Fracciones fluidas de aceite de palmiste del código NC ex 1513 29 30, o Aceite de babasu del código NC 1513 21 19	Transformación en: – Mezclas de ácidos grasos de los códigos NC 1519 11 00, 1519 12 00 y 1519 19 00 – Ácidos grasos de los códigos NC ex 2915 70 10, ex 2915 70 90, 2915 90 10, ex 2915 90 90, ex 2916 15 00 y ex 2916 19 90 – Mezcla de ésteres metílicos de ácidos grasos del código NC ex 3823 90 98 – Ésteres metílicos de ácidos grasos de los códigos NC ex 2915 70 10, ex 2915 70 90, ex 2915 90 10, ex 2915 90 90, ex 2916 15 00 y ex 2916 19 90 – Mezclas de alcoholes grasos del código NC 1519 30 00 – Alcoholes grasos de los códigos NC 2905 16 90, 2905 17 00 y 2905 19 90 – Glicerina del código NC 1520 10 00
11	Productos de los códigos NC 2707 10, 2707 20, 2707 30, 2707 50, 2707 91 00, 2707 99 30, 2707 99 91, 2707 99 99 y 2710 00	Transformación en productos de los códigos NC 2710 00 71 y 2710 00 75
12	Aceites brutos del código NC 2707 99 11	Transformación en productos de los códigos NC 2707 10 90, 2707 20 90, 2707 30 90, 2707 50 91, 2707 50 99, 2707 99 30, 2902 20 90, 2902 30 90, 2902 41 00, 2902 42 00, 2902 43 00 y 2902 44 90
13	Trióxido de cromo del código NC 2819 10 00	Transformación en cromo del código NC 8112 20 31

Tabla 5.

- *Depósito tipo D.* Privado, reservado al almacenamiento de mercancías por parte del depositario, que se identifica con el depositante sin ser necesariamente propietario de las mercancías, siempre y cuando la especie, el valor en aduana así como la cantidad de las mercancías se hayan reconocido o admitido en el momento de la inclusión de éstas en el régimen de depósito aduanero. Dichos elementos de tasación también se aplicarán en el momento del despacho a libre práctica, a menos que el interesado solicite otros más favorables que puedan controlarse sin el examen físico de las mercancías.
- *Depósito tipo E.* Privado, reservado al almacenamiento de mercancías por parte del depositario, que se identifica con el depositante sin ser necesariamente propietario de las mercancías. Será aplicable igualmente dentro de un sistema que permita el almacenamiento de mercancías en las instalaciones del titular de la autorización sin pasar por un depósito aduanero.
- *Depósito tipo F.* Público, gestionado por la autoridad aduanera, y utilizable por cualquier persona para el almacenamiento de mercancías.

Para las zonas francas y los depósitos francos, el Reglamento (CEE) 2562/90 de la Comisión, de 30 de julio de 1990, estableció las disposiciones de aplicación, detallando el sistema de funcionamiento del régimen.

Por su parte, el régimen de transformación bajo control aduanero, conocido como el Reglamento (CEE) 720/91 del Consejo, de 21 de marzo de 1991, modificó el anterior Reglamento (CEE) 2763/83. Permitió la ampliación de las mercancías objeto de transformación, facilitando la gestión del régimen, al delegar en la comisión la competencia de elaborar la lista de mercancías que pudieran beneficiarse del régimen.

Para terminar, la legislación comunitaria afecta a los regímenes aduaneros. Señalamos en particular el Reglamento (CEE) 2485/91, relativo a disposiciones de aplicación a los depósitos aduaneros, y el Reglamento (CEE) 2562/90, sobre las zonas francas y los depósitos francos, eliminando aquellas desviaciones de aplicación de derechos arancelarios derivadas de mercancías sometidas a manipulaciones usuales, que impidan beneficiarse de menores derechos arancelarios de los que les correspondería si no hubieran sufrido tal manipulación.

Posteriormente, mediante el Reglamento (CEE) 450/2008 fue aprobado el Código Aduanero Modernizado, que refundió toda la legislación comentada hasta esa fecha. Después, fue publicado el Reglamento de aplicación 1192/2008.

Tal y como hemos expuesto en este capítulo, la Unión Europea no renuncia a los regímenes aduaneros, sino que los ha armonizado y adaptado en el transcurso del tiempo, manteniéndolos operativos ante las necesidades contractuales del comercio internacional.

Capítulo 4

Regímenes aduaneros económicos, balanza de pagos y PIB

1   Desarrollo económico por aplicación de los regímenes aduaneros económicos

En la actualidad, cabe distinguir dos tipos de desarrollo: el primero contempla el paso de una economía subdesarrollada a una desarrollada, y el segundo es el crecimiento que experimenta una economía ya desarrollada. Entre ambas situaciones hay una extensa pluralidad de grados o niveles de desarrollo o subdesarrollo; basta observar una estadística general de renta nacional para comprobar la pluralidad de estadios existentes. Es común distribuir los países en tres grupos: desarrollados, en vías de desarrollo y menos desarrollados; términos que, como dice Ramón Tamames, *«generalmente se aplican con una pretensión de sinonimia»,* y que se caracterizan por una serie de rasgos que, en síntesis, podemos agrupar en diversos epígrafes: *«población, estructura económica, distribución de la renta y estructura social, dependencia y vulnerabilidad económicas».*

Las economías subdesarrolladas se asocian con problemas poblacionales, sociales y políticos, además de problemas culturales y de organización. Un país no puede pasar del subdesarrollo al desarrollo con rapidez, precisa un largo periodo de tiempo para conseguirlo. El proceso conlleva abandonar técnicas primitivas e ineficientes de producción y adoptar otras nuevas de eficacia probada en otros lugares, siendo imprescindible invertir en infraestructuras de comunicación y obras públicas, y poner en marcha nuevas técnicas de organización, productivas, de dirección y administración. Asimismo, implica redistribuir la población del campo hacia las áreas industriales urbanas y formarla paulatinamente en las nuevas técnicas de trabajo. Un programa de incentivo a la inversión extrajera puede contribuir al desarrollo, pues como dice F. Granell (1974): *«las empresas extranjeras y las grandes compañías multinacionales son uno de los vehículos más adecuados para la introducción de nuevos productos en los países donde se instalan, promueven otras innovaciones por competencia y, en el caso de productos intermedios, favorece la producti-*

vidad de las industrias que los utilizan en sus procesos». Si estos procesos cuentan con la ayuda de los regímenes aduaneros económicos, tendrán un mayor aliciente a la inversión productiva, pues se les permitirá no solo atender la demanda interna sino acrecentar la presencia de sus productos en el exterior, gracias a la competitividad que permite la utilización de tales regímenes.

No existe un criterio único para medir el subdesarrollo. Para el economista Oskar. Lange (1958), *«es una economía en la que el equipo de capital existente no es suficiente para el empleo de la fuerza de trabajo disponible, de acuerdo con las técnicas modernas de producción»*. Esto comporta que, para dar trabajo a todos, hay dos alternativas: proporcionar «mucho trabajo y poco equipo», opción que reduce la productividad, o bien «incrementar el equipo de capital», lo cual requiere tiempo. Según J. L. Sampedro y R. Martínez Cortiña (1973), las características esenciales del subdesarrollo son las siguientes:

- Escasez de capital, que implica baja productividad del trabajo y, por tanto, un bajo nivel de ingresos por habitante.
- Alta proporción de producción primaria, es decir, de productos agrícolas y ganaderos, forestales y pesqueros, que representan del 35 al 40 % del PIB, y que emplea a cerca del 70 % de la población activa. En los países desarrollados, la población empleada en los sectores primarios es inferior al 20 %.
- Recursos naturales ociosos con yacimientos inexplorados, recursos hidráulicos sin explotar, tierras regables no utilizadas y deficiente uso de la fuerza de trabajo.
- Desequilibrios demográficos: grandes densidades de población concentradas que contrastan con otros lugares escasamente poblados.
- Deficiencias socioculturales en educación, organización social y política.
- Gran dependencia de los mercados mundiales o de la ayuda exterior, a causa de las deficiencias y los desequilibrios.

La situación del subdesarrollo debe superar el entorno social, cultural y político existente para adecuarse a las economías exteriores con las cuales realizará intercambios de bienes, servicios y capitales. Ello significa invertir en formación e infraestructuras mínimas indispensables, y solicitar ayuda externa cuando los recursos humanos y económicos autóctonos son insuficientes; incluso acudir, cuando sea preciso, a organismos internacionales. Según F. Granell (1974, 1989), son deseables las inversiones extranjeras como *«agente desarrollador, aportando recursos económicos ante la falta de ahorro interno, al ser éste consecuencia del escaso volumen de renta»*. A modo de ejemplo, M. Dougall (1960) demostró el desarrollo de la inversión extranjera en Australia, del que resulta el esquema de la figura 6.

Lo significativo del esquema reside en el incremento de la renta y, por tanto, del desarrollo. La gran inmigración que registra Australia tiene una relación directa con la escasez de mano de obra existente y la enorme extensión del territorio. Para otros países, este hecho sería irrelevante si la mano de obra existe y además está infrautilizada.

Inversión extranjera → Mayor inmigración →

→ Mayor inversión doméstica → Mayor renta interna →

→ Mayores ingresos fiscales

Figura 6.

También debe lucharse contra la corrupción, al ser éste un factor altamente negativo al que tienden no solo los países que se hallan en vías de desarrollo sino todos los demás. En muchas ocasiones, la complicidad de los países más desarrollados, que mantienen prácticas socioeconómicas faltas de ética, inaceptables en sus países de origen, da como resultado una política de inversión exterior miope a las conductas negativas. Ejemplo de ello es el empleo de mano de obra infantil en la industria manufacturera y la agresión para el medio ambiente que suponen determinadas producciones.

Por su parte, los países cuya economía está ya desarrollada lo que persiguen es seguir incrementando su PIB. Sus problemas no son comparables con los de los países en vías de desarrollo, ya que disponen de tecnología propia y de medios económicos para sostenerla.

Existe una íntima relación entre comercio y desarrollo, que incluye tanto el crecimiento basado en el aumento de los factores productivos como el «motivado por la variación tecnológica», lo cual, debidamente aplicado, incrementa la economicidad de la productividad. Entiéndase por economicidad «una determinada producción con el menor empleo posible de medios» y por productividad «el rendimiento de los factores de producción, es decir, el cociente entre las unidades producidas y los factores empleados, por unidad de tiempo» (véase la figura 7).

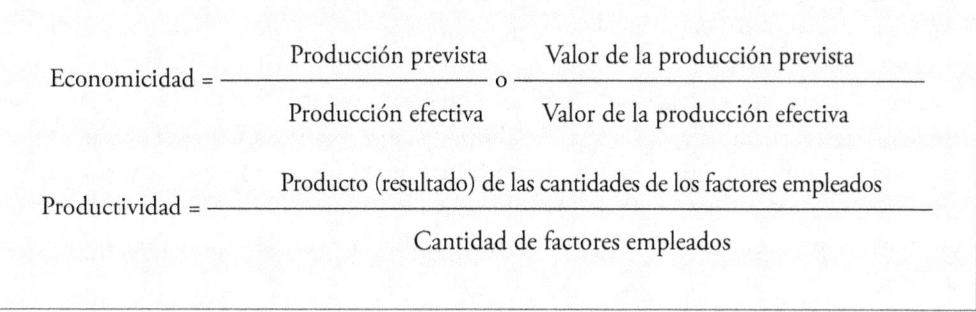

Figura 7. Cantidad de factores empleados.

Siguiendo la propuesta de C. P. Kindleberger (1972), el crecimiento de las economías desarrolladas está determinado por diversos factores:

- Inversión.
- Variación tecnológica.
- Reducción de costes.
- Impulso de las exportaciones.
- Aumento de la productividad.
- Disminución del coste de la mano de obra directa.

Las exportaciones son determinantes para mantener el crecimiento productivo, e imprescindibles cuando el mercado interno está agotado. En palabras del economista brasileño C. Furtado (1974): *«el comercio internacional es un medio indirecto de exportar factores de producción excedentes y un medio directo de tener acceso a la técnica moderna»*. Cuestión íntimamente ligada al precio, pues éste debe ser el adecuado al mercado exterior al estar el producto en concurrencia. Este precio se consigue bajando los costes de producción con el incremento de la producción destinada a dicho mercado. Ello es así porque el comercio exterior produce una relación real de intercambios comerciales entre las economías abiertas.

Considerando el precio P, resultante de la razón del precio de las exportaciones Px y de las importaciones Pm, obtenemos la ecuación:

$$P = \frac{Px}{Pm}.$$

Si trasladamos este concepto a una empresa en particular, o al conjunto de las empresas, podemos afirmar que cuando P es mayor que 1, gozamos de una situación de acumulación que nos permite disponer de recursos para invertir en tecnología que incrementará nuestro potencial de intercambio y, por tanto, de crecimiento.

R. H. Leftwich (1972) considera esencial el mantenimiento creciente de la capacidad productiva. En palabras textuales: *«Crecer significa el incremento continuo de la variedad y la cantidad de los recursos de la economía, junto con un continuo avance de las técnicas de producción»*.

Las economías cuya capacidad productiva no puede ser absorbida por la demanda del mercado interior, al haber alcanzado el equilibrio, y cuya producción no pueda almacenarse por ser económicamente negativo, deben buscar nuevos mercados para sus productos; de lo contrario, las empresas tendrán problemas para sobrevivir, pues sus producciones quedarán estancadas, y necesitarán forzosamente concurrir con sus excedentes al mercado exterior.

Es errónea la creencia de que el proteccionismo garantiza una cómoda supervivencia porque protege el mercado interior con altas barreras arancelarias y no arancelarias. Al vender a un precio fijado, el incentivo a la inversión tecnológica es nulo, pues toda la producción está vendida. Ello degenera en obsolescencia técnica, ya que los consumidores solo pueden aceptar la oferta existente y al precio estipulado.

Cuando un mercado cerrado elimina las barreras arancelarias e inicia una apertura de su economía al mercado exterior, a las empresas productoras que dejan de estar protegidas se les plantean los problemas siguientes:

- La producción interior tiene que competir con la de importación, por desplazamiento de la demanda.
- Deben revisar los costes de producción.
- La producción interior precisa inversión tecnológica para adecuarse a la nueva tecnología de los productos importados.
- Tienen que buscar aportación de capital, pues durante el periodo proteccionista no se invirtió.
- Deben poner al día los recursos logísticos para incrementar la eficiencia de la organización.

Utilizar los regímenes aduaneros de perfeccionamiento activo y las producciones en zonas francas, consistentes en importaciones, seguidas de la transformación de lo importado y posterior exportación del producto obtenido, al que se le ha agregado un valor, sin duda ayuda al crecimiento. Con ello se atiende una nueva demanda exterior que de otra forma no sería posible atender, pues debe competirse en el mercado exterior al precio y con la técnica exigida. Esta producción destinada al exterior se halla directamente vinculada con la relación de intercambios entre importaciones y exportaciones, y en consecuencia, con la balanza de pagos, concretamente con la balanza comercial.

2　Efectos de los regímenes aduaneros económicos en la balanza de pagos y el crecimiento

Seguidamente, veremos cómo la aplicación y puesta en práctica de los regímenes aduaneros económicos guarda una estrecha relación con la balanza de pagos y el crecimiento del PIB.

La balanza de pagos responde al siguiente esquema:

1. Balanza comercial
    1.1. Exportación de mercancías
    1.2. Importación de mercancías

2. Balanza de servicios

    2.1. Fletes, transportes y seguros de mercancías
    2.2. Transportes de viajeros
    2.3. Turismo y viajes
    2.4. Rentas de inversiones privadas
    2.5. Rentas de inversiones públicas
    2.6. Otros servicios

3. Transferencias
    3.1. Públicas. Donaciones gubernamentales
    3.2. Privadas. Remesas de emigrantes

Total balanza de operaciones corrientes (1 + 2 + 3)

4. Capitales
    4.1. Capitales a largo plazo
        4.1.1. Inversiones directas
        4.1.2. Inversiones de cartera
        4.1.3. Inversiones en inmuebles
        4.1.4. Créditos comerciales de exportación
        4.1.5. Créditos comerciales de importación
        4.1.6. Préstamos gubernamentales
    4.2. Capitales a corto plazo / Básica
        4.2.1. Depósitos bancarios
        4.2.2. Operaciones a futuros (compraventa de divisas)
        4.2.3. Pagos por importaciones
        4.2.4. Ingresos por exportaciones
        4.2.5. Pagos por fletes, transportes y seguros
        4.2.6. Ingresos por fletes, transportes y seguros
        4.2.7. Ingresos por turismo
        4.2.8. Pagos por turismo
        4.2.9. Ingresos por las remesas de inmigrantes
        4.2.10. Pagos e ingresos por otros servicios

5. Movimientos monetarios. Errores y omisiones

La estructura de la balanza de pagos contiene la balanza comercial, que contabiliza las operaciones de exportación (E) y de importación (M), obteniendo un saldo equilibrado, o bien con superávit o déficit.

Al propio tiempo, las transacciones con el exterior son flujos de mercancías entre los distintos países y también de los equivalentes flujos monetarios en divisas para el pago de las importaciones o el ingreso de las exportaciones. En ocasiones, los saldos monetarios son sustituidos por sistemas de compensación, como el trueque, es decir, el cambio de una mercancía por otra de valor equivalente, o el *clearing,* como sistema de compensación internacional de cantidades que se anulan entre sí, liquidando los saldos residuales.

Cuando no existe relación con el exterior, lo que llamamos economía cerrada, sin flujos comerciales o financieros con el resto del mundo, o economía autárquica, consistente en una política de aislamiento económico tendente a crear un círculo económico cerrado, el consumo (C) más la inversión bruta (I) son iguales al producto nacional bruto (PNB) o renta (Y). Por tanto, sería:

$$PNB = C + I$$

$$PNB = Y$$

$$Y = C + I.$$

Al respecto, Luis A. Rojo (1973) estableció:

«En una economía cerrada, el PIB es el mismo que el producto nacional neto (PNB). Son iguales entre sí, y se generan como consecuencia de la producción de bienes de consumo (C) efectivamente absorbidos por el mercado en el período y de la producción de bienes destinados a inversión bruta (I), que comprende tanto el capital fijo como las variaciones de existencias:

$$PIB = PNB = C + I.$$

Deduciendo las amortizaciones (A), pasamos a términos netos. El producto interior neto (PIN) y el producto nacional neto (PNN) son iguales a la renta nacional (Y) e iguales asimismo al consumo más la inversión neta (In). Por su parte, la renta nacional se destina, en parte, a demandar bienes de consumo y el resto se ahorra (S)».

Por tanto, se cumple:

$$PIB - A = PIN$$

$$PNB - A = PNN$$

$$PIN = PNN = Y = C + In$$

$$Y = C + S$$

$$C + In = C + S$$

$$In = S.$$

Si la economía es abierta, es decir, efectúa transacciones con otros mercados participando los agentes económicos libremente en el comercio internacional, entonces actúa en un marco de exportaciones (E) e importaciones (M). Las exportaciones se materializan gracias al empleo de recursos y las importaciones son recursos procedentes del exterior que se adicionan al proceso productivo, resultando la siguiente ecuación de igualdad entre los recursos totales (Y + M), con los empleos totales (C + I + E):

$$Y + M = C + I + E.$$

La relación con la balanza de pagos se halla expresada por el saldo de la balanza comercial, resultando lo siguiente:

$$Y - C - I = E - M.$$

Lo cual equivale a:

$$Y - (C + I) = E - M.$$

Siendo la diferencia E – M el saldo de la balanza comercial, que si es positiva tendrá superávit y si es negativa registrará déficit.

El gasto nacional bruto de bienes o servicios o demanda de bienes y servicios está representado por C + I, es decir, por el total de los empleos internos de la economía.

De la ecuación anterior podemos deducir:

– Si la demanda (C + I) > Y, corresponde a un déficit de E – M (balanza comercial).
– Cuando E > M, hay más recursos Y para compensar la demanda de (C + I).
– Si la Y > (C + I), hay excedente para alimentar un superávit de las E sobre las M.

También podemos deducir que el ahorro (S) es la diferencia entre la renta (Y) y el consumo (C), pues:

$$(Y - C) - I = E - M.$$

Lo que también equivale a:

$$Y = C + I + E - M.$$

Todo ello significa que en una economía abierta, la renta (Y) además del consumo y la inversión (C + I) también depende del saldo de la balanza comercial, es decir, de las exportaciones y las importaciones (E – M).

Sabiendo que el ahorro (S) es: $S = Y - C.$
Sustituyendo: $S = C + I + E - M - C.$
Resulta: $S - I = E - M.$

Esta ecuación permite deducir:

$I > S$, significa déficit en su balanza de bienes y servicios: $E < M.$
$I < S$, significa superávit en la balanza de bienes y servicios: $E > M.$

En consecuencia, podemos establecer una relación directa entre el comercio exterior y el crecimiento de la renta nacional. Por ello, cualquier sistema legal de apoyo a la producción exportadora, como lo son el régimen de perfeccionamiento activo y las transformaciones en zonas francas, actúan como factores del desarrollo económico.

Dicho desarrollo por vía de la actividad industrial del país incentiva otros sectores conexos de la economía, por ejemplo a los proveedores de bienes y servicios de los factores de producción necesarios para la actividad productiva exportadora.

Cuando no existe mercado exterior, la producción se destina al consumo interno; por tanto, los acopios de mercancías a los proveedores nacionales son los equivalentes a las ventas de la demanda interna. Siendo los factores: valor de las compras o coste de los factores (Vc), valor añadido obtenido (Va) y valor de venta (Vv), se cumple:

$$Vv = Vc + Va.$$

Cuando además existe el mercado de exportación, el coste de los factores (Vc) debe incrementarse en lo necesario para atender la nueva demanda externa, lo que implica incrementos de facturación de la empresa vendedora (Vv) y al mismo tiempo del equivalente Va.

Si denominamos K al factor de incremento de ventas Vv, consideramos K1 al factor de incremento de las compras de factores de producción y K2 al incremento del valor añadido Va, tenemos:

$$K = K_1 + K_2$$

$$Vv + K = (Vc + K_1) + (Va + K_2).$$

El resultado es que el valor total de ventas Vv se ha incrementado proporcionalmente al incremento del valor del coste de compras o de los factores Vc, más el incremento del valor añadido obtenido Va.

Sustituyendo las ecuaciones anteriores, tenemos:

$$Y = C + I + E - M$$

$$Y + M = C + I + E$$

$$Y - C - I = E - M \text{ equivalente a: } Y - (C + I) = E - M.$$

$$\text{Siendo: } C + I = D \text{ (demanda) y } E - M = \text{balanza comercial}$$

$$\text{Se cumple: } Y - D = E - M.$$

Siendo las transformaciones en régimen de perfeccionamiento activo o en zona franca unos regímenes de ayuda a la exportación, es evidente que un incremento (Δ) de las exportaciones implica un incremento (Δ) de la renta. Por tanto, la acción del régimen de perfeccionamiento activo y zona franca cumple:

$$(Y + \Delta Y) - D = (E + \Delta E) - M$$

$$(Y + \Delta Y) = (E + \Delta E) - M + D$$

o bien:

$$(Y + \Delta Y) = \{(E + \Delta E) - M\} + (C + I).$$

Al igual que el superávit de la balanza comercial depende del mayor volumen de exportaciones sobre las importaciones, queda también demostrada la relación entre la renta y la exportación, y por tanto, con el crecimiento.

El incremento de la producción debido a un mayor volumen de exportación permite el crecimiento interno, pues se demandan más bienes y servicios internos para cumplimentar tales exportaciones, junto con el incremento de los correspondientes nuevos puestos de trabajo. El resultado es un mayor crecimiento general de la economía. Lo cual permite deducir lo siguiente:

$$Y = C + I + E - M.$$

El incremento de las exportaciones (ΔE) implica un incremento equivalente de la renta Y en ΔY, lo cual significa también un incremento del consumo C en (ΔC) y de la inversión I en otro incremento (ΔI); por tanto, se cumple:

$$Y + \Delta Y = (C + \Delta C) + (I + \Delta I) + (E + \Delta E) - M.$$

Como puede deducirse, además de las transformaciones en régimen de perfeccionamiento activo y en zona franca, los otros regímenes aduaneros de depósitos francos o aduaneros y transformación bajo control inciden igualmente en el crecimiento y el desarrollo. En ocasiones, un régimen es complementario de otro; por ejemplo, un régimen activo es complementario del régimen pasivo, o en una operación triangular cuya producción se realiza en más de un Estado, o bien operar con varios regímenes, es decir, iniciar el proceso en régimen de zona franca, continuar en régimen de perfeccionamiento activo en territorio fiscalmente gravado, y al final almacenar el producto obtenido en un depósito aduanero previo a la exportación definitiva.

En los depósitos aduaneros, equivalentes a los almacenes exentos fiscalmente, se pueden también realizar operaciones de trasformación. Para algunas legislaciones quizá no representen un gran valor añadido, pues al coexistir el recurso al régimen activo no se consideran elementos básicos en el proceso de la transformación, aunque sí lo sean en el proceso productivo. Independientemente de su uso, los depósitos aduaneros favorecen la dinámica industrial y comercial y, por consiguiente, contribuyen a la riqueza nacional.

Las operaciones derivadas de las transformaciones bajo control aduanero, aun en el supuesto de modestas aportaciones productivas, siguen aportando valor añadido a la economía que de otra forma no se produciría.

Asimismo, hay que tener presente que, cuando se recurre al régimen de perfeccionamiento pasivo en busca de menores costes de producción en el exterior, sobre todo si se utiliza mano de obra intensiva en la transformación, aunque dicho régimen no incrementa los factores de producción internos, trabajo e inversión, sí existe crecimiento.

Si consideramos: Ke como el valor del producto de exportación, Kf el coste de fabricación en el exterior, Km el coste de importación, Va el valor añadido o beneficio obtenido y Pv el precio de venta, se cumple:

$$Km = Ke + Kf$$

$$Pv = Km + Va.$$

El resultado es que Va es un factor de crecimiento, el cual depende de la tecnología, el diseño, el marketing, la distribución y el conocimiento fundamental, aportando también desarrollo. Hoy en día, importantes compañías del sector de la moda producen en el exterior para optimizar las ventajas de la producción; sin embargo, la tecnología y el departamento de diseño permanecen en el país de origen.

Así pues, todos los regímenes aduaneros económicos mencionados pueden aportar desarrollo y crecimiento a la economía.

Capítulo 5

Incremento del PIB español por exportaciones en régimen aduanero económico en el periodo 1975-1987

1 Incidencia de las exportaciones en régimen de perfeccionamiento activo en el PIB

La exportación con la aplicación y puesta en práctica por los Estados de los regímenes aduaneros económicos guarda una relación directa con el crecimiento económico, es decir, con el incremento de la renta nacional.

La relación entre las exportaciones españolas en regímenes aduaneros, en particular el régimen de perfeccionamiento activo, y el PIB es un ejemplo clave de lo que también puede realizarse en otros espacios económicos. Dichos regímenes contribuyeron al crecimiento del PIB español en el período que analizamos en este capítulo, 1975-1987.

Consideramos el régimen de perfeccionamiento activo como el más relevante en la exportación española, habida cuenta que los demás regímenes carecían de una norma legal que amparara cualquier producción con transformación. En España, las zonas francas y los depósitos francos se han usado, salvo excepciones, como almacenes de mercancías en los que se han realizado, cuando ha sido menester, trabajos de conservación o pequeñas manipulaciones de preparación o puesta a punto para suministrarlas, lo cual ha contribuido modestamente al crecimiento.

Por ello, nuestro análisis se centra en la aplicación por parte de las empresas españolas del régimen de perfeccionamiento activo, como el procedimiento industrial de transformación reglamentado y fomentado por la Administración pública, cuyos productos o mercancías obtenidos han sido destinados a la exportación.

2   Análisis del periodo 1975-1987 y de su incidencia en el desarrollo económico por aplicación del régimen de perfeccionamiento activo

Basándonos en los datos generales de importación y exportación del Instituto Nacional de Estadística (INE), hemos analizado el periodo comprendido entre los años 1975 y 1987, al ser un espacio temporal previo a la firma del Tratado de Adhesión a las Comunidades Europeas y, por tanto, no vinculado a la legislación comunitaria.

Vamos a considerar dos procedimientos de análisis. El primero, denominado Método I, parte de calcular las exportaciones en régimen de perfeccionamiento activo tomando los datos del INE y otros de elaboración propia, ajustándolos y relacionándolos con el PIB. El segundo, o Método II, se basa parcialmente en la inestimable aportación de la tesis doctoral de Miguel Vega Zafra, *Medidas de apoyo a la exportación: el tráfico de perfeccionamiento activo*, defendida ante la Universidad de Alicante en 1999. Permitió conocer la existencia de estadísticas oficiales de importación temporal y reposición para los años 1975, 1977, 1978 y 1979, los cuales hemos ampliado hasta 1987, estableciendo la cuantía de las exportaciones equivalentes de producto transformado en esos regímenes aduaneros de perfeccionamiento activo.

Los datos para los cálculos del Método I se reflejan en los anexos 1, «Exportaciones españolas significativas por grupos de mercancías, periodo 1974 a 1987», y 2, «Contri-

Año	Manufacturas (%)	Alimenticios (%)
1975	69,21	24,15
1976	70,53	21,66
1977	72,03	20,27
1978	74,86	18,00
1979	75,14	19,06
1980	75,19	16,79
1981	73,09	17,06
1982	73,74	14,71
1983	72,11	14,06
1984	72,26	13,73
1985	72,76	12,91
1986	74,07	15,14
1987	72,50	17,60
Medias	72,88	17,32

Porcentaje total de exportaciones consideradas: 72,88 + 17,32 = 90,20.
Fuente: elaboración propia.

Tabla 6. Porcentaje de exportación de productos manufacturados y alimenticios respecto del total exportado.

bución del régimen de perfeccionamiento activo a la formación de PIB español durante el periodo 1970 a 1987».

Se han verificado el conjunto de las exportaciones de los años 1975 a 1987, tomando en consideración los capítulos arancelarios que tradicionalmente han aportado mayor transformación y valor añadido, por ejemplo los bienes de equipo y demás manufacturas mecánicas y eléctricas (capítulos 84 y 85 del arancel), así como el conjunto de textiles (capítulos 50 a 63), las exportaciones de medios de transporte (capítulos 87 a 89), junto con los productos alimenticios transformados (capítulos 16 a 24), los productos químicos y plásticos (capítulos 28 a 40) y otros productos específicos manufacturados, todos ellos reflejados en el anexo 3, «Comercio exterior español. Desglose por grupos más significativos de mercancías, 1975 a 1987». Del citado anexo, sin considerar las materias primas, los animales vivos y los combustibles, representan para los productos manufacturados y los alimenticios los siguientes porcentajes de exportación, según detallamos en la tabla 6.

Por otra parte, la tabla del anexo 1 recoge las exportaciones subdivididas en los grupos de mercancías más significativos susceptibles de exportación al amparo de regímenes aduaneros económicos. El conjunto de los datos de la tabla alcanza una media del 77,95 de las mercancías españolas exportadas, cuyo detalle aparece en la tabla 7.

Año	*Mercancías consideradas (%)*
1974	77,01
1975	75,02
1976	76,36
1977	76,49
1978	77,01
1979	76,95
1980	73,87
1981	72,44
1982	77,98
1983	78,25
1984	79,41
1985	81,27
1986	78,61
1987	77,89
Media	77,95

Fuente: elaboración propia.

Tabla 7.

Año	*Régimen de perfeccionamiento activo/PIB (%)*
1975	1,790
1976	2,071
1977	2,215
1978	2,435
1979	2,813
1980	2,803
1981	3,080
1982	3,221
1983	3,471
1984	3,874
1985	3,881
1986	3,657
1987	3,716
Media anual	3,002

Tabla 8. Método I. Aportación al PIB.

La tabla 6 representa el 90,20 % de las exportaciones realizadas en cualquier régimen aduanero y la 7, más depurada, el 77,95 % de las mercancías consideradas en propensión a exportación en régimen aduanero económico.

Evidentemente, solo una parte de las mercancías fueron exportadas al amparo del régimen aduanero económico de perfeccionamiento activo. A la vista de los datos globales existentes, se han elaborado unas tablas de lo que significaron tales exportaciones, considerando que aproximadamente el 30 % de ellas se acogieron a este régimen, tanto por exportación como por operaciones combinadas, cesiones y anulaciones de saldos; probablemente, el porcentaje es mayor, pero preferimos ser conservadores con los datos.

La conclusión que extraemos es que, para el Método I de análisis, basándonos en los datos de las tablas de los anexos 1 a 3, el porcentaje anual obtenido corresponde a la aportación del régimen de perfeccionamiento activo al crecimiento del PIB español, sin considerar la aportación de los otros regímenes por las exportaciones realizadas desde las zonas francas y los depósitos francos. Para el periodo de 1975 a 1987, la aportación del régimen de perfeccionamiento activo al crecimiento del PIB supuso una media anual del 3 % (véase detalle anual en la tabla 8).

Si consideramos la relación PIB/régimen de perfeccionamiento activo, observamos la tendencia en representación gráfica. Para ello, con la información del anexo 2, confeccionamos la tabla 9, y a partir de ella, el gráfico de la figura 8.

El Método II se ha desarrollado a través de los datos obtenidos del Departamento de Aduanas y del INE, a partir de los cuales hemos confeccionado el anexo 4, «Contribución del régimen de perfeccionamiento activo a la formación del PIB español durante el periodo 1975 a 1987. Cálculo basado en las importaciones en régimen de perfeccionamiento activo». Dicho anexo incluye cinco tablas que incorporan los datos oficiales para los años 1975, 1977, 1978 y 1979, siendo de elaboración propia para los demás años, lo cual ha permitido establecer la relación porcentual, que representa de importación en los regímenes de tráfico de perfeccionamiento activo respecto al total importado. Aunque adolecen de la falta de las importaciones en *draw back*, y considerando que el recurso a tal sistema ha sido escaso, los datos han de estimarse como muy cercanos a la realidad, y en todo caso deberían ser algo mayores.

El siguiente paso ha sido establecer las importaciones en tráfico de perfeccionamiento activo para los años carentes de datos. Lo hemos resuelto considerando la progresión

Año	*PIB*	*Régimen de perfeccionamiento activo*
1970	20.511,800	286,260
1971	21.464,900	326,580
1972	23.214,100	382,530
1973	25.023,700	426,750
1974	26.429,200	469,020
1975	26.572,400	475,650
1976	27.450,400	568,440
1977	28.229,800	625,290
1978	28.642,900	697,440
1979	28.655,300	805,980
1980	29.027,300	813,720
1981	28.976,800	892,530
1982	29.429,400	948,030
1983	30.083,40	1.044,300
1984	30.524,400	1.182,570
1985	31.321,800	1.215,600
1986	32.323,992	1.181,944
1987	34.147,515	1.269,005

Tabla 9.

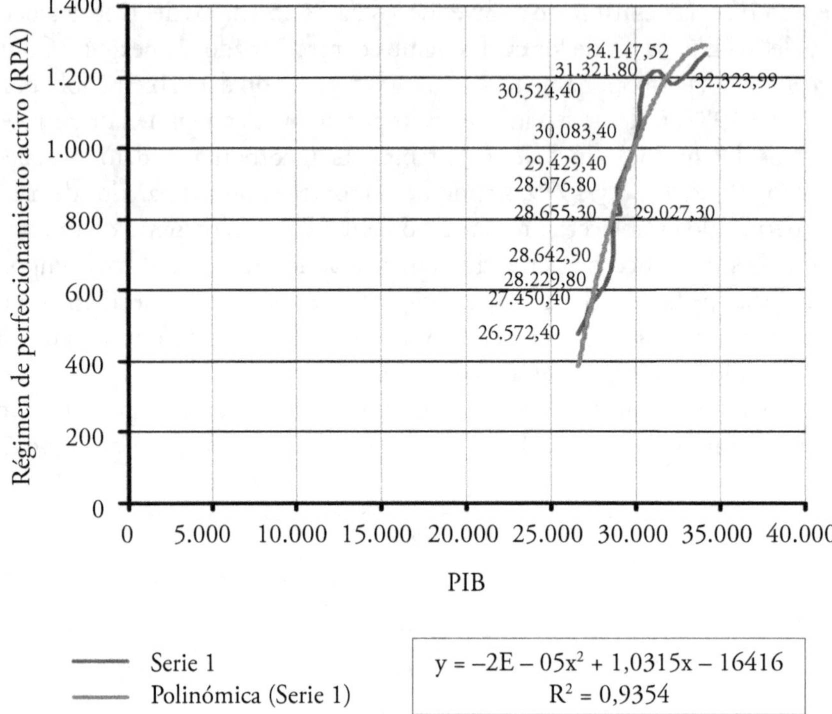

Figura 8. PIB/Régimen de perfeccionamiento activo - Método I.

conocida de las importaciones en régimen de perfeccionamiento activo dentro del conjunto total importado, cuyo resumen se ofrece en la tabla 10.

A continuación, debía determinarse las importaciones correspondientes al régimen de perfeccionamiento activo para los demás años. El incremento anual de importaciones totales corresponde a los porcentajes de la tabla 11.

El resultado es una dispersión de incremento de importación muy heterogéneo, lo cual implica la intervención de diversos factores: inflación, incremento del coste

Año	*TPA/M %*
1975	3,02
1977	3,88
1978	3,81
1979	4,02

Fuente: Dirección General de Aduanas.

Tabla 10. Porcentaje de importaciones en régimen de perfeccionamiento activo.

Año	Importación	Incremento (%)
1975	931.986,0	
1976	1.169.412,4	25,475
1977	1.350.352,2	15,473
1978	1.431.032,6	5,9740
1979	1.704.022,4	19,076
1980	2.450.653,2	43,815
1981	2.976.045,6	21,438
1982	3.474.670,9	16,754
1983	4.177.032,9	20,213
1984	4.630.106,3	10,846
1985	5.114.685,7	10,465
1986	4.954.607,2	-3,129
1987	6.051.381,8	22,136

Fuente: Dirección General de Aduanas.

Tabla 11. Incremento de las importaciones respecto al año precedente.

energético, tipo de cambio o estrechez de la demanda. Sorprende la caída de las importaciones en 1977 y 1978, seguida de una recuperación en 1979 y 1980, para volver a caer en los siguientes años, siendo muy anormal 1986 y el crecimiento de 1987, con España integrada en la CEE. Por tanto, la tabla 11 no es una vía adecuada para determinar el incremento de exportaciones en régimen de perfeccionamiento activo, pues previamente implica un ajuste. Por ello, a fin de mantener una progresión coherente con la existente en la tabla 10, de datos oficiales, hemos establecido un coeficiente de 1,4 sobre lo importado el año anterior en tráfico de perfeccionamiento activo o régimen de perfeccionamiento activo y lo hemos incorporado en la tabla 12.

Otro dato necesario son las exportaciones en régimen de perfeccionamiento activo o tráfico de perfeccionamiento activo. Se ha calculado considerando que los costes de producción y beneficio industrial doblan el valor de la importación, pues del producto exportado el 50 % son las materias importadas. Por tanto, es aceptable que entre la mano de obra incorporada al proceso de transformación, gastos generales, demás mercancías de producción y el beneficio industrial, representen el otro 50 %. Esto nos ha permitido determinar el importe de exportaciones en tráfico de perfeccionamiento activo y su relación con el PIB (véase la tabla 13).

Basándonos en los datos de la tabla 13, hemos confeccionado el gráfico de la figura 9.

Año	Importación total*	Importación en tráfico de perfeccionamiento activo	Tráfico de perfeccionamiento activo del total de importación (%)
1975**	931.986,0	28.149,9	3,02
1976	1.169.412,4	39.409,9	3,37
1977**	1.350.352,2	52.423,9	3,88
1978**	1.431.032,6	54.504,6	3,81
1979**	1.704.022,4	68.568,6	4,02
1980	2.450.653,2	95.996,1	3,92
1981	2.976.045,6	134.394,5	4,52
1982	3.474.670,9	188.152,3	5,41
1983	4.177.032,9	263.413,2	6,31
1984	4.630.106,3	368.778,5	7,96
1985	5.114.685,7	516.289,9	10,09
1986	4.954.607,2	722.805,8	14,59
1987	6.051.381,8	1.011.928,2	16,72

* Fuente: Dirección General de Aduanas (DGA).
** Fuente: importación en tráfico de perfeccionamiento activo, datos específicos de la DGA.

Tabla 12. Importaciones en tráfico de perfeccionamiento activo del total.

Año	Valor exportado en tráfico de perfeccionamiento activo en base equivalente a 1986	PIB	Régimen de perfeccionamiento activo/ PIB (%)
1975	202,369	26.572,400	0,762
1976	256,073	27.450,400	0,933
1977	281,925	28.229,800	0,999
1978	253,074	28.642,900	0,884
1979	301,638	28.655,300	1,053
1980	348,757	29.027,300	1,201
1981	423,171	28.976,800	1,460
1982	532,316	29.429,400	1,809
1983	644,202	30.083,400	2,141
1984	776,656	30.524,400	2,544
1985	1.018,318	31.321,800	3,251
1986	1.492,597	32.323,992	4,618
1987	2.032,591	34.147,515	5,952
Media anual			2,124

Tabla 13. Método II. Aportación al PIB.

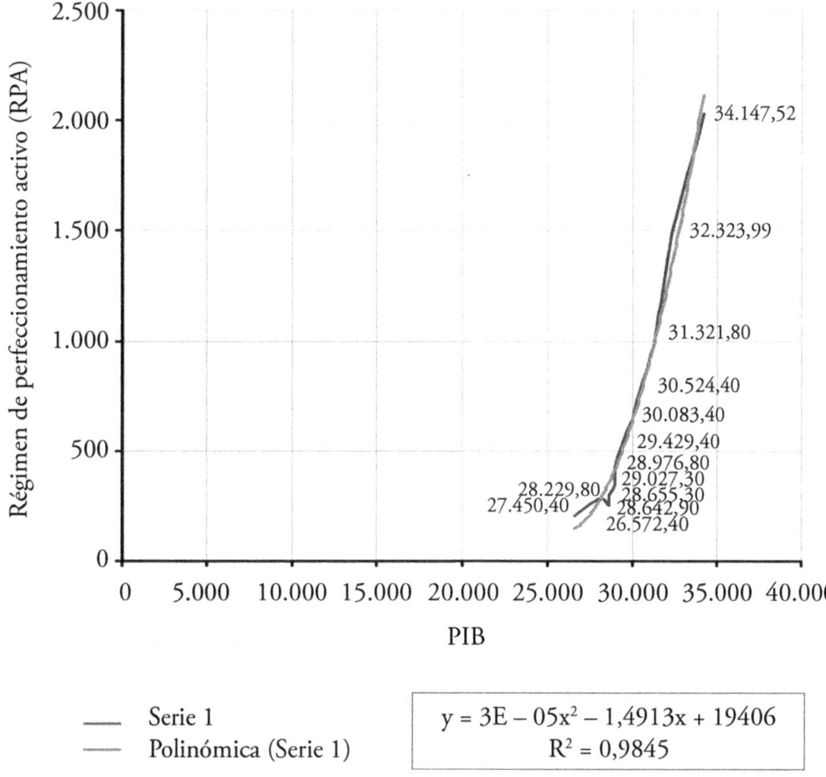

Figura 9. PIB/Régimen de perfeccionamiento activo - Método II.

Las curvas representadas en las figuras 8 y 9 muestran un comportamiento de tendencia inelástica similar, con una relación proporcional entre las operaciones exportadas en régimen de perfeccionamiento activo y el PIB, destacando una estrecha relación entre ambos parámetros.

Gracias a los dos métodos de análisis desarrollados, establecemos un cuadro comparativo de crecimiento del PIB por causa de las exportaciones en régimen de perfeccionamiento activo, que se detalla en la tabla 14.

La tabla 14 evidencia resultados distintos, pero no tan divergentes como podría parecer, pues dentro de los parámetros la diferencia de las medias es inferior a un punto. Por otra parte, cabe considerar que los dos métodos de cálculo han sido muy distintos; uno parte del valor de las exportaciones y el otro de las importaciones, que han debido ajustarse con criterios ponderados pero no exentos de error.

Por tanto, podemos afirmar que la aplicación de los regímenes aduaneros económicos por las empresas exportadoras durante el periodo de 1975 a 1987 comportó un incremento directo del PIB español, según lo demuestran los datos de la tabla 14 para cada método de cálculo, cuya media se refleja en la tabla 15, representados en los gráficos de las figuras 10 y 11.

Año	Método I	Método II
1975	1,790	0,762
1976	2,071	0,933
1977	2,215	0,999
1978	2,435	0,884
1979	2,813	1,053
1980	2,803	1,201
1981	3,080	1,460
1982	3,221	1,809
1983	3,471	2,141
1984	3,874	2,544
1985	3,881	3,251
1986	3,657	4,618
1987	3,716	5,952
Medias	3,002	2,124

Tabla 14. Aportación porcentual al PIB por régimen de perfeccionamiento activo (RPA) según los métodos I y II de cálculo.

Año	Exportación en RPA	Media de los métodos I y II
1975	202.369	1,276
1976	256.073	1,502
1977	281.925	1,607
1978	253.074	1,660
1979	301.638	1,933
1980	348.757	2,002
1981	423.171	2,270
1982	532.316	2,515
1983	644.202	2,806
1984	776.656	3,209
1985	1.018.318	3,566
1986	1.492.597	4,138
1987	2.032.591	4,834
Media de los 13 años		2,563
Media ponderada		3,246

Tabla 15. Aportación del régimen de perfeccionamiento activo al PIB español. Medias anuales porcentuales.

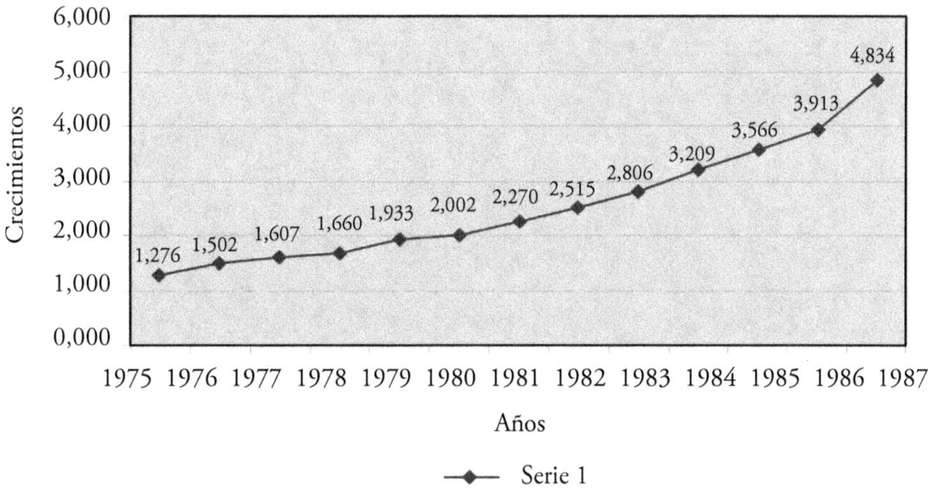

Figura 10. Crecimiento PIB por exportación en régimen de perfeccionamiento activo (RPA)
en el periodo 1975-1987.

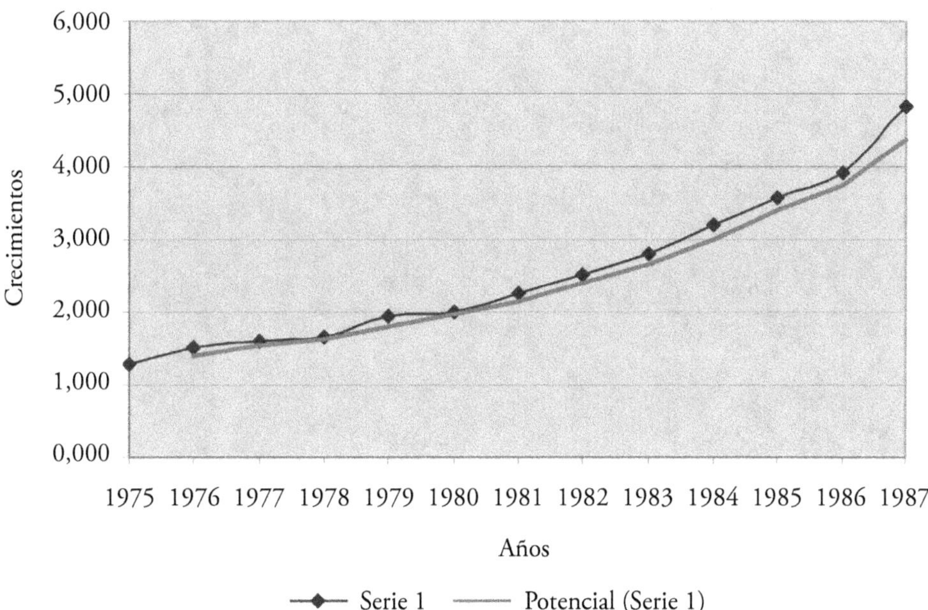

Figura 11. Crecimiento PIB/Régimen de perfeccionamiento activo (RPA)
en el periodo 1975-1987. Línea de tendencia.

Capítulo 6
Cooperación entre la Unión Europea y otras áreas económicas

1 Cooperación entre la Unión Europea y América Latina

Desde la década de 1970, la Unión Europea ha establecido y promovido vínculos con América Latina para facilitar el diálogo sobre temas comunes, resultado de lo cual se constituyó en 1986 un foro llamado Grupo de Río, formado por ocho Estados: los cuatro integrantes de la reunión celebrada en 1983 en la isla panameña de Contadora, llamados Grupo Contadora, Colombia, México, Panamá y Venezuela, y los cuatro del Grupo de Apoyo a Contadora, es decir, Argentina, Brasil, Perú y Uruguay. Actualmente, todos los Estados latinoamericanos forman parte de él.

Las relaciones entre la Unión Europea y América Latina tienen una voluntad de consolidación, de intensificar los intercambios económicos y comerciales, y de beneficiarse de oportunidades comerciales recíprocas, lo cual se traduce en tres implicaciones:

1. Diálogo político permanente.
2. Acciones de cooperación regional.
3. Establecimiento de relaciones comerciales continuas y diferenciadas según las subregiones y los países.

La cooperación se basa en tres grandes bloques: un programa de becas de estudio de alto nivel, la promoción de la integración de la sociedad civil para reforzar su desarrollo y la prevención de desastres naturales.

Esta cooperación internacional se basa en el artículo 177 del Tratado Constitutivo de la Comunidad Europea (versión consolidada de 2002), cuyo objetivo es favorecer el desarrollo económico y social duradero en los países en desarrollo, así como la inserción armoniosa en la economía mundial y el incremento del bienestar social. Esta cooperación se ha materializado en diversos campos, entre los que destaca el Programa de Cooperación Regional ALFA, que consiste en la cooperación entre instituciones de educación superior de la Unión Europea y América Latina, para subvencionar proyectos tendentes al desarrollo de la cooperación institucional y a la formación de técnicos y científicos.

También cabe mencionar la puesta en marcha del Centro de Formación para la Integración Regional (Cefir), nacido tras la Declaración de Roma de 1990, formada por la UE y los países del Grupo de Río, con los objetivos de instaurar el diálogo político y la cooperación interregional, con la puesta en marcha de programas de formación del sector público y del privado. En la reunión celebrada en Santiago de Chile en mayo de 1992, se estableció el acuerdo de un programa de formación para la capacitación de funcionarios públicos en la formulación, gestión y ejecución de políticas públicas relativas a la integración regional. Las misiones formativas involucran a los funcionarios de los gobiernos, agentes y operadores económicos privados y expertos independientes. El Cefir es altamente flexible y eficaz; inició sus funciones formativas en noviembre de 1992, ocupándose de:

- La evaluación técnica de proyectos.
- El asesoramiento en programas de formación.
- La búsqueda de expertos cualificados.
- La realización de estudios.

Los resultados del Cefir se concentran en la creación y el desarrollo de programas formativos en los que han intervenido más de 300 profesores y profesionales, en temas relacionados con:

- Los desafíos de la integración regional.
- La gestión Comercial.
- La gestión Aduanera.
- La competencia.
- La estabilidad política y económica.

La legislación comunitaria en materia de ayuda financiera y técnica y cooperación económica a América Latina se enmarca legalmente en el Reglamento (CEE) 443/92 del Consejo, de 25 de febrero de 1992, el cual fija las orientaciones generales y las disposiciones de ejecución de la ayuda. Este reglamento fue modificado por el Reglamento (CE) 1905/2006 del Parlamento Europeo y del Consejo, de 18 de diciembre de 2006, para el programa de ayuda para el periodo 2007-2013.

La reglamentación contempla:

- La ampliación de la cooperación comunitaria con los países en desarrollo de América Latina.

- El fomento de los derechos humanos y la democratización.
- La mejora de la gestión pública.
- La protección del medio ambiente.
- La liberalización del comercio.
- El fortalecimiento de la dimensión cultural.

Cuanto más comprometidos estén los países en los puntos anteriores, mayor ayuda reciben por parte de la Comunidad Europea.

Todos los países en vías de desarrollo de América Latina pueden acogerse a la ayuda financiera y técnica y de cooperación económica, siendo beneficiarios los Estados, las regiones, las administraciones descentralizadas, las organizaciones regionales, los organismos públicos, las instituciones, los operadores privados, tanto personas físicas como jurídicas, las cooperativas, las organizaciones no gubernamentales y, en general, cualquier organización que cumpla los requisitos exigidos por la CEE. La ayuda financiera y técnica tiene interés en:

- El desarrollo rural y la lucha contra la pobreza.
- La mejora alimenticia de la población.
- La mejora del entorno económico, jurídico y social del sector privado.
- La protección del medio ambiente, los recursos naturales y las selvas tropicales.
- La educación, la sanidad, los servicios sociales, el fomento de los derechos humanos, la integración de la mujer, la protección de la infancia y el respeto cultural de las minorías étnicas.
- El apoyo a las instituciones nacionales, regionales o locales.
- El desarrollo de la Administración gubernamental y de la buena gestión pública.

La cooperación económica se refiere a:

- Mejorar el potencial científico y tecnológico con acciones de formación y cesión tecnológica.
- Favorecer la inversión económica.
- Establecer mejoras legislativas, reglamentarias y sociales.
- Apoyar a las empresas y los socios económicos mediante acciones de formación y promoción tecnológica y comercial.

La cooperación entre la Unión Europea y América Latina ha supuesto un importante esfuerzo económico para la comunidad, pero ha dado frutos y los seguirá dando en el futuro. La experiencia del autor de este libro, como profesor universitario en Barcelona y en América Latina, ha sido altamente gratificante por el interés de cooperación y atracción existente entre ambos lados del Atlántico.

2   Crecimiento del PIB por aplicación del régimen de zonas francas en la República Dominicana

La República Dominicana es un país de reducido tamaño, 48.730 km², de aproximadamente 9,5 millones de habitantes. Registra una tasa de desempleo del 16% y más de la mitad de la población vive por debajo del umbral de la pobreza. A partir de la toma de posesión del presidente Leonel Antonio Fernández en 2004, y tras el incierto periodo de su antecesor Hipólito Mejía entre 2000 y 2004, la economía volvió a crecer: el 2,4% en 2004, el 9,6% en 2005, el 11,6% en 2006 y cerca del 7,5% en 2007; todo ello gracias a los sectores de la construcción, el turismo y las telecomunicaciones, junto con las plantas industriales de las zonas francas, cuyas producciones se destinan principalmente a la exportación. En las elecciones del 16 de mayo de 2008, Leonel Fernández fue reelegido y ostentó el cargo hasta 2012.

La República Dominicana es un claro ejemplo de aplicación de las ventajas económicas que representan las zonas francas para las empresas que se instalan en los espacios destinados a tal fin, por gozar de una serie de incentivos fiscales. El Estado potencia estas zonas con el objetivo de lograr una inversión empresarial destinada a la creación de empleo, trabajo y exportación de la producción. Por este motivo, el gobierno promulgó la Ley 8/90, de 15 de enero de 1990, la cual, junto con su reglamento de aplicación aprobado por Decreto 366, de 29 de agosto de 1997, es la normativa sobre las zonas francas que más ha contribuido al crecimiento y el desarrollo del país.

Su reglamentación sobre las zonas francas pretende ser una legislación moderna y atractiva a la inversión. En 2005, se habían instalado en esas zonas 556 empresas, las cuales habían generado casi 155.000 empleos y exportado 4.734,68 millones de dólares. El conjunto de sus exportaciones representaba el 2,3% del PIB, con una inversión acumulada de 2.000 millones de dólares. Y en 2007, se contabilizaron 200.000 empleos directos.

De la norma legal se desprende lo siguiente:

- *Objeto de la legislación.* Fomentar el establecimiento de zonas francas nuevas y el crecimiento de las existentes.

- *Personas autorizadas.* Cualquier persona jurídica o moral (persona física) que contribuya al desarrollo del país, aumentando la producción, generando fuentes de trabajo y aportando divisas.

- *Destino de las producciones.* Caben cuatro posibilidades:

  - *Destino a territorio fiscal gravado.* Las mercancías con destino al territorio dominicano serán consideradas como exportación desde las zonas francas, y en consecuencia, serán tratadas por las autoridades aduaneras como cualquier otra importación.

– *Destino desde territorio fiscal gravado a la zona franca.* En el supuesto que los artículos provenientes de las empresas ubicadas en el territorio dominicano tuviesen por destino una empresa situada en la zona franca, serán considerados como exportación desde territorio dominicano e importación por las zonas francas.

– *Destino desde la zona franca a terceros países.* Cuando las mercancías obtenidas en la zona franca tienen por destino otro país distinto del territorio dominicano, serán consideradas como una exportación desde la zona franca con destino al exterior.

– *Destino a otra zona franca.* Las mercancías que, por razones industriales o comerciales, circulen entre zonas francas tendrán la consideración de mercancías extranjeras.

• *Ubicaciones.* Las zonas francas pueden estar situadas en cualquier lugar del territorio, junto a las fuentes de materias primas y en lugares fronterizos.

• *Operadores de zonas francas.* Aquellas empresas de personas físicas o jurídicas, a las que se les ha otorgado permiso de instalación, destinando las producciones de bienes y servicios a la exportación.

• *Producciones autorizadas:*

– *Bienes.* Consiste en introducir, almacenar, empacar, reciclar, exhibir, desempacar, manufacturar, montar, ensamblar, refinar, procesar, operar y manipular toda clase de productos, mercaderías y equipos.

– *Servicios.* Proporcionar servicios de diseños, diagramación, telemercadeo, telecomunicaciones, impresión, digitación, traducción, computación y cualesquiera otros servicios similares o relacionados.

• *Beneficios.* Exención arancelaria y de cualquier otro gravamen o impuesto a la importación, inclusive todas las maquinarias, los equipos, repuestos, partes y utensilios que sean necesarios para su operación, incluidos los vehículos de carga de mercancías y del transporte de empleados y de los materiales destinados a la construcción de viviendas para empleados y trabajadores. Exención de los impuestos sobre la renta en las reinversiones, sobre el impuesto de construcción, constitución de sociedades o ampliación de capital, traspaso de bienes inmuebles, impuestos municipales, impuesto de exportación, sobre patentes y activos patrimoniales, transferencia de bienes industriales. Extensible a los impuestos de importación sobre los equipos y utensilios destinados a comedores económicos, servicios de salud, guarderías infantiles y de cualquier otro destinado al bienestar de la clase trabajadora.

- *Obligaciones.* Exención de impuestos de exportación a las mercancías adquiridas en territorio dominicano, excepto los productos subvencionados de consumo popular: azúcar, café, cacao y oro.

Obsérvese que esta ley, además de los beneficios comunes de exención arancelaria para las mercancías depositadas en las zonas francas destinadas a sufrir transformaciones, tiene una vertiente social importante a favor de los empleados y trabajadores de estas zonas, al conceder ventajas fiscales a las inversiones a ellos destinadas.

Las zonas francas, también llamadas en la legislación parques industriales, se iniciaron en 1969 en la ciudad de La Romana, donde se instaló como empresa bandera la Gula and Western Acercas Corporation, del sector azucarero, amparada por la Ley 299 de 1968 de Incentivo y Protección Industrial, que establecía exenciones fiscales. La segunda zona franca se creó en 1972, en la ciudad de San Pedro Macorís. En 1973, en Santiago de los Caballeros fue ubicada la tercera zona franca, y así sucesivamente hasta autorizar las más de cincuenta zonas y parques industriales actuales.

Durante los años 2006 y 2007, le recesión del sector textil repercutió negativamente en las exportaciones a Estados Unidos, sin embrago, ello fue compensando con la implantación de nuevas empresas de servicios, en especial de telecomunicaciones y reciclajes.

Según el Banco Central de la República Dominicana la actividad económica de las zonas francas representa:

- En doce años, las exportaciones se han más que duplicado.
- Están empleadas de forma directa 200.000 personas.
- La contribución al PIB ha oscilado entre el 2,3 y 3,7 % anual.
- La actividad textil ha representado el 60 % de los empleos, seguida por la industria del tabaco con el 9,5 %, la electrónica y los productos médicos y farmacéuticos con el 5,8 % y el calzado con el 4,8 %.
- Además de la República Dominicana, otros 29 países han invertido en las zonas francas, lo cual se traduce en un importe acumulado de 1.989.602.235,27 dólares.

Estos datos justifican la creación de estos territorios exentos fiscalmente, donde se implanta un sistema productivo de regímenes aduaneros económicos, por su evidente creación de riqueza productiva y, por tanto, como factores de impulso al desarrollo.

3 Aplicación del régimen de zonas francas en otros países latinoamericanos

Los incentivos gubernamentales de los Estados latinoamericanos en la implantación de zonas francas mediante legislaciones atractivas a la inversión nacional y extranjera, se han generalizado en todo el continente, destinando a tal fin grandes franjas de terreno exentas fiscalmente para crear empleo e incentivar el desarrollo.

3.1 Perú

El Estado peruano ha creado una Comisión Nacional de Zonas Francas de Desarrollo (Conafran), organismo de carácter multisectorial que cuenta con autonomía administrativa, técnica, económica y financiera. Se encarga de promover, regular, supervisar y evaluar las zonas francas industriales y turísticas. También ha creado los Centros de Exportación, Transformación, Industria y Servicios (Ceticos), con los objetivos de fomentar las inversiones nacionales y extranjeras, promover las exportaciones e impulsar la generación de puestos de trabajo y el desarrollo.

Los Decretos Legislativos 842, 864 y 865 de 1996, junto con el Decreto Supremo 023 de 1996, dieron el visto bueno a los Ceticos de Tacna, Paita, Ilo y Mataraní, modificados por la Ley 26831, que concedían una serie de ventajas a las empresas que allí se instalasen. Por ejemplo, el texto legal del Decreto Legislativo 842, entre otros, dice textualmente:

> Las empresas que se constituyan o establezcan en los Ceticos (…) estarán exoneradas hasta el 31 de diciembre de 2012 del Impuesto de la Renta, Impuesto General a las Ventas, Impuesto de Promoción Municipal, Impuesto de Promoción Municipal Adicional, Impuesto Selectivo al Consumo, Contribución al Fondo Nacional de Vivienda (Fonavi), así como de todo impuesto, tasa, aportación o contribución, tanto del gobierno central como municipal, incluso de aquellas que requieren de norma exoneratoria expresa.
>
> Los Ceticos se considerarán zonas primarias aduaneras. Las mercancías que ingresen en ellas, desembarcadas únicamente en los puertos de Ilo o Mataraní (ampliado por Decreto Legislativo 864 al de Paita), se encuentran exentas del pago de derechos arancelarios y demás tributos que gravan las mismas y podrán ser objeto de reexportación al exterior.

La legislación peruana es consciente de la importancia de los polos industriales exentos de aranceles como motores del desarrollo. Llámense zonas francas o centros de exportación, depósitos o áreas exentas fiscalmente, el objetivo es impulsar el desarrollo. Se trata de promover la creación de empresas que produzcan para el exterior y puedan realizar los acopios de las materias primas sin pagar impuestos arancelarios. Como incentivos adicionales, se les reducen o se les exime de los impuestos del Estado y del municipio.

3.2 Colombia

En la República de Colombia, el organismo Promoción de Exportaciones (Proexport) se ocupa de facilitar la inversión extranjera e incentivar el turismo. A tal efecto, se han creado diez zonas francas, cuatro de ellas ubicadas en la costa del Pacífico

(Barranquilla, Cartagena, Santa Marta y Candelaria) y las seis restantes (Bogotá, Rionegro, Quindio, Palmaseca, Pacífico y Cucuta), en zonas de alta productividad en el interior.

La legislación colombiana considera las zonas francas como áreas geográficas delimitadas que tienen como objetivo participar en el proceso productivo de industrialización de bienes y servicios, destinando sus producciones a los mercados externos. Las inversiones realizadas en estas áreas tienen ayudas gubernamentales que favorecen la inversión productiva, la creación de empleo y, en definitiva, el desarrollo económico. Para ello, se consagra el criterio de la exención arancelaria al territorio ocupado por la zona franca y el depósito franco, y además son otorgados otros beneficios a las empresas allí instaladas, como la exención de los impuestos sobre los beneficios a las compraventas realizadas dentro de los límites de las zonas francas y los depósitos francos, e incluso las ventas realizadas hacia estas áreas procedentes del resto del territorio colombiano se consideran exportaciones y están exentas del IVA.

A las empresas instaladas en zonas francas, entre otros beneficios, se les ofrece una importante reducción del impuesto de renta de sociedades. Asimismo, se da un paso adelante al conceder los beneficios de la zona franca a todas las empresas que deseen operar como empresas exportadoras sin estar ubicadas dentro de esos territorios francos. Solicitando la figura legal de «monousuario», la cual equivale a un depósito franco con autorización para realizar procesos industriales, se permite la importación con franquicia arancelaria de mercancías para ser transformadas y exportar seguidamente los productos compensadores obtenidos como ocurre con el régimen de perfeccionamiento activo en la UE.

Estas medidas han contribuido a la inversión, especialmente la extranjera, y han conseguido crear un considerable número de empleos. Por ejemplo, los Ceticos de Ilo, Mataraní y Paita, en 1997 crearon algo más de 7.000 empleos, y en 2004 superaron los 60.000.

3.3 Cuba

El pragmatismo se impone incluso en Cuba. El presidente del Consejo de Estado, en aquel entonces Fidel Castro Ruz, sancionó el Decreto Ley 165, de 3 de junio de 1996, de Zonas Francas y Parques Industriales, con el objeto de participar en la producción internacional. De este decreto ley se desprende que:

- La creación y el desarrollo de zonas francas y parques industriales en el territorio nacional ofrece nuevas oportunidades para la inversión extranjera.
- El inversionista establecido en estas zonas goza de un régimen especial en los órdenes aduanero, bancario, tributario, laboral, migratorio, de orden público, de inversión de capitales y de comercio exterior.

- La inversión tecnológica acelera el crecimiento económico y social, lo cual se traduce en la generación de nuevos empleos y en una nueva fuente de divisas.
- La situación geográfica de la isla de Cuba, la estabilidad político-social, la fuerza de trabajo cualificada, así como las facilidades de las comunicaciones marítimas y aéreas internacionales ofrecen atractivos para el desarrollo de las zonas francas y los parques industriales que atraigan la inversión extranjera.

El decreto define los objetivos que se pretende alcanzar con el siguiente contenido:

- Dicta las normas relativas al establecimiento y funcionamiento de las zonas francas y los parques industriales.
- Las zonas francas y los parques industriales impulsan el desarrollo económico y social, y estimulan el comercio internacional.
  Atraer el capital extranjero, con los fines específicos siguientes:

  - Generar nuevos puestos de trabajo y mejorar la cualificación de los trabajadores.
  - Incorporar mayor valor agregado industrial nacional, usando los recursos del país.
  - Desarrollar nuevas industrias nacionales mediante la asimilación de tecnologías avanzadas y la exportación de productos nacionales.

Este decreto ley desarrolla las definiciones de los términos, de la creación y el control de las zonas francas, los concesionarios, los operadores, los beneficios fiscales y las infracciones y recursos.

A título de ejemplo, la legislación permite establecer los siguientes conceptos y definiciones:

- *Zona franca:* espacio delimitado dentro del territorio nacional, sin población residente, de libre importación y exportación de bienes, desvinculado de la demarcación aduanera, donde se realizan actividades industriales, comerciales, agropecuarias, tecnológicas y de servicios, con aplicación de un régimen especial.

- *Parque industrial:* espacio dentro del territorio nacional, con características similares a las de la zona franca, pero donde se realizan actividades predominantemente industriales y de prestación de servicios que sirven de soporte a éstas.

- *Régimen económico especial:* normas relativas a los sistemas aduanero, bancario tributario, laboral, migratorio y de orden público, menos onerosas y rígidas que las comunes u ordinarias, aplicables a los concesionarios y operadores de zonas francas, como incentivos para la inversión.

Esta legislación plasma el interés del Estado cubano por el crecimiento de las zonas francas y los parques industriales, amparándolo en una norma legal que ofrece garantías y tiene como objetivo la inversión industrial y de los servicios adicionales encaminados al desarrollo del país y la exportación de los fabricados, todo ello con un redactado legal muy similar al de cualquier economía distinta de la planificada.

3.4 México

Por su extensión, cercana a los dos millones de kilómetros cuadrados, y su numerosa población, unos 110 millones de habitantes, el Estado mexicano es un ejemplo práctico y estrechamente relacionado con los regímenes aduaneros económicos, ya que gracias a la aplicación de éstos ha conseguido atenuar la elevada tasa de paro, y conjugar crecimiento y desarrollo. Ello responde a la profusión de las empresas maquiladoras, ubicadas en su mayoría en el norte del país, las cuales producen principalmente para Estados Unidos y Canadá.

Las maquiladoras son plantas de montaje que las compañías extranjeras de Estados Unidos y Japón crearon en México en los años setenta aprovechando la mano de obra barata, abasteciendo así el mercado norteamericano primero y después el canadiense de productos a bajo coste.

Estados Unidos, Canadá y México son integrantes del Tratado de Libre Cambio de América del Norte (TLCAN) (North America Free Trade Agreement o Nafta), siendo las empresas maquiladoras las que emplean una gran cantidad de mano de obra en sus producciones. Es un claro ejemplo de producción destinada a la exportación, que se beneficia de las ventajas de pertenecer al Nafta, es decir, que permite la circulación de mercancías exentas de aranceles entre los Estados miembros.

Si bien hay detractores del sistema económico y social empleado por la producción maquiladora, debido a la falta de apoyos sindicales y la carencia de recursos sociales hacia los trabajadores, lo cierto es que al sur de Río Grande se ha creado un importante número de empleos, los cuales muy difícilmente hubieran podido crearse de otra manera. Ello responde a una voluntad de poner en marcha unas medidas económicas de crecimiento, en el marco de las relaciones internacionales del Nafta, al que México se incorporó el día primero de enero de 1994, lo que significó un incremento notable de las empresas maquiladoras y elevó la confianza de los inversores extranjeros. Para tal fin, se facilitó el sistema de franquicias arancelarias a la importación de materias para transformar y, concretamente, de las ventajas que comporta la aplicación de los regímenes aduaneros económicos.

El trabajo de las empresas maquiladoras mexicanas consiste en importar de forma temporal mercancía para someterla a una operación de confección, montaje o transformación que la convierte en un nuevo producto que se devuelve al país de origen. Estas importaciones disfrutan de franquicia arancelaria, de forma similar al régimen de perfeccionamiento activo.

En 1965, iniciaron la producción maquiladora una docena de establecimientos, que dieron ocupación a 3.000 personas. Actualmente, hay unas de 2.800 empresas y más de un millón cien mil empleos, representando las maquiladoras el 42 % de la exportación mexicana.

Según la legislación mexicana, las formas de producción de las maquilas pueden ser:

- *Subcontrato.* Es un contrato con una empresa mexicana que se ocupa del proceso de transformación.
- *Corporación.* La empresa inversora extranjera controla la producción, lo cual implica una inversión directa y el mantenimiento de técnicos que supervisen la fabricación.
- Joint-venture. La empresa extranjera se asocia con unan empresa mexicana, estableciéndose una relación de producción entra ambas.
- *Programa plan albergue.* La empresa extranjera radicada en México, desconociendo el sistema operativo mexicano, busca un apoyo externo que tenga los conocimientos necesarios para desarrollar la producción. De esta forma, evita involucrarse en el quehacer diario relacionado con la producción y el control de la calidad. Los servicios que suelen demandarse son: permisos y licencias, contabilidad e impuestos, selección y control de personal, trámites de importación y exportación, relaciones externas con la Administración pública, logística, transportes y distribución.

El desarrollo de las maquilas ha marcado dos periodos diferenciados. El primero, de 1964 a 1974, fue principalmente de trasformaciones industriales. De 1975 en adelante, las maquilas se caracterizaron por la diversificación productiva, la cual fue incrementándose al mismo tiempo que la adquisición tecnológica. Se introdujeron nuevos procesos de fabricación derivados de la experiencia técnica de los años anteriores, lo que redundó en una mejora de la actividad exportadora al incrementarse los valores añadidos y, en consecuencia, una mayor llegada de divisas.

4   Las zonas francas en la República de la India

La India, con una superficie de 3.287 millones de kilómetros cuadrados y 1.110 millones de habitantes, también ha puesto en marcha un régimen económico aduanero denominado Special Economic Zones (SEZ), cuyo objetivo es incentivar la implantación de industrias y servicios en áreas geográficas que disfrutan de exenciones fiscales. La finalidad es estimular la economía productiva y de servicios, destinando los productos a la exportación, por considerarse las zonas SEZ embriones del crecimiento del país.

En su versión actual, las SEZ se iniciaron en el año 2000, a raíz de la visita del ministro de Industria indú, Murasoli Maran, a la República Popular China, quien constató los avances del desarrollo económico del país vecino, al que habían contribuido en gran medida las industrias establecidas en zonas exentas fiscalmente.

En abril de 2001, el gobierno indio publicó la normativa legal de las SEZ, que permitía la creación de estas zonas tanto a la iniciativa privada como a la pública, y cedía la competencia a los gobiernos locales para tomar iniciativas al respecto. Las SEZ no solo albergan empresas industriales sino que también, según su tamaño, incluyen en su área puertos, aeropuertos, carreteras, medios de transporte, producción eléctrica, telecomunicaciones, hospitales, hoteles, centros de ocio, centros comerciales y, en general, cualquier instalación conexa; todo ello para competir con las exportaciones en el mercado internacional y, en consecuencia, incrementar el crecimiento del país.

El sistema legal prevé incentivos fiscales adicionales a los generales de la franquicia arancelaria, al tomar medidas de exención sobre el impuesto de sociedades y tasas indirectas, además de otras facilidades a la participación de capital extranjero, inmigración necesaria y eliminación de restricciones para la tenencia de moneda extranjera. A tal efecto, la regulación normativa de las SEZ se basa en la Special Economic Zones Rules del 10 de febrero de 2006, modificada el 16 de marzo de 2007. Con ella se ha eliminado la anterior legislación, disponiendo de un único texto legal con objetivos permanentes a largo plazo que responden a los intereses y peticiones que por la dinámica económica se produzcan. Con esta legislación, el gobierno de la República de la India tiene la potestad de modificar e incluso anular las leyes federales que estimase contrarias a los objetivos de las SEZ, y establece un marco de seguridad jurídica.

Actualmente, las SEZ ocupan una extensión superior a 2.000 km², con superficies unitarias que oscilan entre los 0,5 y los 50 km².

5   Las zonas francas industriales en la República Popular China

Las zonas francas son áreas creadas con la aprobación del Consejo de Estado chino, en las que se permite a los empresarios extranjeros realizar operaciones comerciales que incluyen el almacenaje y la transformación para la exportación.

Los territorios destinados a zonas francas industriales iniciaron su andadura en 1980, en cuatro zonas económicas especiales: Shenzhen, Zhuhai, Shanton y Xiamen, y se ampliaron posteriormente a Shanghái, Waigaoquiao, Tianjin, Guangzhon, Dalian, Xiangyu, Zhangjiagang, Haikou, Quingdao, Fuzhou, Ningbo y Suzhou. La provincia de Hainan se convirtió en una nueva zona económica especial en 1985.

En 1992, ya eran sesenta las zonas económicas especiales operativas, distribuidas en grandes extensiones territoriales y ocupando ciudades enteras ubicadas en zonas costeras o ribereñas, como Wenzhou, Fuling, Wanxian, Wuhu, Wuhan, Chongquing e Chiang, e interiores abiertas. Su número sigue creciendo y expandiéndose por todo el territorio, ubicándose dentro de ellas las zonas francas industriales.

La organización china de las zonas de desarrollo las divide en los siguientes grupos:

- Zonas de desarrollo económico y tecnológico.
- Zonas de desarrollo industrial de alta tecnología.
- Zonas de cooperación económica fronteriza.
- Parques logísticos.
- Zonas francas industriales.
- Polígonos industriales.

Las exportaciones desde las zonas económicas especiales están exentas del IVA y de los impuestos de consumo. Los créditos a la exportación son un incentivo complementario a las empresas. El impuesto de sociedades se unificó en 2008 al 25 % para todas las empresas. El servicio de aduanas es permanente las 24 horas del día.

La creación de empleos ha ido en aumento a lo largo de los últimos años; así, en 2005, estaban empleados en estas zonas económicas especiales más de 105 millones de personas, contribuyendo en el 3,8 % PIB, según el Development Report of Nacional Economic and Technology Developmenmt Zones, siendo esas producciones el motor del crecimiento de las últimas décadas.

Las zonas francas, como zonas de libre comercio, disfrutan legalmente de las siguientes ventajas:

- Franquicias arancelarias a las mercancías introducidas en esas áreas.
- Las mercancías depositadas en la zona pueden circular libremente por ella.
- Los productos de exportación están exentos del IVA.
- Los productos introducidos en el territorio fiscal gravado chino serán tratados como importaciones.
- No hay restricción en el establecimiento de empresas transformadoras.
- No son necesarias las declaraciones aduaneras, basta con un simple registro.
- Puede subcontratarse parte de la producción en el interior de China, es decir, en las áreas fiscales gravadas.
- Existe libertad de importación y exportación.

La República Popular China, con un pragmatismo económico digno de una profunda reflexión y análisis, ha llevado a cabo una dualidad económica, planificada y liberal al mismo tiempo. Esto le ha permitido aplicar los regímenes aduaneros económicos en las diversas zonas francas, lo cual ha dado como resultado la creación de una importante industria manufacturera que ha experimentado un desarrollo económico extraordinario.

Capítulo 7

Aplicación de los regímenes aduaneros y medidas económicas complementarias de ayuda a la exportación

La aplicación de los regímenes aduaneros económicos en sus distintas posibilidades está en función de las necesidades económicas que haya que cubrir, y en consecuencia, las autoridades económicas adoptarán en cada situación las que consideren más convenientes a los objetivos que se deseen alcanzar. Lo importante es tener claro la necesidad de aplicación de estos regímenes económicos, por su directa incidencia en el crecimiento y desarrollo de un país.

1   Aplicación operativa de los regímenes aduaneros económicos

La decisión gubernamental de utilizar los regímenes aduaneros debe responder a la consecución de unas determinadas metas económicas, generadoras de riqueza y, por tanto, responsables de la mejora de la balanza comercial y del incremento de la renta o el PIB. Ello precisa elaborar un ordenamiento legislativo en la materia con seguridad jurídica, siendo requisito indispensable la definición del alcance del régimen aduanero permitido.

No comentaremos las características de cada régimen, ya que han sido expuestas ampliamente a lo largo del presente libro, pero de una forma general aplicable a todos los regímenes, en un espíritu económico liberal, la norma legal reguladora desarrollaría lo siguiente:

- Definiciones de los regímenes.
- Obligaciones y responsabilidades del titular autorizado, importador, transformador y exportador.
- Relación de las mercancías de importación.

– Relación de las mercancías de exportación.
– Descripción del proceso de transformación.
– Determinación del coeficiente de rendimiento, mermas y subproductos.
– Beneficios otorgados a cada régimen.
– Procedimiento de ultimación.
– Procedimiento de incidencias, reclamaciones administrativas y recursos.

Al mismo tiempo, han de expresarse en la norma legal pertinente una serie de conceptos que ayuden a comprender a los operadores económicos los beneficios de aplicar los regímenes aduaneros, con las particularidades de cada uno de ellos para facilitar su elección en función de los intereses operativos del momento. Tales conceptos corresponden a la siguiente relación:

- **Objetivo**
  Crecimiento económico por el incremento de las exportaciones. A tal fin, el gobierno que considere que los regímenes aduaneros económicos son un sistema de ayuda al desarrollo, pondrá en marcha políticas que estimulen a las empresas a este cometido.

- **Sistemas operativos de los regímenes aduaneros**
  Los regímenes aduaneros son: zonas francas, depósitos francos o aduaneros, activo, transformación bajo control y pasivo. La elección de unos u otros depende de los objetivos que se desee alcanzar.

- **Elección del régimen aduanero**

  – *Zonas francas.* Si las industrias que han de instalarse en las zonas francas son de grandes dimensiones, y necesitan rodearse de diversas industrias auxiliares, encontrarán en estas franjas de terreno un espacio adecuado para ubicarse. El Estado debe proveer la infraestructura de la zona con los complementos de los servicios que sean menester (terrenos, naves, oficinas administrativas, entidades financieras, aparcamientos, hoteles y restaurantes, etc.), cuya gestión puede ser pública, privada o mixta. Además, para controlar las producciones realizadas, basta con situar un puesto de vigilancia o inspección aduanera en el acceso a la zona que permita contabilizar las entradas y salidas de mercancías, que puede acompañarse de una vigilancia del perímetro exterior de la zona.

  – *Activo.* En el supuesto de utilizar las instalaciones ya existentes, u otras que puedan crearse, el recurso al régimen activo tendrá un marcado interés. El Estado se desentiende del funcionamiento de todas las infraestructuras, que son a cargo de las empresas productoras, y se limita a controlar las operaciones de transformación que se realizan. Esto comporta establecer métodos operativos de actuación de obligado cumplimiento por las empresas, tanto técnicos como administrativos, con la asignación por el Estado de funcionarios y apoyo logístico informático para las tareas de control.

— *Depósito franco o aduanero.* Cuando se trate de almacenar mercancías que no van a sufrir transformaciones, un almacén o depósito resulta suficiente, sea de titularidad pública o privada. Si es público, el Estado se hace cargo de su construcción y mantenimiento, por tanto, invertirá en infraestructuras. Si es un recinto privado, los gastos de instalar las infraestructuras y mantenerlas recaen sobre el cesionario autorizado. En ambos casos, la Administración velará por el cumplimiento de las normas legales, en especial en la implantación de medidas cautelares que eviten las desviaciones de comercio.

— *Transformación bajo control.* Las intervenciones productivas que consistan en una modificación o transformación previa a la introducción en importación y que no utilicen el sistema de depósito franco o de zona franca, pueden utilizar una instalación habilitada y autorizada para tales transformaciones.

- **Equivalencia de mercancías**
La redacción de normas legales por las autoridades administrativas y fiscales, ha de prever la «equivalencia de mercancías» que se hayan de utilizar en el proceso productivo de transformación, en el sentido de que si cumplen los requisitos de igualdad de codificación arancelaria, misma característica técnica y misma calidad comercial, puedan utilizarse indistintamente.

Esta equivalencia se produce siempre en el caso de exportación previa, pues los componentes utilizados no son los mismos que los importados, al ser la exportación anterior a la importación, y existe por tanto una compensación de mercancías, las cuales han de cumplir los requisitos de equivalencia citados. Cuestión que también se produce en aquellas empresas que compran grandes cantidades de componentes de producción, mercancías a granel, destinadas a procesos de gran producción, generalmente continuos, que requieren grandes depósitos, silos o tolvas de almacenamiento, donde se mezclan los distintos acopios al descargar las mercancías. Ejemplo de ello es la exportación de productos plásticos, en cuyo proceso se ha utilizado una granza, comprada a granel, que al almacenarse en el mismo depósito con mercancía nacional o de importación, no puede distinguirse una de otra al cumplir ambas granzas la condición de equivalencia. A este respecto, debe evitarse la intervención aduanera restrictiva por imperativo legal, imponiendo espacios específicos de almacenamiento de las materias primas importadas para ser transformadas, y prohibir mezclarlas con las de origen nacional; lo que obliga a tener dos almacenes operativos, uno para la producción nacional y otro para la exportación. Esta situación debe poder subsanarse con otros procedimientos de control informatizados, por ejemplo valorando la cantidad de mercancía necesaria por unidad de producto producido, tal y como se detalla en el coeficiente de rendimiento del proceso, o simplemente aplicando el criterio de mercancías equivalentes.

- **Operaciones combinadas**

  Referidas a procesos productivos iniciados por un primer titular de régimen de perfeccionamiento, quien una vez obtenido el producto de la transformación, en lugar de exportarlo, lo introduce en el propio Estado, en otro régimen de un segundo titular, el cual lo ultimará con la exportación definitiva. Es imprescindible que el producto de exportación autorizado en el régimen de perfeccionamiento activo del primer titular sea el mismo producto de importación autorizado en el mismo régimen del segundo titular. Con este procedimiento de cadena productiva, se consigue mayor valor añadido y, por tanto, mayor índice de crecimiento. Tal proceder industrial sería altamente beneficioso, por ejemplo, al importador en régimen de perfeccionamiento activo de materia prima para la fabricación de neumáticos, los cuales una vez producidos, en lugar de exportarse, son introducidos en el régimen de perfeccionamiento activo de producción de automóviles, que al exportarse ultiman ambos regímenes, el de neumáticos y el de automóviles.

- **Renuncias de saldo**

  En la modalidad de exportación previa, permite renunciar al titular del régimen a los saldos de productos de importación a los que tiene derecho por exportaciones previamente realizadas. Con tal medida, el operador deja de importar y se le permite negociar con su proveedor interior habitual tal renuncia a cambio de una mejora en el precio, equivalente al diferencial con el precio existente en el mercado exterior. Por su parte, el proveedor nacional, al conseguir la venta, mejora su economía de escala al incrementar la producción y el Estado mejora la balanza de pagos por el consiguiente ahorro de divisas al no realizarse la importación. Esta renuncia debe hacerse bajo el control de la autoridad aduanera al objeto de garantizar que no se utilizan saldos renunciados.

- **Cesión de saldo**

  Los saldos de mercancía de importación a favor de un exportador, en el sistema de exportación previa, pueden ser cedidos a un tercero, quien los podrá utilizar para importar con los beneficios del régimen de perfeccionamiento activo, realizándose la operación bajo el control de las autoridades aduaneras para que el cedente no pueda utilizar los saldos. Así, se lleva a cabo una producción en régimen de perfeccionamiento que de otra forma se perdería, con la particularidad que tal producción será destinada a la exportación, con los beneficios que ello implica.

- **Régimen pasivo**

  Bien sea por motivos técnicos o económicos, debe estar previsto este régimen. En ocasiones, será un traslado al exterior de las mercancías para reducir los costes de producción; en otras, la exportación del producto que se ha de transformar debe hacerse para continuar con los procesos productivos interiores. En determinadas circunstancias, por ejemplo un exceso de demanda interna, puede emplearse este régimen como medida de política económica antiinflacionista, al utilizar producciones en mercados de costes de inferiores. Aun así, debe prestarse atención a su utilización, pues un simple traslado de producción al exterior genera costes sociales interiores equivalentes a las producciones dejadas de fabricar. La normativa debe prever tales circunstancias y dotar de sistemas para controlarlo.

2 Propuesta de medidas económicas complementarias

Todo país que apoya decididamente a la producción para ulterior exportación, fomentando la aplicación de los regímenes aduaneros económicos, debería elaborar una serie de medidas complementarias de índole económico-fiscal encaminadas a conseguir el éxito deseado. Estas medidas no afectarán negativamente al mercado interior, pues las mercancías están destinadas al mercado exterior, por lo que no se crean ventajas a una parte de la producción en detrimento del resto. Más bien al contrario, el crecimiento de la producción destinada a la exportación conlleva beneficios que se irán trasladando al resto de la economía, ya que la mayor riqueza creada se repartirá por las empresas nacionales suministradoras a tales producciones y éstas también crecerán, redundando en beneficio de toda la sociedad.

Los gobiernos, en función de si poseen soberanía nacional o supranacional, y de si pertenecen o no a uniones aduaneras en cuyos acuerdos se eliminan las barreras arancelarias entre sus Estados miembros y adoptan un arancel común frente a las importaciones de mercancías de terceros países, han de prestar atención a los apartados que se tratan a continuación.

2.1 *No producción nacional de bienes de equipo*

El gobierno de la nación debe promulgar normas legales que ayuden a la empresa productora, permitiéndole la importación con exención de los derechos arancelarios y demás gravámenes a la importación de bienes de equipo que no se produzcan en el propio país, pues estos bienes son necesarios para que la industria transformadora pueda competir en el mercado exterior. No parece razonable aplicar fuertes gravámenes a la importación de mercancías destinadas a la producción, pues incrementan los costes de inversión. Ello no debe confundirse con los derechos arancelarios protectores de la industria nacional, ya que en caso de aplicarse solo tendrían un fin recaudatorio que repercutiría negativamente en los costos de producción. Para obtener estos beneficios, la Administración pública ha de publicar listas de mercancías con derecho a la exención. Asimismo, debe establecerse una norma legal que delimite las condiciones y los requisitos que han de cumplir las empresas importadoras cuando adquieran en el mercado exterior los bienes de equipo necesarios para la producción que no se fabrican en el propio país.

Como ejemplo, la legislación española, en la Ley 152/1963, de 2 de diciembre, sobre industrias de interés preferente, otorgaba una serie de beneficios a las empresas como estímulo al proceso de industrialización. Tales beneficios se concretaban en su artículo 3.º:

- Los beneficios están destinados a las empresas establecidas en sectores de «interés preferente» (automoción, construcción naval, productoras de fibras sintéticas y artificiales, fabricación de equipos industriales, etc.).
- Apoyo a la expropiación forzosa de los terrenos necesarios para las instalaciones industriales, extensible a los destinados a accesos y servicios de suministros.
- Reducción de hasta el 95 % en los impuestos de emisión de valores mobiliarios, derechos reales y timbre, relativos a los actos de constitución o de ampliación de capital de las sociedades beneficiarias. Impuesto sobre el gasto, para la adquisición de bienes de equipo y utillaje de primera instalación, derechos arancelarios y derecho fiscal adicional del impuesto de compensación de gravámenes interiores, que graven la importación de bienes de equipo y utillaje, cuando no se fabriquen en España.
- Cuota de la licencia fiscal de la actividad industrial durante el periodo de instalación.
- Libertad de amortización durante el primer quinquenio.

Los beneficios enunciados fueron ampliados a otros casos por el Decreto del Ministerio de Hacienda 2910/1971, de 25 de noviembre. Así, el artículo 2.º citaba unos supuestos merecedores de los beneficios:

- Constitución de nuevas sociedades por integración de empresas.
- Fusión de sociedades de cualquier naturaleza.
- Nuevas empresas derivadas de la segregación o la disolución de otras.

En España, la Administración ha tendido a estimular la creación y el mantenimiento de empresas de gran tamaño, que disponen de mayores recursos, para que puedan desarrollarse y competir en el mercado.

Al mismo tiempo, en la legislación española destaca el Decreto 2790, de 20 de septiembre de 1965, sobre reducción de derechos de arancel a la importación de bienes de equipo, posteriormente modificado por el Decreto 1520/1971, incluyendo una lista de bienes de equipo con derechos arancelarios reducidos, generalmente no superiores al 5 %, como tipo de derecho arancelario; esto significaba una minoración importante, habida cuenta que los derechos de normal aplicación podían ser entre tres y cuatro veces superiores, pues en aquel tiempo el arancel de aduanas era extraordinariamente protector. Esta norma legal tenía un carácter general, ya que las Empresas podían acogerse a importar con derechos reducidos.

Así, el gobierno estableció unas bases legales fundamentales de medidas adicionales de apoyo al desarrollo, al permitir que las empresas se dotaran de medios tecnológicos con el menor coste arancelario posible.

2.2   *Exenciones fiscales a la importación de determinados productos*

La Comunidad Europea acató la decisión del Consejo de 8 de mayo de 1979, concerniente a la celebración del protocolo del Acuerdo de Florencia, protocolo de 26 de noviembre de 1976, en el marco de la Unesco. Se refería a importar objetos de carácter educativo, científico o cultural, sin aplicar los derechos de aduanas a tales productos. Parece aconsejable que los países en vías de desarrollo lo apliquen en su entorno legal y con la regularización pertinente, pues el protocolo contempla las mercancías objeto de un tratamiento arancelario especial, agrupadas por su carácter, según los anexos siguientes:

- A: Libros, publicaciones y documentos.
- B: Obras de arte y objetos de colección, de carácter educativo, científico o cultural.
- C1: Material visual y auditivo.
- C2: Material visual y auditivo de carácter educativo, científico y cultural.
- D: Instrumentos y aparatos científicos.
- E: Objetos destinados a los invidentes y a otras personas disminuidas.
- F: Material deportivo.
- G: Instrumentos de música y demás equipos musicales.
- H: Materiales y máquinas utilizados en la fabricación de libros, publicaciones y documentos.

La aceptación del protocolo de Florencia ha de considerarse por la autoridad fiscal aduanera, valorando la conveniencia de aplicar aranceles a la importación sobre elementos técnicos o instrumentos científicos o tecnológicamente avanzados que son necesarios en la producción, sobre todo si no se fabrican en el país.

2.3 Importación temporal de mercancías de apoyo para producir bienes de exportación

En ocasiones, es necesario importar temporalmente moldes, matrices, planos, instrumentos técnicos, herramientas especiales, medios de producción, etc., los cuales, permanecen en el país por un tiempo determinado hasta haber cumplido su cometido.

Si los productos obtenidos tienen por destino la exportación, cabe plantear la no necesidad de aplicar derechos arancelarios a la importación, pues el objetivo último es la exportación y no el mercado interior al que ninguna competencia afectará.

La legislación comunitaria, en su Reglamento (CEE) 3599/82 del Consejo, de 21 de diciembre de 1982, prevé la importación temporal de mercancías. En su artículo 15 se enumeran aquéllas sujetas a exoneración total de derechos si permanecen un máximo de seis meses en la Comunidad y si se exporta, como mínimo, el 75 % de la producción obtenida por su utilización.

Con el mismo objetivo, podría admitirse tales importaciones temporales en el marco de la franquicia arancelaria que otorga el régimen de perfeccionamiento activo, ampliable a estos productos complementarios de la producción.

Con estas medidas se ayuda a la producción interior, al disminuir los costes fijos de importación.

2.4 Devolución de la imposición fiscal interior

Los regímenes aduaneros de ayuda a la exportación deben acompañarse de estímulos económicos, por ejemplo derecho a la desgravación fiscal de los impuestos indirectos soportados en la cadena productiva que gravan el consumo, es decir, el IVA u otro de efecto equivalente.

En función de cuál sea el sistema de imposición fiscal en las compraventas interiores, será conveniente establecer un método en que las exportaciones no sufran la repercusión de los gravámenes impositivos del mercado interior, ya que esas imposiciones serán desventajas al concurrir en el mercado internacional. Es aconsejable dotarlas de un sistema de desgravación fiscal que elimine tal desventaja.

El sistema de desgravación será acorde con el régimen fiscal existente en el Estado exportador. Así, por ejemplo, un sistema fiscal que grave las transacciones sobre el valor añadido en cada fase de la producción hasta el consumo a tipos determinados, bastará con eximir del impuesto para las exportaciones. Es el caso previsto en la VI Directiva del Consejo de las Comunidades Europeas de 17 de mayo de 1977, en la que se establece una serie de exenciones del IVA para armonizar el impuesto por los Estados miembros de la CEE, entre ellas, la exención en la entrega de bienes y operaciones conexas con destino a la exportación.

Por el contrario, un sistema que grava las compraventas de las distintas fases del sistema productivo de forma directa y en cascada, tendrá el inconveniente para el exportador de no poder determinar los impuestos soportados anteriormente; por ello, será necesario que el gobierno fije un tipo de desgravación fiscal sobre el valor de las exportaciones para neutralizar el efecto de la fiscalidad repercutida en las compraventas del proceso productivo.

Obviamente, al hacer efectivas tales medidas económicas complementarias no hay que caer en la tentación de establecer «precios *dumping*».

2.5   Crédito a la exportación

Otro sistema de ayuda a la exportación es la concesión de créditos al exportador, a tipos no inferiores a los vigentes establecidos por el Banco Central, para evitar incurrir en subvenciones indirectas, que serían sinónimo de *«dumping* financiero». Estos créditos han de ofrecerse a través de entidades financieras públicas o privadas, y destinarse a financiar los acopios de materias primas y costes de producción, e incluso puede extenderse a la modalidad de crédito comprador financiando la compra de éste. El Estado puede, por ejemplo, facilitar a las empresas las garantías o coberturas de riesgos para obtener los créditos bancarios, y negociar los tipos de interés de mercado, lo más reducidos posibles.

Las empresas exportadoras de los países en vías de desarrollo suelen padecer una estrechez económica; dependen del crédito que les concedan las entidades financieras, frecuentemente a un interés alto que se traslada al consumo interno a través de los precios. Sin embargo, cuando la empresa opta por la exportación, los costes financieros pueden ser una losa difícil de soportar, pues el mercado exterior competitivo requiere precios concurrentes. En consecuencia, es conveniente que el gobierno legisle la concesión de créditos a la exportación, con tipos de interés adecuados a las necesidades de las empresas exportadoras.

Este tipo de créditos puede efectuarse en distintas modalidades, por ejemplo:

– Crédito para la compra de materias primas y demás acopios de mercancías necesarios para la fabricación de los bienes de exportación.
– Crédito de financiación de la exportación realizada, resultando una financiación adicional al exportador que le permita dar mejor plazo de pago al cliente extranjero o destinarlo a la financiación de los costos de producción.
– Crédito de financiación al comprador, que permite al importador beneficiarse de un dilatado plazo de pago.

2.6   Crédito para la inversión

El crecimiento de las empresas está directamente relacionado con la compra y puesta en marcha de nuevos bienes de equipo y utillajes de adecuada tecnología, necesarios para la producción. Estos bienes son una inversión de alto valor de adquisición, que obliga a establecer líneas de crédito de financiación.

En ocasiones, las entidades financieras ofrecen créditos a tipos de interés aceptables para bienes de consumo, pero no aptos para bienes industriales. En este supuesto, si la legislación contempla líneas de crédito acordes con el mercado internacional, hace un importante servicio a las empresas, pues devengarán unos tipos de interés menores que los existentes en el mercado cautivo interior; y si al mismo tiempo el gobierno establece algún incentivo a las entidades financieras, éstas favorecerán el crédito asumiendo el riesgo de la devolución del crédito destinado a la financiación de las compras de bienes de equipo y utillaje necesario para la producción.

2.7   Crédito a la investigación

Los créditos a la investigación son sumamente importantes, y los gobiernos han de fomentarlos, bien sea apoyando las garantías de su obtención, participando en capital riesgo, o mediante un sistema fiscal que los estimule.

Pero toda investigación requiere movilizar importantes recursos humanos, económicos y técnicos. Obviamente, cada país dispone de su propia tecnología en función de su capacidad. Las posibilidades de investigación tecnológica son muy plurales, ya que cada país tiene sus propias necesidades; la cuestión es saber dirigir los recursos hacia los sectores apropiados, aquellos que la industria del país necesita y cuyas actividades pueda desempeñar con su propia capacidad humana y tecnológica.

Los recursos disponibles abarcan, por ejemplo, la capacidad científica de las universidades en conexión con la industria, ya que puede aportar avances tecnológicos utilizando sus propios conocimientos y laboratorios. Los resultados obtenidos podrán ponerse a disposición de las empresas interesadas en la mejora de sus técnicas. La contraprestación económica de la investigación universitaria, a favor de las empresas, podrá compensarse a tanto fijo o participando en los resultados obtenidos de la explotación tecnológica en el mercado.

Si la investigación la lleva a cabo la propia empresa, debe destinar los recursos equivalentes, lo cual resulta costoso y, en economías débiles, es un esfuerzo en ocasiones inviable.

También es factible que algunos países dispongan de organismos propios de investigación, dotados de recursos económicos provenientes de los presupuestos generales. Los resultados obtenidos revertirán en el país. En la medida de los recursos disponibles, el Estado ha de preocuparse por la investigación, y establecer campos de interés general de actuación, ya que ello producirá a medio plazo un importante avance tecnológico, del cual serán beneficiarios directos las empresas que los utilicen y el conjunto de la sociedad.

En conclusión, bien sean los organismos del Estado, las universidades o las empresas productivas, todos precisan financiación destinada a la investigación. Cuando

*Figura 12. Las industrias cerámicas ofrecen un saldo positivo en la tasa de cobertura del comercio
exterior de la Comunidad de Castilla y León. En la imagen, operación de inspección previa
de esmaltado en la factoría que la empresa Gala posee en su sede en Burgos, desde donde exporta
mobiliario y accesorios de baño a más de cuarenta países.*

el Estado no puede concurrir con sus presupuestos, las entidades financieras privadas
pueden tomar la iniciativa, dentro de sus posibilidades, percibiendo el correspondiente interés.

2.8   Seguro de crédito a la exportación

Otra cuestión que es importante considerar es la existencia de una cobertura de seguros de crédito a la exportación que garantice el cobro de las exportaciones tanto por
riesgos comerciales como políticos. La cobertura de riesgos comerciales se refiere a la
morosidad del comprador por impago de las compras. Por su parte, la cobertura de los
riesgos políticos y extraordinarios está relacionada con las coberturas ante decisiones
gubernamentales de intervención en el mercado de divisas, decisiones que pueden impedir o dificultar su salida, y hacer que el comprador incumpla sus obligaciones contractuales de pago por causa de norma gubernamental, o bien debido a circunstancias
extraordinarias, como catástrofes o de fuerza mayor, que demoran o anulan el pago de
los compromisos.

Estos seguros requieren una infraestructura organizativa costosa, ya que las entidades que los emiten han de recabar información de los compradores residentes en otros

países antes de conceder las líneas de crédito a sus clientes. Los países que no disponen de un sector asegurador desarrollado difícilmente pueden ofrecer tal servicio, bien sea por la estrechez del mercado, por la falta de conocimiento de la clientela exterior o por la cuantía del riesgo. El problema puede paliarse colaborando con otras entidades financieras en el exterior, las cuales, conocedoras del mercado, actúan como corresponsales de las primeras. En otras ocasiones, en ausencia de un sector asegurador activo, puede recurrirse a la ayuda del Estado, ya sea mediante una empresa pública o mixta creada a tal efecto.

2.9   Seguro de cambio

Este recurso tiene importancia para los países exportadores cuya divisa es distinta a la del país comprador, y en consecuencia, las empresas exportadoras pueden sufrir los efectos de la variación del tipo de cambio del valor de la divisa.

La política monetaria es un recurso fácil para los gobiernos, que al devaluar o revaluar su divisa, inciden directamente sobre el tipo de cambio, favoreciendo con ello las exportaciones o dificultando las importaciones. El exportador, en el cobro de sus exportaciones en la fecha del vencimiento, ha previsto la cuantía monetaria en su contravalor en la divisa nacional, y tiene unas expectativas sobre su valor de cambio. Si su previsión se cumple, tendrá una situación de equilibrio, si fuese a la baja perderá y, en caso contrario, ganará. Es evidente que tal situación, a futuros, crea incertidumbre. Contra esta incertidumbre, el exportador puede protegerse, contratando un «seguro de cambio» que le garantice el contravalor de la divisa de pago con la del mercado interior en la fecha de materialización del crédito. Este seguro es un recurso útil para las empresas exportadoras y para las importadoras, pues se evitan los cambios de las fluctuaciones monetarias y sorpresas en el momento de realizar los cobros o pagos con el exterior.

Las entidades financieras pueden ofrecer a sus clientes la posibilidad de cubrir las desviaciones de cambio debidas a las actuaciones gubernamentales o de la variación de tipo de cambio derivada de la oferta y la demanda en el mercado de divisas. Por ello es necesario que el Estado autorice legalmente tales operaciones.

2.10   Ayudas para asistencia a certámenes y misiones comerciales

Debe considerarse un hecho relevante la asistencia a salones monográficos, ferias, exposiciones y congresos, al ser necesario presentar las mercancías al mercado exterior, ya que estos eventos son una buena oportunidad para darse a conocer.

Los gastos de asistencia a tales eventos pueden sufragarse con los recursos de la empresa o con la colaboración del Estado y de organismos públicos, como las cámaras de comercio, las asociaciones gremiales o consorcios oficiales de exportación.

En los países en vías de desarrollo, las empresas no suelen disponer de una boyante tesorería que les permita asumir el gasto que supone acudir a certámenes en el exterior. El Estado, junto con las organizaciones mencionadas, debe planificar ayudas a las empresas que decidan exponer sus productos en otros países. Las ayudas pueden consistir en facilitar espacio a bajo coste en los recintos de exposición, poner a disposición de los expositores los medios de transporte necesarios y el servicio de agente de aduanas para trasladar las mercancías desde origen al recinto ferial del país en que se celebra el evento, participación en los costes de viaje, alojamiento, ayudas en publicidad, etc.

En cuanto a la organización de misiones comerciales en el exterior o la participación en congresos, el Estado puede contribuir mediante ayudas como las anteriormente citadas y, además, poner a disposición de las empresas la red de embajadas y consulados, en cuyas dependencias sus agregados comerciales pueden organizar encuentros entre las empresas que desean exportar bienes y servicios y sus potenciales compradores.

2.11   Sistema de compensación

Es muy conveniente disponer de un sistema de compensación en los cobros de las compraventas, hecho que puede resolverse con una participación gubernamental o estímulo a la creación de tal gestión. Éste es el cometido de los *brokers,* agentes comerciales intermediarios que se encargan de solucionar el problema del pago de las exportaciones en especie.

2.12   Estabilidad económica y político-social como fomento de la inversión exterior

La aplicación a las economías productivas de los distintos países de los regímenes aduaneros económicos y de las medidas complementarias citadas anteriormente, sin duda, es un apoyo directo a la producción.

Es evidente que el sector empresarial prefiere la estabilidad económica, política y social, así como una legislación que garantice la seguridad jurídica, y además liberalice la llegada de capitales extranjeros destinados a la inversión productiva, directa o indirecta. Las inversiones en capital extranjero requieren una legislación que permita la repatriación de beneficios, previo pago de los impuestos preceptivos, como los asumidos por cualquier otra empresa residente. Asimismo, las inversiones y cesiones tecnológicas han de preservar los derechos y las responsabilidades entre cedente y cesionario, y ofrecer garantías sobre los derechos de la propiedad intelectual.

Las inversiones en capital y tecnología serán autóctonas en función de su propia capacidad financiera y tecnológica, por lo cual los países receptores han de ofrecer sus ventajas disponibles, haciéndose atractivos a la inversión foránea, por ejemplo:

- Recursos humanos disponibles.
- Mano de obra cualificada.
- Formación técnica de los cuadros medios y directivos.
- Legislación laboral.
- Presión sindical moderada.
- Seguridad jurídica.
- Estabilidad política.
- Terrenos disponibles para la creación empresas.
- Políticas de estímulo a la implantación de empresas.
- Infraestructuras y servicios logísticos.
- Capacidad técnica de las empresas auxiliares.
- Suministros y servicios.
- Presión fiscal baja.

La puesta en marcha de estas medidas complementarias se traduce en el incremento de la producción, y con ello, en la creación de puestos de trabajo en proporción equivalente, todo lo cual incrementa la renta por las exportaciones, que permiten la entrada de divisas.

3   Desarrollo normativo de los regímenes aduaneros económicos

Desde una visión legislativa, la norma legal de actuación puede desarrollarse de forma individual a cada régimen aduanero o de forma general a todos ellos. En el primer supuesto, debe dictarse para cada régimen la norma específica, junto con su desarrollo. En el segundo, la norma legal abarcará todas las posibilidades operativas de los distintos regímenes, complementada con la normativa que desarrolle su aplicación.

Consideramos que una norma legal individualizada se adecuará mejor al régimen en cuestión, y sus modificaciones y adaptaciones en el tiempo serán más ágiles que si fuera de forma global a todos los regímenes. Igualmente, las personas físicas o jurídicas autorizadas a operar en tales regímenes pueden optar a uno o a varios de ellos, dependiendo de la actividad económica que realicen.

No olvidemos que estos regímenes, salvo las particularidades del régimen de perfeccionamiento pasivo, comportan la suspensión de los derechos arancelarios, derechos *antidumping* y de cualquier otro gravamen que afecte la importación, e igualmente quedan eliminadas las medidas restrictivas de política comercial, así como las barreras no arancelarias y técnicas existentes para la introducción en el mercado interior, pues las mercancías no accederán a éste. Por ello, tales mercancías disfrutan de unos beneficios económicos, comerciales y técnicos mientras permanezcan amparados en algún régimen aduanero económico, cuestiones que comportan la toma de medidas cautelares por parte de la Administración a fin de evitar posibles desviaciones comerciales. En prevención de ello, las autoridades aduaneras o fiscales han de solicitar garantías cautelares, normalmente en forma de aval bancario y por cuantía proporcional a la deuda tributaria que se devengaría en el caso de importación para el consumo. De esta forma, queda asegurado el ingreso a la hacienda pública de los derechos devengados en caso de no ultimarse el régimen aduanero inicialmente previsto. Todo esto también favorece la adopción de normas legislativas individualizadas, pues una única garantía cautelar a todos los regímenes obligaría a dividirla en función del uso a cada régimen, cuestión poco práctica.

En el supuesto que el régimen no se ultimase total o parcialmente y, como consecuencia, las mercancías deban introducirse en el territorio fiscal gravado, además del pago de los correspondientes derechos arancelarios, también tendrán que cumplir las normas técnicas y de política comercial requeridas, tal y como se exige a cualquier otra importación de la misma especie; por el contrario, esta cuestión será de aplicación al régimen no ultimado en los plazos y demás condiciones de la concesión, otro argumento a favor de individualizar cada régimen.

También existen unas responsabilidades para el operador o titular económico autorizado por el régimen aduanero, que deben estar aseguradas ante la Administración en función del plazo de permanencia de las mercancías en los recintos utilizados, bien sea por el simple control de las mercancías allí almacenadas, lo cual requiere controlar las entradas y salidas de las mismas en un libro de existencias, o bien, por la manipulación, transformación o incorporación a otras mercancías, que convirtieran la mercancía originaria en otra nueva o totalmente distinta, elementos éstos que hay que considerar para el destino final de la mercancía y la cancelación del régimen. Estos controles requieren la práctica contable y de especialización técnica pertinente, adaptada a cada titular en función del régimen que se vaya a utilizar; por tanto, la individualización de la normativa legal a cada régimen requiere su singular significado, y es aconsejable que así sea.

Capítulo 8

Las políticas de desarrollo industrial como estímulo a la inversión

Los últimos cinco lustros del siglo xx supusieron un cambio radical en las relaciones económicas internacionales. Del proteccionismo se pasó a una creciente liberalización de los intercambios.

Al mismo tiempo, las empresas en busca de ventajas comparativas han hallado nuevos países de acogida para sus producciones, que les permitan mantener una posición dominante en el mercado. Esta inversión productiva se ha realizado de dos formas diferenciadas. La primera consiste en el simple traslado de las producciones al exterior, estableciendo contratos de producción con la industria local de los países receptores, asesorándoles en los estándares de calidad. La otra posibilidad es la inversión directa, bien asociada con la industria existente o como nueva entidad industrial independiente.

Los países receptores de esos contratos e inversiones, mayoritariamente países en vías de desarrollo, han debido prepararse para asumirlos, lo cual ha significado ajustar su política económica para atraer esos contratos y capitales foráneos.

La elección de la nueva ubicación geográfica por parte de una empresa está condicionada por una serie de factores, íntimamente ligados con las políticas económicas favorables a los intereses del inversor, las cuales son valoradas al tomar decisiones. Tales políticas están relacionadas con las actuaciones y normativas del país receptor en cuanto a legislación, fiscalidad, aranceles, mercado laboral, educación, incentivos de la Administración, infraestructuras y medioambiente.

1 Política legislativa

El Estado acogedor de capital extranjero ha de disponer de una legislación abierta, que permita la llegada de la inversión con las menores trabas posibles, que otorgue la debida seguridad jurídica a los inversores, y garantice la titularidad de capitales, patentes y marcas.

Igualmente, la legislación debe permitir la residencia de los extranjeros directivos y técnicos, otorgando cuantos permisos de trabajo sean precisos para el desarrollo de la actividad, pues son ellos los que determinarán la aplicación tecnológica y los métodos de producción, favoreciendo la contratación de la plantilla de trabajo necesaria.

No se trata de definir un marco legislativo único, pues cada Estado es soberano en sus decisiones legislativas, sino de evitar conductas negativas que dificulten la inversión.

2   Política fiscal

Las compañías extranjeras que hayan tomado la decisión de invertir en un determinado país han de ser tratadas fiscalmente como las empresas autóctonas. Los beneficios obtenidos han de tributar en el impuesto de la renta de las sociedades. Otra cuestión es otorgar, legalmente y de forma generalizada, a todas las empresas nacionales y extranjeras estímulos fiscales que desaconsejen el reparto de dividendos.

Si el sistema impositivo se basa en impuestos directos, habrá que adoptar políticas fiscales que eviten, en lo posible, acciones negativas sobre la actividad productiva, con algún sistema compensatorio de ayuda fiscal a la exportación. Por ello, son aconsejables sistemas de gravamen sobre el valor añadido al consumo, ya que así se evitan impuestos sobre la producción.

Han de considerarse sistemas fiscales de incentivo a la exportación por las empresas productoras, como fuente generadora de riqueza, y evitar las subvenciones *dumping*.

3   Política arancelaria

Tanto las empresas nacionales como las extranjeras deben disfrutar de ayuda a la inversión industrial y productiva, coherente con una política que promueva la utilización de los regímenes aduaneros con exención arancelaria a la importación de materias primas y componentes para la producción. Esa política es aconsejable extenderla a la reducción de los aranceles que gravan la importación de bienes de equipo, al ser esos bienes necesarios para la producción, sobre todo si además concurre la circunstancia de que no existe producción interna de los mismos.

4   Política laboral

El sistema de contratación laboral es esencial en la creación de empresas. Los salarios han de estar relacionados con la productividad y con las cargas sociales que han de soportar, como los impuestos de renta o de seguridad y previsión. La legislación ha de ser muy clara al respecto.

Si situamos la contratación de personal en dos extremos opuestos, tenemos las siguientes posibilidades:

– Una legislación que permita libertad de contratación con bajo coste de despido es sin duda muy atractiva para el empresario. El trabajador está ligado a la producción. Si hay producción rentable hay trabajo, si no la hay tampoco hay trabajo.

– Por el contrario, un sistema laboral rígido, con importantes indemnizaciones por despido, garantiza, hasta cierto punto, una seguridad en el puesto de trabajo, sin embargo, el resultado es que el valor aportado por el trabajador a la producción puede quedar afectado por el coste del despido.

En el primer supuesto, la oferta y la demanda establecen los salarios; en el segundo, la rigidez contractual dificulta la contratación, mantiene unos salarios bajos y, probablemente, una importante mano de obra ociosa.

Naturalmente, entre ambos extremos son factibles otras modalidades de contratación. La cuestión es acertar en la adecuada, lo cual depende de circunstancias no homogéneas internacionalmente, pues los usos y costumbres del lugar, la formación, la climatología, la estructura social y el nivel de renta condicionan la contratación de la fuerza del trabajo.

Es necesario establecer con los agentes sindicales y empresariales un sistema eficaz de contratación de personal, pues estamos inmersos en una «economía global» y, en consecuencia, la productividad es un aspecto relevante. Unas jornadas de trabajo justas, un ambiente saludable y un marco de retribuciones acorde con la producción, es la tendencia que tiende a imponerse.

5   Política educativa

Para el inversor extranjero, ésta no suele ser una cuestión básica, pues su objetivo es emplear personal manufacturero que no requiere de formación académica. No obstante, las autoridades educativas han de plantearse, a corto plazo, una política educativa que permita alcanzar nuevos estados productivos de mayor valor añadido. Es de prever la aparición de nuevos puestos de trabajo, que precisarán profesionales especializados, mandos intermedios y personal directivo. Será imprescindible coordinar con las universidades y los centros de formación profesional aquellos estudios que permitan la incorporación al mercado de trabajo de personal debidamente preparado para cubrir las necesidades de las inversiones productivas, en sus vertientes técnicas, administrativas y de servicios.

6   Política de incentivo a los recursos naturales

Los países que disfrutan de alguna potencial ventaja productiva derivada de sus recursos naturales, inactiva por falta de recursos económicos, pero a la que pueden acceder con la ayuda de medios y empresas exteriores, pueden estimular tal producción, poniendo en marcha una política económica que impulse el desarrollo de la actividad. Esas producciones han de respetar el medio ambiente y las autoridades deben dictar cuantas medidas de salvaguardia estimen necesarias para ello.

La minería, los campos petrolíferos o de gas, son ejemplos de productos naturales en los que la explotación de los recursos favorece directamente al crecimiento. Las autoridades, además de incentivar esas explotaciones, han de potenciar la formación de especialistas en los distintos ámbitos productivos, para que no sea necesaria la contratación de técnicos extranjeros.

La agricultura, la ganadería, la pesca o la silvicultura, son también actividades que explotan de manera industrial los recursos naturales. Convenientemente reguladas por una legislación respetuosa con el medio, incidirán favorablemente en el desarrollo del país, siendo muy positivo a medio plazo promocionar la formación profesional, implantar nuevas técnicas productivas y crear empresas complementarias a las anteriores: industrias conserveras, invernaderos, cámaras frigoríficas, aserraderos, etc. Lo cual revierte en una sinergia productiva hacia otros sectores de equipos y complementos para esas industrias.

El sector turístico también demanda mucha mano de obra. Abarca un amplio conglomerado de actividades: hoteles, campamentos, restaurantes, guías turísticos, transportes, industria de *souvenirs*, parques de atracciones, cultura, ocio y diversión, junto con un gran número de empresas complementarias.

Puede argumentarse la falta de capital inversor para que el gobierno realice una política en tal sentido; sin embargo, lo importante es el capital humano, pues los recursos económicos pueden encontrarse en los organismos oficiales de ayuda al desarrollo o bien colaborando con la iniciativa privada especializada en tales sectores.

7   Política de infraestructuras

Dotar a un país de las infraestructuras necesarias para el desarrollo de la actividad económica es una tarea ardua y costosa. Los recursos han de priorizarse de manera razonable, evitando las inversiones populistas. Asimismo, aplicar criterios de racionalidad logística en las infraestructuras es indispensable para alcanzar el rendimiento óptimo de las inversiones.

Construir una carretera que una un puerto con las empresas de un polígono industrial es básico para una cadena de aprovisionamiento y distribución, pues las materias primas han de llegar al punto de producción y después hay que distribuir el producto terminado. Unas grúas portuarias para la carga y descarga de contenedores son esencia-

Figura 13. Vista aérea del Puerto Seco de Burgos.

les para dotar a un puerto de los medios adecuados de manipulación, del mismo modo que una nueva escuela es una inversión indiscutible porque la formación es básica para el futuro. Sin embargo, construir un nuevo estadio de fútbol probablemente puede esperar, si los recursos a él destinados son a costa de detraer inversiones productivas.

Es primordial que los gobiernos actualicen las infraestructuras relacionadas con la actividad productiva. Los puertos, aeropuertos, ferrocarriles y vías de comunicación son esenciales en la planificación del territorio. Asimismo, es importante potenciar la creación de polígonos industriales y especializarse en los *clusters* industriales y de servicios afines. Cuestiones básicas que se tratan en el próximo capítulo.

8 Política medioambiental

El desarrollo industrial no puede argumentarse sin proteger el medio natural. Es una cuestión primordial articular la legislación y los mecanismos operativos que obliguen a las empresas a instalar los equipos necesarios para tratar los productos nocivos generados en el proceso productivo, prohibiendo conductas negativas que degraden el medio ambiente y atenten contra la salud de las personas o de la fauna.

La emanación de gases tóxicos, la contaminación de aguas y tierras, el empleo de productos químicos agresivos o el abandono de residuos de producción sin control, son solo algunos ejemplos de acciones indiscriminadas que resultan perjudiciales para todos, y es obligación del Estado dictar normas para prevenirlas.

Capítulo 9

Comercio exterior y logística

Las empresas industriales y comerciales precisan acopiar mercancías para transformarlas en el proceso productivo o para distribuirlas en el mercado interior y en el exterior, para lo que es necesario disponer de infraestructuras logísticas públicas y privadas que aseguren la llegada de los suministros y la entrega de las demandas a los centros de distribución con la mayor rapidez y seguridad posibles.

Por ello, la Administración ha de desarrollar una clara política de ordenación territorial y prever en sus programas de inversión pública la dotación presupuestaria necesaria para construir o mantener las infraestructuras logísticas: sistemas viarios por carretera y ferrocarril, el sistema portuario y el aeroportuario; además de los servicios aduaneros y de control para la seguridad de las mercancías importadas o exportadas. También es conveniente incentivar las concentraciones industriales y de servicios, tanto con la ampliación y fusión de las empresas existentes, al objeto de incrementar su capacidad productiva, como facilitando la construcción de centros logísticos e industriales, dotados de infraestructuras que atraigan nuevas empresas.

La Administración pública debe priorizar las inversiones en función de su rentabilidad, sin olvidar el bien social. Deben evitarse políticas demagógicas, que benefician a unos pocos, con un costo y un mantenimiento elevados, y que en ocasiones son efímeras. Los ejemplos de ello son innumerables: exposiciones universales cuyas infraestructuras nunca se utilizan una vez finalizado el evento, aeropuertos infrautilizados o de los que nunca despegará un avión, líneas ferroviarias de alta velocidad inutilizadas por falta de pasajeros, terminales portuarias sin tráficos que las justifiquen, etc.

Para garantizar el éxito de las políticas de infraestructuras de transporte y de creación de polos de desarrollo o zonas de actividades logísticas, es imprescindible que la Administración pública colabore con las empresas por medio de sus asociaciones sectoriales.

Por su parte, la iniciativa privada tenderá a tejer una red logística participativa en el proceso productivo para almacenar, clasificar, distribuir, transportar y gestionar sus productos, así como a ofrecer cuantos servicios complementarios de gestión aduanera, asesoría, seguros y finanzas se precisen.

Seguidamente, ofrecemos unas definiciones básicas del concepto de comercio exterior y de lo que entendemos en el contexto económico actual de las operaciones de importación, exportación y de las operaciones invisibles en un marco de libertad comercial; y después, desarrollamos aquellos aspectos de la logística relacionados con las concepciones industriales actuales, y su grado de concentración y de especialización.

1   Concepto y definiciones básicas del comercio exterior

Según la situación económica preponderante en el mundo actual, entendemos el comercio desde una posición de internacionalidad, en concurrencia global. Las posturas legales emanadas por la soberanía del gobierno de un país cualquiera responden a sus intereses particulares, y son más o menos liberales en consonancia con su política económica. Dichas posturas no conculcan el sentido del mercado internacionalizado, por ello, nuestros comentarios han de entenderse haciendo abstracción de cualquier postura política.

Tradicionalmente, se ha considerado comercio exterior a las actividades de importación y exportación de mercancías. Esta definición resulta insuficiente en un marco de comercio globalizado, sobre todo teniendo en cuenta los procedimientos operativos a los que se pueden someter las mercancías.

Además del intercambio comercial entre países, una mercancía puede acogerse a los regímenes aduaneros económicos descritos en los capítulos precedentes; asimis-

mo, se pueden hacer importaciones y exportaciones dentro de un mismo país con solo trasladar las mercancías de áreas exentas a otras gravadas o viceversa. También se pueden autorizar los tránsitos por el interior de un país de mercancías extranjeras no importadas, o el almacenamiento de mercancías sin ser despachadas de aduana.

No es fácil definir qué es el comercio exterior, ya que la pluralidad de operaciones posibles lo hace muy complejo. En él coexisten operaciones comerciales de importación y de exportación de mercancías, con cambio o no de propiedad, por cuenta propia o ajena, con o sin pago de los bienes, junto con las transacciones de intangibles.

Las operaciones de intangibles son cada vez más habituales; por ejemplo, ocurre con las «operaciones triangulares», cuyas compraventas de bienes o servicios generan el pago de comisiones a un tercero, o una segunda facturación con valor añadido adicional sobre el coste base inicial. Además, hay que considerar otras operaciones conexas y derivadas de las anteriores por servicios complementarios. A modo de ejemplo, citamos las siguientes:

- Asistencia técnica, contratación de personal y servicios exteriores.
- Alquiler de bienes y servicios.
- Encargo de construcciones y montajes (diseños, planos, dibujos…).
- Patentes, marcas y derechos de autor.
- Sueldos y salarios, liquidación de pensiones y retiros.
- Préstamos e intereses, rendimientos de inversiones.
- Almacenamiento, transporte y seguros.
- Comunicaciones y retransmisiones.
- Viajes y misiones comerciales.

Figura 14. Vista aérea de la Zona de Actividades Logísticas (ZAL) de Barcelona.

– Liquidación de derechos arancelarios y de la imposición indirecta, así como de otras tasas complementarias a la importación.
– Pago de impuestos y tasas al exterior, cánones y comisiones.

Por todo ello, proponemos las definiciones básicas siguientes:

- **Comercio exterior**

  Cualquier operación comercial, onerosa, gratuita o lucrativa con o sin contraprestación, en que intervengan una o más personas físicas o jurídicas, legalmente capaces, radicadas en dos áreas económicas de distinta afectación de índole fiscal y con distinto régimen comercial de aplicación, estando sujetas estas operaciones al cumplimiento y observancia de las disposiciones normativas en la materia.

  Las partes contratantes serán personas físicas o jurídicas, según lo articule la normativa legal vigente en un determinado territorio. En cuanto a las modalidades de la contraprestación de la operación comercial, ésta puede efectuarse en una amplia pluralidad de posibilidades, también supeditada a la libertad legal de pagos con el exterior, resultando una amplia relación, por ejemplo: con pago efectivo o instrumento bancario equivalente, trueque, compensación, gratuitamente, a mejor precio, tras prueba o verificación, etc. Sin embargo, las personas que intervengan en la operación han de cumplir con las obligaciones fiscales de cada país; y aquellas que, a efectos legales, sean consideradas sujeto pasivo responsable de los tributos, sean o no propietarias del bien, deben hacer frente a las obligaciones fiscales.

  Entiéndase por área económica-fiscal, además de un país, una zona franca o área territorial exenta fiscalmente, desde las cuales se autoriza realizar operaciones comerciales; en ese supuesto, la mercancía puede destinarse al propio Estado, al exterior o a otra área exenta. Es decir, dentro de un mismo país, pueden hacerse operaciones de importación y de exportación si existe una norma legal que lo permita, hecho cada día más extendido en las distintas posibilidades de aplicación de los regímenes aduaneros económicos.

  En cuanto al régimen comercial de aplicación, evidentemente en las áreas gravadas fiscalmente han de cumplirse las leyes y normas relativas a la comercialización de las mercancías, según dicte el código de comercio y poniendo especial énfasis en la seguridad de las personas y las cosas. Por el contrario, en un área exenta, las normas de comercialización son inoperantes, ya que las mercancías no están en posición de consumo, salvo excepciones de seguridad, sanidad, insalubridad o moralidad.

- **Operación comercial de importación**

  Es aquella operación de mercancías objeto de comercio, a título oneroso, gratuito o lucrativo con o sin contraprestación, por la cual un sujeto pasivo legalmente capaz, residente en un área económica-fiscal determinada o por un sujeto pasivo con derecho legal y económico al efecto, introduce en ella, proveniente de otra área económico-fiscal y con régimen económico-fiscal distinto, el objeto de la operación, bajo la observancia de las normas legales en la materia.

Considérese área económica-fiscal el territorio perteneciente al Estado gravado fiscalmente, o una parte de su territorio con distinto tratamiento fiscal, o una parte que disfrute de exención fiscal. En España concurren las tres circunstancias: el territorio formado por la península Ibérica y las Islas Baleares es el espacio fiscal general; el territorio de las Islas Canarias es el especial; y los depósitos exentos son aquellos que se han autorizado por toda la geografía. En cuanto a los territorios norteafricanos de Ceuta y Melilla, el artículo 3 del Código Aduanero (Reglamento 450/2008) establece que no son territorio aduanero comunitario, y los considera terceros países.

- **Operación comercial de exportación**
  Toda operación de mercancías objeto de comercio, a título oneroso, gratuito o lucrativo con o sin contraprestación, por la cual un residente en un área económica-fiscal determinada o por un sujeto pasivo con derecho legal y económico sobre el objeto de la operación, sita en esa área económica-fiscal, traslada a otra área económica-fiscal el objeto de la operación, bajo la observancia de las normas legales en la materia.

  En cuanto al concepto de área económico fiscal, coincide con lo dicho para la importación.

- **Operaciones de invisibles**
  Cualquier operación de transacciones internacionales onerosa, gratuita o lucrativa con o sin contraprestación, relativa a servicios e intangibles o que no esté considerada una operación comercial de bienes al no existir mercancía física.

2　Agrupaciones empresariales

Para beneficiarse de las técnicas de eficiencia económica, sobre todo en el ámbito de los servicios y de la producción industrial especializada, las empresas tienden a agruparse en una misma área territorial. Por ello, es primordial disponer de infraestructuras que permitan aunar esfuerzos gracias a las sinergias generadas.

En Estados Unidos, concretamente en Silicon Valley, California, ha sido incentivada la agrupación de empresas dedicadas a los servicios de investigación y fabricación de equipos electrónicos e informáticos. De forma similar, salvando la distancia en cuanto a capacidad innovadora y recursos económicos, en la década de 1990, el Ayuntamiento de Barcelona impulsó con normativas específicas la transformación del barrio fabril de Poblenou en un moderno entorno denominado 22 @, con el objetivo de ir sustituyendo las industrias existentes por otras dedicadas a las nuevas tecnologías de la información y la comunicación. Ambos son ejemplos de acciones que pueden impulsarse para conseguir un *cluster* de una actividad determinada.

Es evidente que si una misma área territorial abarca actividades empresariales formando un *cluster,* unas empresas son proveedoras de las otras formando una cadena productiva (véase la figura 15).

Teniendo en cuenta el espacio territorial de ubicación del *cluster* y la agrupación de empresas concadenadas, podemos definir un *cluster* como:

Un conjunto de empresas de uniforme actividad principal, en el ámbito del comercio, la industria o los servicios, concentradas en un territorio delimitado provisto de las infraestructuras necesarias, con el objeto de aunar esfuerzos para alcanzar objetivos individuales o comunes, impulsando la tecnología y la eficiencia, y que además en ese territorio, se ubiquen otras empresas proveedoras de bienes y servicios complementarios a la actividad principal.

De esta definición se deduce la importancia de la interconexión entre el *cluster* y las instituciones públicas y privadas, pues de ello se pueden derivar:

- La dotación de las infraestructuras necesarias a cargo de la Administración pública.
- La atención permanente a las necesidades de inversión en puertos, aeropuertos, accesos viarios por carretera y ferrocarril.
- La colaboración con las universidades y el impulso de proyectos públicos de investigación.
- Incentivar la educación, especialmente la universitaria y la profesional de técnicos especialistas.
- Potenciar las asociaciones empresariales.
- La presencia de organizaciones sindicales representativas.
- La representación de las cámaras de comercio.
- La institución de un comité permanente de ayuda mutua, formado por los representantes públicos y privados.

Todo ello implica una estrecha relación con conceptos como productividad, inversión, tecnología, especialización, nuevas empresas, competitividad y eficacia.

El concepto de *cluster,* como zona de actividad logística, debe analizar el conjunto de las posibilidades que ofrece la economía productiva, al objeto de incluirlo en su actividad. En consecuencia, debe considerar que las entidades productivas requieren para su normal funcionamiento lo siguiente:

- Almacenes generales.
- Almacenes francos o depósitos aduaneros.
- Zonas francas.
- Transporte para distribución nacional e internacional.

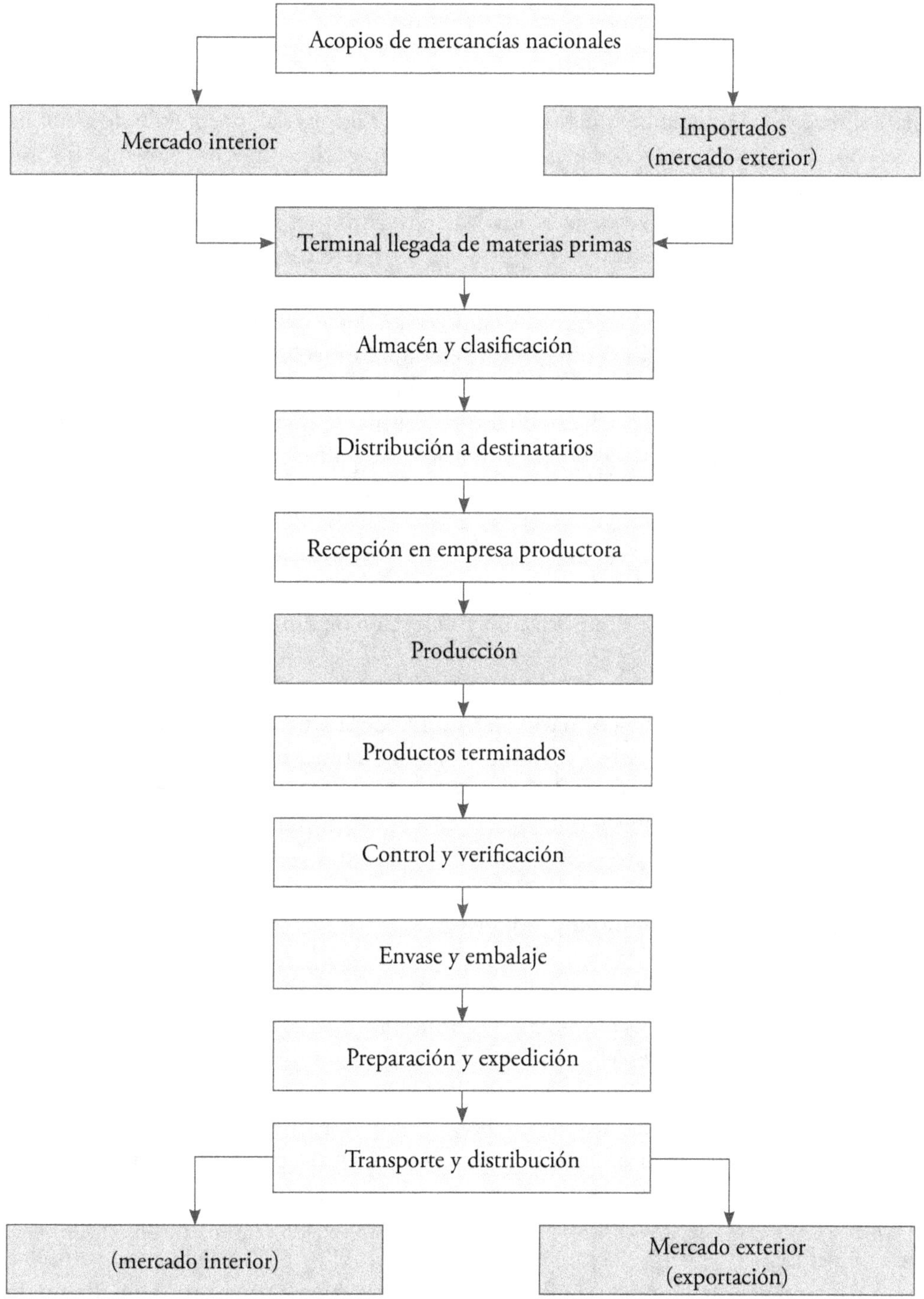

Figura 15. Esquema de la actividad productiva de una empresa desde la recepción de la mercancía hasta su distribución en el mercado interior o exterior.

2.1   Cluster *de formación en gestión empresarial*

Las autoridades y los responsables educativos han de hacer un esfuerzo permanente para ofrecer a la ciudadanía una buena formación empresarial, por medio de estudios especializados en las universidades y escuelas de negocios, pues el éxito o el fracaso de la actividad económica esta íntimamente relacionado con la formación de sus dirigentes. Conseguir una buena calidad de enseñanza en los centros formativos de una ciudad o *cluster* formativo comporta ser un referente internacional que aporta altos beneficios.

A modo de ejemplo, el conjunto de universidades y escuelas de negocios radicados en la ciudad de Barcelona ofrecen una elevada formación en gestión de empresas, con variados programas y especialidades. Constituyen un verdadero *cluster* de formación empresarial, cada año más acreditado por el nivel ofrecido, del que se benefician alumnos nacionales y extranjeros, de los cuales estos últimos representan, en algunos estudios, el 70 % del total de estudiantes. A modo enunciativo, el *cluster* de formación está constituido por:

- Instituto de Estudios Superiores de Empresa - IESE - Universidad de Navarra.
- Escuela Superior de Administración y Dirección de Empresas (Esade), Universitat Ramon Llull.
- Universitat Abat Oliba - CEU.
- IL3 UB - Instituto de Formación Continua de la Universitat de Barcelona.
- Escuela de Alta Dirección y Administración de Empresas (Eada).
- Escuela de Administración de Empresas (EAE).
- Universitat Pompeu Fabra.

3   La logística en la economía productiva

La *Enciclopedia universal ilustrada europeo-americana* define la palabra «logística» a partir de su derivada griega *logísticos,* cuyo significado es «que sabe calcular», o bien del sustantivo latino *logista,* con el que se denominaba al administrador o intendente de los ejércitos romanos y bizantinos.

En el período de las guerras napoleónicas, la aplicación militar de la logística fue estudiada y analizada en profundidad. Los ejércitos debían pertrecharse, de modo que ingentes cantidades de vituallas y mercancías se desplazaban por los campos de Europa. La logística militar tuvo un impulso práctico y científico a lo largo del siglo xix y sobre todo en el xx.

La inversión tecnológica en la industria bélica también es una constante, de modo que logística y tecnología conforman un binomio indiscutible en los ámbitos militar y civil.

La logística militar se convierte en una organización esencial. Las divisiones de combate y de reserva, el apoyo aéreo y naval, no sólo han de planificar sus movimientos de acuerdo con la estrategia, sino que han de disponer, en el tiempo preciso, de los suministros necesarios debidamente distribuidos según los planes de su estado mayor.

El barón Antoine Henri de Jomini, general al servicio de Napoleón, estableció la diferencia entre estrategia, táctica y logística, en lo que él llamaba «el arte práctico de mover los ejércitos», analizando los pormenores materiales de las marchas y formaciones militares, así como el establecimiento de los campamentos en puntos estratégicos. Sus conocimientos se resumen en los siguientes apartados:

- Antes de mover el ejército, es necesario prever el material necesario.
- Cursar las órdenes de las operaciones.
- Fortificar aquellos puntos que ayuden a las operaciones.
- Reconocer las posiciones del enemigo.
- Asegurar el cumplimiento de las órdenes.
- Organizar vanguardias.
- Fijar métodos e instrucciones.
- Establecer la marcha de pertrechos, vituallas, equipajes, municiones, hospitales y servicios auxiliares.
- Asegurar los suministros.
- Establecer campamentos seguros.
- Fijar las líneas de operaciones y los objetivos.
- Establecer los correos que informen adecuadamente de los movimientos.
- Establecer un sistema de medidas de precaución para cambios en el despliegue.

Unos pocos años más tarde, el coronel ingeniero militar Wilhelm Friedrich Rüstow comentó con detalle la logística militar en su amplia bibliografía. Afirmaba que «el ejército es un organismo completo», en el sentido de que precisa de «todo» para cumplir con sus objetivos. Expuso el concepto de logística militar, y sentenció que «la logística es la ciencia del estado mayor».

Rüstow defendía que, en cada momento de la acción, el ejército sigue un pensamiento estratégico, debidamente ordenado tácticamente. El orden táctico es la incorporación de la idea que quiere desarrollarse. Para conseguir el objetivo de la idea, es preciso calcular las relaciones, el plan y el orden de ejecución.

Un ejército moderno abarca un campo de actuación, en los órdenes siguientes:

- Movimientos a grandes distancias.
- Teatros de operaciones de centenares de kilómetros.
- Millones de soldados movilizados.
- Establecer un sistema eficaz de protección de la retaguardia.
- Organizar la intendencia con los medios precisos.

Si se realizan las adaptaciones pertinentes a las necesidades económicas de la industria y el comercio, a los intercambios de bienes y servicios, a la dotación de infraestructuras y, en general, a la planificación de políticas en sus vertientes micro y macroeconómicas, podemos afirmar que las enseñanzas extraídas de los movimientos de los ejércitos demuestran que los conocimientos de la logística militar son la base de la logística civil.

La actividad económica, en un marco globalizado, con una amplia liberalización del comercio de bienes y servicios, precisa de la logística para ser eficiente.

Reputados estudiosos, profesionales y entidades han desarrollado el concepto de logística, aportando numerosas definiciones, entre las que destacamos:

- «La logística centra su atención en la gestión de flujos físicos y de información que comienza en la fuente de aprovisionamiento y acaba en el punto de consumo».
  Centro Español de Logística

- «Es el proceso de planificar, implementar y controlar eficientemente el flujo de materias primas, productos en curso, productos terminados y la información relacionada con ellos, desde el punto de origen hasta el punto de consumo con el propósito de satisfacer los requerimientos del cliente».
  The Council of Logistics Management

- «Es una función cuya finalidad es la satisfacción de las necesidades expresadas o latentes, a las mejores condiciones económicas para la empresa y para un nivel de servicio determinado».
  Norma AFNOR

Estas definiciones son perfectamente válidas, y de ellas resultan unos campos de aplicación amplios y variados. La utilización de términos concretos para definir lo que el autor considera aplicación logística, califica un abanico enorme de posibilidades, pues las actuaciones en las que interviene la logística aumentan en función de las necesidades económicas de cada momento.

Por ello, proponemos la siguiente definición genérica de logística:

La ordenación de las entradas de factores de producción, tangibles e intangibles que precisamos para obtener eficientemente la producción final deseada.

Queda patente que el concepto de logística engloba un conjunto de servicios encaminados a situar las mercancías en las cadenas de producción, almacenaje, comercialización, distribución y entrega al consumidor final. Es decir, se trata de concadenar todas aquellas situaciones en que la mercancía, bien en estado primario, en proceso de fabricación o terminado, debe ser entregada a otro departamento o empresa para seguir el proceso de transformación, hasta la ultimación del producto y entrega para el consumo final.

La complejidad del proceso logístico está en función directa del grado de integración vertical del proceso, al que debamos acudir según las necesidades operativas. Entendiendo por integración vertical la suma de los procesos productivos que realiza la empresa directamente, sin contratarlos al exterior. Por consiguiente, cuantos más procesos productivos realice por sus propios medios, más amplia será su cadena logística interna.

4   Nodos logísticos

El concepto de nodo logístico ha sido ampliamente divulgado por estudiosos y profesionales de la logística. Citamos varias definiciones de especialistas en la materia:

- El Centro de Estudios y Servicios, Bolsa de Comercio de Santa Fe, en Argentina: «el lugar donde confluyen los distintos modos de transporte y se realizan actividades y funciones que aportan valor agregado a las cadenas logísticas».

- Los profesores Jaime Mira y David Soler: «el enclave donde se concentran infraestructuras, equipamientos y servicios logísticos habitualmente complementarios e intermodales, que actúa como referente de la oferta y las actividades logísticas en un área geográfica determinada».

Estas definiciones dan una amplia exposición del significado y de los objetivos del nodo, y en consecuencia, podemos relacionarlas con los conceptos siguientes:

- Favorecer el comercio, en particular el exterior.
- Red de distribución.
- Concentración de infraestructuras.
- Sumar sinergias por los integrantes del nodo y ofrecerlas a los interesados.
- Ofrecer nuevas tecnologías.
- Incentivar las relaciones entre empresas.
- Conseguir que el nodo sea un referente de un área geográfica determinada.
- Políticas gubernamentales tendentes a potenciar el nodo.

4.1   Ejes de redistribución

El transporte internacional canaliza los tráficos de mercancías buscando optimizar los costes. Los tráficos de mercancías marítimos y aéreos utilizan grandes buques y aeronaves entre puertos y aeropuertos de gran concentración de carga para expedir y otros de recepción de la misma. Desde ellos, las mercancías son canalizadas a otros buques y medios de transporte de menor capacidad para transportarlas a sus destinos finales. De ese modo, se materializa la redistribución de mercancías, bien a buques de menor tamaño, pues los calados de los puertos no siempre permiten el arribo de los grandes buques transoceánicos, o acondicionando la mercancía llegada a los aeropuertos intercontinentales en vehículos terrestres para redistribuirla enlazando con los aeropuertos de destino final.

Todo ello hace referencia al puerto o aeropuerto usado como base, donde son concentradas cargas provenientes de líneas alimentadoras o *feeder* con objeto de redistribuirlas. Es decir, como un punto de intercambio o centro de distribución de mercancías y pasajeros. En el tráfico aéreo, un aeropuerto concentrador o *hub* suele denominarse *hub and spoke,* es decir, centro de conexiones en un radio de distribución.

La estrategia operativa *hub and spoke* empezó a aplicarse en la década de 1980 en Estados Unidos por la compañía American Airlines Lines. El éxito conseguido fue rápidamente reproducido en otros países, y hoy en día es un referente para puertos y aeropuertos.

Es evidente que la puesta en marcha de un *hub* genera en su zona de influencia una sinergia con los sectores de la industria, el comercio, los servicios y el turismo, pues se benefician de la actividad económica de las líneas marítimas transoceánicas y de los vuelos de larga distancia que concurren en él y de la subsiguiente redistribución.

Una terminal *hub* ha de ser un punto atractivo para los operadores logísticos, empresas de transporte y demás servicios conexos. La implantación de unas empresas implica la llegada de otras, por lo que debe disponer de las infraestructuras y los servicios demandados por los operadores:

- Infraestructura portuaria suficiente para acoger a los grandes buques cargueros, con longitud adecuada de muelles para los distintos tipos de buques.
- Infraestructura aérea que disponga de tres pistas utilizables, al menos una de ellas apta para las grandes aeronaves.
- Almacenes capaces de albergar las mercancías objeto de transporte y en las condiciones de conservación requeridas a sus especificaciones. Prestando especial consideración a las infraestructuras para ubicar contenedores, depósitos para graneles, líquidos y productos químicos, almacenaje de refrigerados y congelados.
- Terminales de pasajeros equipadas con los servicios necesarios para el avituallamiento de los buques y de cuanto puedan solicitar los usuarios.
- Conexión ágil con la ciudad y los centros industriales, priorizando los accesos por carretera y ferrocarril, y favoreciendo la intermodalidad del transporte.
- Terminales anexas de transporte terrestre por carretera y ferrocarril.
- Centro de servicios provisto de los elementos necesarios para su funcionamiento: salones de actos y conferencias, oficinas comerciales, restauración y hostelería, de-

pendencias para representación de los operadores logísticos: agentes de aduanas, agentes consignatarios, agentes de carga, transportistas, transitarios, etc.
– Servicio de aduanas permanente.
– Servicios para el control de mercancías: sanitario, fitosanitario, veterinario, de análisis, etc.
– Servicios bancarios y de seguros.

4.2 *Gestión de terminales logísticas, zonas francas y depósitos francos*

Las terminales logísticas han de ofrecer una diversidad de servicios inherentes al tráfico de mercancías, los cuales pueden ser gestionados por empresas públicas, privadas o mixtas, según la política económica de cada país.

Durante muchos años, las terminales para el tráfico internacional de mercancías y las zonas francas fueron gestionadas casi exclusivamente por la administración pública, dado que el ámbito de la gestión alcanza una pluralidad de actividades: parque de vehículos, almacenes, equipos de manutención, oficinas aduaneras, servicios de control y seguridad de mercancías, empresas de transporte, cuerpo de seguridad, etc.

Con el tiempo ha aparecido la figura del «recinto aduanero» como un lugar donde se permite la entrada de mercancías para ser despachadas de aduanas, pero con la particularidad de ser un recinto privado y de gestión privada.

Asimismo, ha sido instaurada la figura del depósito franco o aduanero, también privado, como equivalente a la zona franca de gestión pública. Ello ha sido viable gracias a la aplicación de soluciones informáticas, que han permitido la gestión por entidades privadas sin que el Estado pierda el control de las actividades y responsabilidades fiscales allí desarrolladas. Se controla informáticamente las entradas y salidas de mercancías del recinto aduanero o depósito franco, y se informa a la administración de cuantas operaciones se realicen, facilitando los datos relativos al valor de las mercancías almacenadas, sus codificaciones arancelarias, origen, procedencia y deuda tributaria que debe liquidar en caso de introducirse en el territorio gravado fiscalmente. Basta como precaución fiscal exigir, a los operadores económicos gestores, una garantía bancaria, equivalente a la deuda tributaria que las mercancías sitas en esos centros logísticos liquidarían en el supuesto de despacho aduanero. En caso de infracción, el operador económico debe afrontar la sanción y las deudas tributarias preceptivas, que en el supuesto de impago puede ejecutarse el aval bancario en posesión de la administración pública.

Con estos procedimientos se consigue:

– Una gestión privada, donde todos los gastos van a cargo de la empresa, incluidas las infraestructuras.
– La disminución del gasto público en el mantenimiento de los recintos aduaneros o zonas francas y de la correspondiente inversión en infraestructuras.

– Una eficaz gestión sin coste para la administración pública.
– La especialización del cuerpo de inspectores del Estado.
– El desarrollo de los sistemas de control informáticos por la administración pública.

5 Distribución y manipulación de mercancías

La distribución junto con la manipulación es la parte de la logística referida a la preparación de mercancías acondicionadas para la expedición, el reparto y la entrega al destinatario. Diferenciamos cuatro estadios de distribución:

1. El relacionado con el mercado interior.
2. El del mercado exterior.
3. Aquel que dependa de un régimen aduanero.
4. Aquel cuyo destino o recepción sea un área de libre comercio integrada en una unión aduanera, por ejemplo la Unión Europea.

Las operaciones comerciales de tráfico de mercancías posibles son (véase la figura 16):

1. La compraventa en el mercado interior nacional.
2. La importación y exportación con terceros países.
3. Las operaciones de compraventa sujetas a regímenes aduaneros: zonas francas, depósitos aduaneros o francos, depósitos distintos de los aduaneros que permiten almacenar mercancías sin sujeción a la imposición indirecta.
4. Las introducciones y expediciones en áreas de libre comercio y de unión aduanera, como ocurre con los Estados integrantes de la UE.

En un mercado globalizado, las mercancías pueden ser destinadas a cualquiera de los mercados indicados, el único requisito diferenciador es el cumplimiento de la normativa fiscal y aduanera.

La distribución, bien sea por medios propios o subcontratados, requiere la manipulación de las mercancías. Este concepto merece un especial énfasis, tanto por el número de empleados necesarios como por la complejidad que puede representar en algunos casos, en función de la naturaleza de las mercancías.

Considérese, por ejemplo, lo muy distinto que es manipular balas de 300 kg de lana o algodón, utilizando carretillas eléctricas elevadoras (una persona sin esfuerzo alguno las recoge, traslada y deposita en el lugar apropiado), que manipular ropa confeccionada planchada, doblada, introducida en bolsas y empaquetada en cajas individuales (actividades que requieren abundante mano de obra).

El servicio logístico de manipulación requiere, a cada gama de mercancías, personal especializado, instalaciones adecuadas, un sistema informático de control de existencias,

Logística y distribución en un mercado globalizado

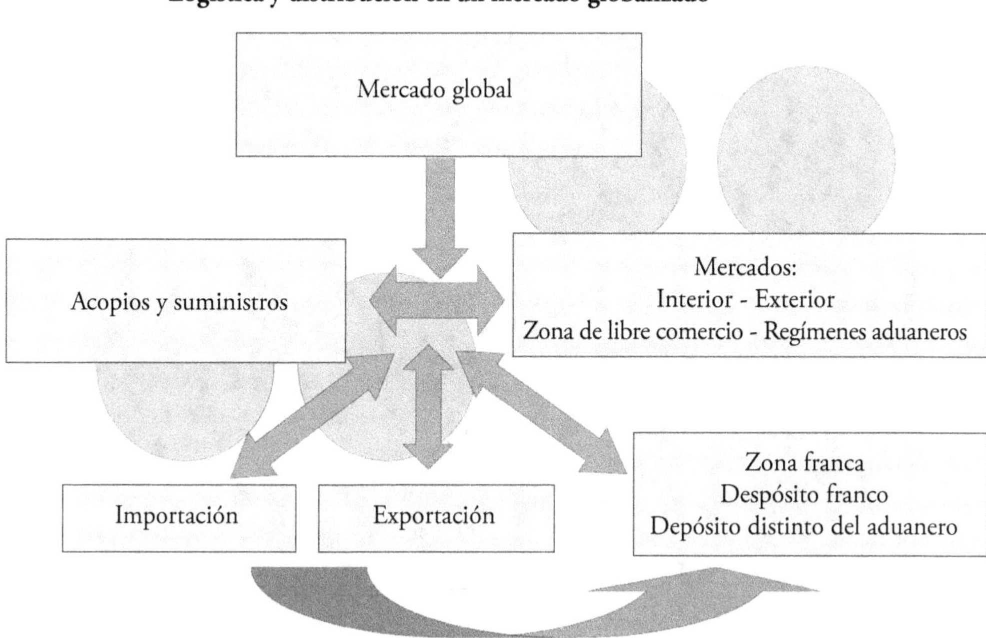

Figura 16. Posibles operaciones comerciales a raíz del tráfico de mercancías.

y equipos de manutención y transporte aptos para la mercancía que se deba tratar. Ello obliga a estudiar en profundidad cada producto, sus características técnicas, su embalaje y presentación, para decidir el modo de manipulación, almacenamiento y transporte más adecuado.

Cada empresa puede optar por realizar tales manipulaciones con su propio personal o bien por subcontratar el servicio a empresas especializadas externas. Por muy diferentes motivos, es frecuente que las empresas subcontraten a operadores especializados la manipulación y los servicios conexos que tradicionalmente habían realizado internamente como parte de su proceso productivo.

La industria del automóvil ha sido un referente en ese proceso. Tai Chi Ohno, ingeniero jefe de la multinacional Toyota, decía: «Lo ideal sería producir solo lo necesario y hacerlo justo a tiempo». Esa idea, equiparable a cualquier producción, confirma lo anteriormente expuesto: «la empresa ha de producir sus productos, el resto no».

Hay operadores especializados en distribución y manipulación, con funciones que abarcan desde la recogida en el almacén del fabricante hasta la entrega al cliente final, realizando entremedio cuantas operaciones sean convenidas.

La subcontratación puede ser rentable fiscal y laboralmente para la empresa, ya que al subcontratar pasan a ser indirectos los costes laborales y los equipos técnicos productivos, que se pagan a la empresa externa mediante una contraprestación por alquiler o unidad producida.

Figura 17. Interior de un almacén aduanero privado.

En el conjunto de la distribución y la manipulación diferenciamos una serie de fases que forman parte del proceso productivo, aunque las posibilidades logísticas son diversas en función del segmento productivo o de servicio. De forma enunciativa, hemos seleccionado los puntos operativos relativos a la entrega de mercancías, desde su preparación en una empresa productora hasta el destino final de consumo, considerando las posibilidades de destinos siguientes:

- Mercado interior.
- Exportación.
- Inclusión en régimen aduanero en el propio país.
- Inclusión en régimen aduanero en el país de destino.
- Proceso logístico de ventas o entregas.

Detallamos a continuación cada uno de los procesos que forman parte de los distintos destinos de la mercancía.

- **Destino mercado interior**

    - Recepción de la orden de entrega.
    - Preparación de la mercancía con su embalaje y puesta a disposición.
    - Recogida de la mercancía y carga en el medio de transporte.

- Aceptación de los documentos de entrega.
- Transporte con destino al mercado interior.
- Recepción de la mercancía en destino.
- Descarga en el almacén de destino.
- Verificación y control de las mercancías en almacén de destino.
- Clasificación de la mercancía. Identificación por matrículas o referencias.
- Ubicación y almacenaje de la mercancía.
- Control de existencias.

- **Destino exportación**

  - Recepción de la orden de entrega.
  - Preparación de la mercancía con su embalaje y puesta a disposición.
  - Recogida de la mercancía y carga en transporte.
  - Aceptación de los documentos de entrega.
  - Transporte con destino a la terminal aduanera de exportación.
  - Situación de la mercancía en recinto aduanero para la tramitación de los procedimientos de exportación en cualquier modalidad (compraventa en firme, mejor precio, pruebas, temporal, régimen de perfeccionamiento pasivo) y obtención de la preceptiva declaración de exportación.
  - Carga de la mercancía en transporte internacional obteniendo el documento de embarque (CMR, CIM, AWB, BL, FBL, FCR).
  - Transporte.
  - Llegada a la terminal aduanera del país de destino.
  - Descarga.
  - Inicio de los trámites de importación.
  - Cumplimentación de los requisitos de inspección sanitaria, seguridad y control preceptivos.
  - Declaración de importación y liquidación de impuestos arancelarios y demás gravámenes a la importación.
  - Transporte hasta el punto de entrega acordado.
  - Descarga en el almacén de destino.
  - Verificación y control de las mercancías en almacén de destino.
  - Clasificación de la mercancía. Identificación por matrículas o referencias.
  - Ubicación y almacenaje de la mercancía.
  - Control de existencias.

- **Destino inclusión en régimen aduanero en el propio país**

  - Recepción de la orden de entrega.
  - Preparación de la mercancía con su embalaje y puesta a disposición.

– Recogida de la mercancía y carga en transporte.
– Aceptación de los documentos de entrega.
– Transporte con destino al recinto aduanero.
– Declaración aduanera de introducción al recinto en régimen suspensivo.
– Descarga en el almacén aduanero.
– Verificación y control de las mercancías.
– Clasificación de la mercancía. Identificación por matrículas o referencias.
– Ubicación y almacenaje de la mercancía.
– Control de existencias.
– Sometimiento a la inspección aduanera.

- **Destino inclusión en régimen aduanero en el país de destino**

  – Recepción de la orden de entrega.
  – Preparación de la mercancía con su embalaje y puesta a disposición.
  – Recogida de la mercancía y carga en transporte.
  – Aceptación de los documentos de entrega.
  – Transporte con destino a la terminal aduanera de exportación.
  – Situación de la mercancía en recinto aduanero para la tramitación de los procedimientos de exportación en cualquier modalidad (compraventa en firme, mejor precio, pruebas, temporal, régimen de perfeccionamiento pasivo) y obtención de la preceptiva declaración de exportación.
  – Carga de la mercancía en transporte internacional obteniendo el documento de embarque (CMR, CIM, AWB, BL, FBL, FCR).
  – Transporte.
  – Llegada a la terminal aduanera del país de destino.
  – Descarga.
  – Inicio de los trámites de importación.
  – Cumplimentación de los requisitos de inspección sanitaria, seguridad y control preceptivos.
  – Inicio de los trámites de admisión al régimen aduanero (régimen de perfeccionamiento activo, depósito aduanero, zona franca), con sus preceptivas declaraciones.
  – Transporte al punto de destino.
  – Clasificación de la mercancía. Identificación por matrículas o referencias.
  – Ubicación y almacenaje de la mercancía.
  – Control de existencias.

- **Proceso logístico de ventas o entregas**

Efectuados los trabajos de transformación, adaptación, puesta a punto o preparación para la entrega o venta, los procesos logísticos comunes son los siguientes:

- Recepción de órdenes de entrega o de venta.
- Desubicación de la mercancía.
- Verificación del estado de la mercancía.
- Extracción de la mercancía en la cantidad necesaria.
- Preparación de pedidos u órdenes de entrega.
- Baja de existencias.
- Empaquetado, embalado y preparado para expedición.
- Preparación de la documentación y albaranes, según las condiciones contractuales de entrega a: mercado interior o exterior (en la modalidad que proceda), destino a recintos aduaneros o para la cancelación de regímenes aduaneros previamente utilizados.
- Ubicación de las mercancías en la zona de salida de cargas.
- Contratación de seguros de transporte nacional o internacional.
- Carga de vehículos para transporte al destino convenido.
- Obtención de justificantes de transporte, conocimientos de embarque, declaraciones o tornaguías.
- Entrega de la mercancía en destino o en el punto acordado del mercado interior, o en la terminal de transporte exterior, o en el recinto aduanero preceptivo y realización de los trámites para obtener la autorización de importación, tránsito o introducción en régimen aduanero.
- Continuación del transporte de la mercancía hasta el punto final acordado.
- Descarga en punto de entrega.
- Verificación y control.
- Almacenaje y ubicación.
- Proceso de facturación y gestión de cobro.

Cuanto hemos citado anteriormente ha sido detallado en función de la aplicación de los destinos y regímenes aduaneros que es posible utilizar, según se puede observar en la figura 16.

En algunos países, la distribución, desde un punto de vista de la logística de transporte, está contemplada legalmente. En España, la Ley 16/1987, de 30 de julio, de Ordenación de los Transportes Terrestres (LOTT) y el reglamento de aplicación por el RD 1211/1990, de 28 de septiembre, dan garantías legales operativas a los cargadores, transportistas, transitarios, etc., y definen sus cometidos.

Basándonos en todo lo expuesto, una posible definición de distribución es:

El servicio logístico creado para responder a las necesidades de entrega y suministro de mercancías en forma y plazo, realizado en el marco de una colaboración entre la empresa de distribución logística y el cliente usuario del servicio, buscando soluciones eficaces al problema de los suministros y la entrega de las mercancías.

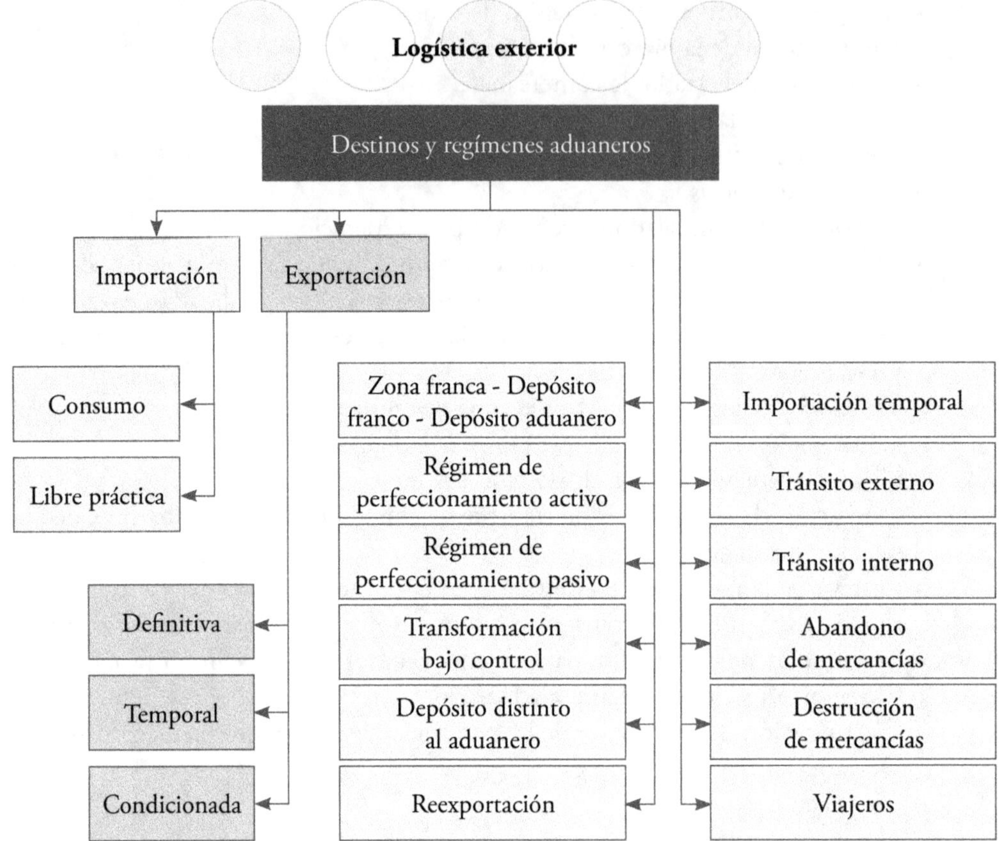

Figura 18. Destinos y regímenes aduaneros que es posible utilizar.

6   Almacenaje en régimen general y en régimen fiscal

Por este servicio, entendemos la acción de guardar mercancías en las condiciones de cumplimiento de las exigencias técnicas requeridas por el producto, completado con un control de existencias, manipulación, preparación de cargas y control de la fecha de caducidad para los productos perecederos.

El almacenaje físico se efectúa según las características del producto, por ejemplo, en depósitos, utilizando cajas, paquetes, barriles, embalajes, sacas, o contenedores adecuados.

Para manipular las mercancías es conveniente colocarlas sobre palés, plataformas o jaulas, de modo que puedan trasladarse mecánicamente por medio de carretillas elevadoras, y se facilite su posterior ubicación en estanterías o apilado en zona.

De igual forma, para las mercancías a granel, sólidos o líquidos, se utilizan silos, depósitos o contenedores, y para aquellas mercancías que precisen una temperatura controlada se debe disponer de almacenes y medios de transporte dotados de los equipos de refrigeración o congelación a la temperatura adecuada y con registro continuo de temperatura.

Los almacenajes de mercancías hay que considerarlos en dos posibilidades: una como mercancía almacenada de forma habitual del mercado interior sometida a la fiscalidad existente; y la otra, con exención fiscal, tanto arancelaria como de la imposición indirecta del IVA y los impuestos especiales, bien porque ha sido importada y no se ha despachado de aduanas almacenándose en un depósito franco o bien, aun siendo nacional, porque se ha trasladado a un almacén franco, teniendo derecho a la devolución de la imposición indirecta. Como salvaguardia fiscal, la autoridad solo necesita conocer cuántas mercancías han sido incluidas en ese régimen de exención, pero sí es preciso disponer de un control valorado de la mercancía almacenada y, a lo sumo, presentar una garantía bancaria ante la autoridad aduanera que evite y compense presuntas conductas negativas.

En la UE, y a efectos fiscales, el almacenaje puede ser de tres tipos: uno general para mercancías comunitarias o en situación de libre práctica, otro para mercancías importadas en situación de depósito franco o depósito aduanero y un tercero para mercancías comunitarias con derecho a retorno de la fiscalidad indirecta.

Por *libre práctica* entiéndase aquellas mercancías que han sido importadas de terceros países, pagando todos los impuestos arancelarios, pero no la imposición indirecta formada por el IVA y los impuestos especiales, si proceden. Esas operaciones aduaneras son muy habituales cuando se ignora el destino final de la mercancía, bien porque se destine a otro Estado miembro de la UE y en él son liquidados los impuestos indirectos, por estar prevista la exportación, o por la introducción en un almacén aduanero exento fiscalmente.

Si las mercancías almacenadas son originarias de terceros países o provienen de zonas exentas fiscalmente, debe valorarse la conveniencia de utilizar los depósitos francos, pues permitirá almacenarlas sin pagar imposición fiscal alguna. Cuando se decida el destino de la mercancía, podrá optarse por mantener la exención fiscal en los casos en que aquélla se destine a la exportación, o por la declaración de importación con pago de la deuda arancelaria correspondiente si el destino es el mercado interior.

Asimismo, cuando se trata de mercancías nacionales destinadas a un depósito franco, las legislaciones suelen autorizar la devolución de la imposición indirecta soportada durante el proceso productivo, pues se hallan en territorio exento fiscalmente, como si fuesen exportadas al exterior. En el supuesto de retorno al mercado interior, volvería a gravarse con la imposición indirecta correspondiente.

6.1 Gestión del control de existencias

Toda empresa de servicios logísticos debe ofrecer un servicio fiable de control de existencias. Las entradas y salidas de mercancías han de estar perfectamente contabilizadas y controladas. Contabilizar significa conocer en todo momento el número de unidades entradas, salidas y saldos con las respectivas fechas de cada operación. El control implica efectuar unas tareas determinadas desde el momento de la recepción de la mercancía:

- Fechar la recepción. Verificar la mercancía según los parámetros de calidad establecidos, comunicando las incidencias.
- Referenciar o dar número de matrícula a los distintos productos.
- Fijar el lote de pertenencia, proveedores y cuantos datos sean de interés.
- Ubicar en zona, estantería o módulo.
- Asegurar las mercancías según sus características.
- Efectuar controles periódicos de existencias.
- Con la llegada de las órdenes de entrega o salida de almacén, la gestión de existencias implica dar de baja a la mercancía a su salida de éste.

7 Contratación del servicio logístico de distribución

Un contrato de distribución es como un traje a medida. Las empresas que contratan el servicio de distribución, aun siendo del mismo sector, tienen necesidades distintas, y el distribuidor ha de satisfacerlas para contentar a los clientes finales. No hay dos empresas iguales, y los factores requeridos han de ajustarse a los requisitos de cada una.

La Ley 16/1987 (LOTT), en su artículo 125, define así la figura del operador almacenista y distribuidor:

Son almacenistas-distribuidores las personas físicas o jurídicas que reciben en depósito en sus almacenes o locales mercancías o bienes ajenos, realizan en relación con los mismos las funciones de almacenaje, ruptura de cargas, u otras complementarias que resulten necesarias, y llevan a cabo o gestionan la distribución de las mismas, de acuerdo con las instrucciones de los depositantes.

El tipo de mercancía, su tratamiento, el embalaje, el peso o volumen y los lotes de entrega condicionan los costos y, por consiguiente, el precio del servicio.

La extensión del servicio es otro condicionante del coste. Un servicio de distribución puede abarcar un simple almacenamiento, o extenderse a múltiples operaciones, por ejemplo, embalado y empaquetado, despacho de aduanas, distribución urbana, confección de albaranes, etc. Las posibilidades de los servicios factibles de realizar son todos aquellos que cubran la necesidad del cliente.

Hoy en día, no es extraño contratar a un operador logístico para gestionar la logística inversa, como proceso por el que se recuperan y reciclan envases, embalajes, residuos peligrosos, retornos de excesos de inventario, devoluciones de clientes, productos obsoletos e inventarios estacionales, entre otros.

8   La logística en la producción de bienes y servicios

La producción globalizada obliga a distinguir entre mercado interno y mercado externo, tanto para las compras como para las ventas. Las empresas pueden hacer acopio de mercancías en los proveedores del mercado interior o en los radicados en el exterior y al propio tiempo ofrecer sus productos fabricados a ambos mercados.

8.1   Logística del mercado interno

- Proveedores y clientes nacionales de bienes y servicios.
- Subcontratación *(outsourcing)*.

8.1.1   Proveedores y clientes

Proveedores y clientes, todos ellos sometidos a la legislación interna del código de comercio, se enfrentan a la oferta y la demanda en la economía de mercado, salvo en las situaciones en que existe una planificación económica. En consecuencia, un productor de bienes y servicios ha de intentar satisfacer, en la forma más eficiente posible, las exigencias del cliente. Eso comporta una extrema racionalización de los sistemas productivos para lograr un suministro al menor coste, cuestión en que la logística interviene a lo largo de la cadena productiva para garantizar la competitividad del producto que se ofrece.

En los supuestos de producciones monopolísticas, la ley de la oferta y la demanda deja de existir, y por lo tanto, carece de interés ser más o menos efectivo; cuando el precio absorbe todos los costos de la ineficacia del sistema, la eficiencia logística se convierte en una anécdota.

Conviene observar la evolución del mercado, pues muchos monopolios han desaparecido, arrastrando al abismo a empresarios y empleados. Baste valorar, por ejemplo, un simple acuerdo internacional que permita la entrada de productos sustitutivos en aquel mercado cautivo, o la privatización de empresas por causa de los acuerdos internacionales, como fue el caso de las empresas españolas Repsol o Telefónica, que comportó una reorganización muy significativa.

8.1.2   Subcontratación

La subcontratación responde a causas bien definidas, previamente analizadas, valoradas en costes y eficiencia esperada.

Los motivos de la subcontratación responden a los siguientes criterios económicos:

- **Preferencia por costes variables**
  La subcontratación tiene especial incidencia cuando la alta rigidez del mercado laboral aconseje soportar costes variables en lugar de costes fijos. Es el caso de la contratación externa del mantenimiento de equipos e instalaciones.

- **Puntas de demanda**
  Cuando un exceso de demanda obligue a contratar externamente parte de la producción.

- **Motivos tecnológicos**
  Referido a las necesidades de alta especialización, que obligan a contrataciones externas.

- **Servicios complementarios**
  La empresa especializada en su producción deja de ser eficiente cuando acomete otros servicios ya existentes en el mercado, por lo que tiende a contratar externamente cuantos servicios le sean rentables económicamente, por ejemplo: almacenaje, preparación de pedidos y distribución, transporte, gestión aduanera, publicidad, etc.

- **Servicios financieros, seguros y crédito oficial**
  En este apartado cabe distinguir:

  - *Entidades financieras*
    Se basan en los fondos propios y ajenos. Los segundos suponen una estrecha alianza con las entidades financieras, bancos, cajas de ahorro, cooperativas financieras de crédito y entidades de préstamo. En un mercado abierto a la competencia, permite acudir al crédito a cualquier entidad, y contratar en las condiciones más favorables.

  - *Compañías de seguros*
    La legislación permite el autoseguro, sin embargo, conviene utilizar las compañías especializadas. Los riesgos que hay que cubrir son muy diversos y ello requiere un especialista en matemática actuarial.
    Desde una óptica empresarial, cada vez hay más necesidades que cubrir. Se utilizan los seguros ante los riesgos de daños y pérdidas de mercancía en el transporte, según las condiciones de entrega pactadas en el contrato de compraventa frecuentemente según las reglas Incoterms® de la Cámara de Comercio Internacional, cuya última versión entró en vigor el 1 de enero de 2011. Contratamos seguros ante riesgos económicos o de insolvencia del cliente establecido en el extranjero, e incluso ante riesgos políticos o extraordinarios que pudieran ocurrir en otro país. También contratamos pólizas de seguros específicos de responsabilidad

civil frente daños a terceros, robo, hurto, accidente, incendio, rayo, explosión, catástrofe, asistencia médica e incluso ante errores administrativos que perjudiquen a nuestro cliente. Cualquier eventualidad que signifique un riesgo es asegurable.

– *Crédito oficial*
En razón de determinadas políticas económicas, los gobiernos ofrecen créditos en condiciones favorables a las empresas, los empresarios autónomos y ciudadanos en general. En España, el Instituto de Crédito Oficial (ICO), creado por la Ley 13/1971 de 19 de junio, realiza ese cometido; sus objetivos son:

> Sostener y promover las actividades económicas que contribuyan al crecimiento y a la mejora de la distribución de la riqueza nacional y, en especial, aquellas que, por sus trascendencia social, cultural, innovadora o ecológica, merezcan una atención prioritaria.

> El ICO ha ofrecido créditos a bajo interés destinados a la «inversión sostenible» con evidente mejora del uso eficiente de los recursos, para potenciar la exportación de bienes producidos, para la adquisición de vehículos, equipos informáticos o empresas, entre otros.

- **Servicios de asesoría**
  Los servicios de asesoría contable, fiscal o laboral con frecuencia son contratados con empresas especialistas externas. Igualmente, bien por imperativo legal o por estatutos societarios han de efectuarse auditorias, cuyo informe proviene de la contratación de empresas externas, las cuales gozan del presunto principio de neutralidad.

8.2 *Logística del mercado externo*

Las actuaciones empresariales internacionales pueden clasificarse en unos ámbitos específicos. Consideramos:

- Proveedores extranjeros de bienes y servicios.
- Clientes extranjeros de bienes y servicios.
- Subcontratación de servicios externos.
- Aplicación de los regímenes aduaneros económicos.

8.2.1 *Proveedores extranjeros de bienes y servicios*

Cuando el mercado exterior está a disposición de las empresas, se abre un amplio abanico de posibilidades de contratación de compras de bienes y de prestación de servicios.

Obviamente, si la legislación nacional carece de un cierto grado de libertad de contratación, cuanto exponemos debe adecuarse a la normativa legal en vigor.

Acudir al exterior para comprar mercancías presupone la existencia de alguna ventaja comparativa frente al mercado doméstico. Son factores decisivos de la compra exterior: el precio, el nivel técnico, el cumplimiento de los requisitos exigidos o la reducción del plazo de entrega.

Ante los servicios, también son un complemento y una alternativa a la tradicional prestación por empresas interiores.

Este contexto de suministros desde el exterior potencia la logística adaptada al mercado que ofrece la importación y la exportación, lo cual implica planificar las cadenas logísticas para hacer llegar esos bienes y servicios a sus empresas consumidoras.

Existen empresas de gestión de compras, radicadas en distintos países, cuya misión es cooperar con los potenciales compradores extranjeros ofreciendo su conocimiento del mercado interno.

También los operadores económicos integrados en la cadena logística del mercado exterior son interlocutores válidos para la empresa importadora o exportadora, según sus cometidos y especialidades.

Un mercado abierto permite acudir al crédito a cualquier entidad, radicada o no en el propio país y en la divisa más apropiada. Ello significa una competencia crediticia que las empresas pueden y deben utilizar para aminorar los costes financieros.

Las compraventas internacionales han de cumplir las normas del comercio exterior. Además, dado que las mercancías se trasladan de un país a otro, no siempre los requisitos de la política comercial, fiscal o arancelaria son idénticos, por tanto, hay que conocer en profundidad las legislaciones arancelarias y las normas concretas para cada producto.

Una operación de comercio exterior requiere:

- Realizar los obligatorios despachos de aduanas aportando la correspondiente documentación aduanera, así como presentar ante los organismos oficiales de vigilancia los documentos necesarios para el control de las mercancías, liquidando las deudas tributarias en la forma y el plazo preceptivo.
- Cumplir con la legislación sobre derechos de propiedad intelectual, marcas y patentes.
- Respetar las normas de origen, exigiendo los certificados justificativos según la normativa legal, en especial si existen convenios que conlleven beneficios fiscales a la importación.
- Contratar transportes en cualquier modalidad, así como los seguros que cubran los riesgos durante el transporte.
- Utilizar almacenes cuando proceda, en las variantes de carga general, depósitos francos o aduaneros.
- Verificar y controlar las mercancías previas al embarque emitiendo las correspondientes certificaciones.

- Cumplir los requisitos técnicos oficiales exigidos por el país de importación, así como los propios del comprador.
- Conocer, en la medida de lo posible, los usos y costumbres del país receptor, así como disponer de información sobre la normativa técnica y de homologación.
- Asistir directamente o por persona delegada a las inspecciones físicas o documentales en el punto de importación y durante el periodo legal de control posterior de las operaciones, aceptando o no las actas de inspección e interponiendo los recursos administrativos cuando procedan.

Para llevar a buen término cuantas operaciones hemos citado, debemos considerar dos entes complementarios. Por una parte, los operadores económicos especialistas en los distintos ámbitos del comercio y de la industria, y por otra, los organismos de la administración pública reguladores del comercio exterior.

8.2.2   *Clientes extranjeros de bienes y servicios*

En su necesidad de crecimiento, las empresas tienden a conseguir nuevos mercados radicados en el exterior. El incremento de la producción, el control de costes, la inversión en nuevos conocimientos y los rendimientos esperados son determinantes, sobre todo si el mercado interior presenta alguna saturación. Este interés de atracción, en ocasiones una necesidad, por los mercados exteriores responde a diversas causas: conseguir beneficios adicionales, optimizar economías de escala, disponer de mercados sustitutivos, competir en un mercado más amplio, colocar excedentes productivos, etc.

La exportación requiere cierta especialización. El problema que afronta la empresa exportadora ante los mercados exteriores es muy distinto al de su ámbito habitual de actuación nacional. El análisis, el estudio y la preparación para la toma de decisiones serán imprescindibles, y una adecuada logística exterior será primordial para alcanzar los objetivos propuestos.

El departamento comercial responsable de la exportación ha de conocer y utilizar adecuadamente a los operadores económicos integrantes de la cadena logística, para que sus productos lleguen a los potenciales compradores; para ello debe emplear los recursos de mercadotecnia más adecuados y aplicar el canal de ventas que se considere óptimo.

Cuando una empresa decide dirigir sus productos a los mercados exteriores, debe tener presente lo siguiente:

- **Posición de la empresa en el mercado interior**
  Durante mucho tiempo se ha dicho que «cuanto más afianzada esté la empresa en el mercado interior tanto más fácil le será aventurarse al exterior». En la actualidad, tal afirmación no siempre es exacta. En muchas ocasiones, la baja demanda

interna obliga a las empresas a buscar mercados exteriores, con independencia de la posición que detenten en el mercado interno.

En otras situaciones, salvo las excepciones de monopolio u oligopolio, una empresa gana su mercado principalmente por éxito del binomio calidad-precio. Entendiéndose por calidad no solo la del producto que cumple los requisitos esperados por el comprador, sino también la de la propia empresa, es decir, el prestigio ganado por su seriedad ante la clientela, respetando plazos de entrega, cumpliendo las exigencias técnicas del producto, prestando asistencia técnica adecuada, mostrando responsabilidad ante el mercado y dando el servicio que espera recibir el cliente.

A este punto, conviene precisar el concepto de calidad del producto, bien sea un bien o un servicio.

- **Calidad de producto**
  Es el grado de cumplimiento de los requisitos exigidos por el comprador. Todo producto debe cumplir una serie de requisitos en función de las especificaciones de sus características técnicas o prestaciones que debe cumplir. Solo entonces el producto es de la calidad deseada por el cliente.

- **Calidad de servicio**
  Un servicio es el cumplimiento de una serie de prestaciones que exige el cliente, el cual estará satisfecho en la medida que éstas se cumplan.

  Dentro de una empresa, un departamento es cliente y proveedor de los demás, la recepción de instrucciones bien hechas en función de los requisitos necesarios cumplen la exigencia de un servicio bien hecho. En general, esta exigencia significa el cumplimiento de los requisitos que precisa para su satisfacción, lo cual requiere un análisis de procesos y de su trazabilidad.

- **Calidad logística**
  Es el grado de satisfacción que esperamos obtener de las distintas fases que componen una cadena logística determinada.

  La empresa exportadora debe evaluar cuantas empresas intervengan en su cadena logística, pues los incumplimientos repercuten negativamente en su clientela.

- **Seguridad financiera**
  La capacidad financiera, bien por contar con recursos propios o por poder acceder a créditos ajenos, es una cuestión primordial que hay que resolver antes de iniciar el proceso exportador.

  La exportación debe enfrentarse con la competencia existente en el país que quiere introducirse, más la probable de terceros países que también actúan en aquel mercado. Todo ello se traducirá en inversiones y financiación para darse a conocer e implantarse en el mercado de acogida. Es decir, la empresa debe desarrollar un plan estratégico de captación de recursos económicos.

- **Capacidad para realizar planes a medio y largo plazo**
  Los mercados exteriores, en principio, no son conocidos, por ello es necesario estudiar aquellos en los que la empresa desee implantarse, y trazar planes a medio y largo plazo para introducir sus productos. Una buena logística ayudará a conseguir el objetivo; ello significa plantear unos objetivos y diseñar una táctica para acometerlos, tal y como prevé el análisis logístico.

- **Posibilidad de flexibilizar el proceso productivo**
  La capacidad de producción tiene que adecuarse a las nuevas expectativas, tanto en incremento de producción como en diseños ajustados a las características de la demanda. Es decir, ajustarse a las exigencias de calidad, según los requisitos que desea el mercado exterior.

  Los productos han de cumplir las especificaciones técnicas del país de introducción, las cuales no tienen por qué coincidir con las del país exportador. Asimismo, embalajes, folletos, catálogos, normas técnicas y homologaciones han de adecuarse a las existentes en el país de importación.

- **Formas de introducción en el mercado exterior**
  Cabe distinguir entre directa, indirecta e inversión productiva:

  - *Introducción directa*
    Se realiza por los propios medios. Así, una vez estudiado y valorado el mercado, hay que afrontar por sí misma la exportación del producto y su introducción en ese nuevo mercado exterior.

    Esta presencia directa también puede hacerse por medio de terceros, bien sean empresas o profesionales de la venta. Así, tenemos distintas figuras: el corredor comerciante independiente o bróker, el representante asalariado, la organización de ventas o empresa de comercio, el agente comisionista en exclusiva o no cuyas compraventas las efectúan sus clientes, el agente por cuenta propia que realiza las operaciones de compra y venta, las cuales pueden ser en exclusiva o no.

  - *Introducción indirecta*
    Consiste en la cesión de patentes, marcas o tecnología, o bien en la asociación con otros partícipes compartiendo el control de una empresa productiva de líneas de fabricación similares. Es una forma de *joint-venture* o, en general, cualquier otra forma contractual que no precise la participación directa en el mercado.

Se trata, por ejemplo, de efectuar contratos de colaboración con compañías comerciales exportadoras, las llamadas compañías de comercio exterior. Su diversidad en los campos de actuación es muy amplia, y sus negocios, extendidos en una red mundial de oficinas, incluyen ofrecer los productos, concertar seguros, transportes, contratar almacenes, buscar medios de financiación y gestionar los cobros y los pagos.

Otra opción es el consorcio de exportación. Consiste en una agrupación de empresas que utiliza sus propias sinergias, debidamente encauzadas a la exportación, para prestar una pluralidad de servicios:

- Prospección, promoción, estudio de mercados, expedición, asistencia técnica y asesoría.
- Participación conjunta en ferias, exposiciones y congresos para la promoción de sus productos, o bien participando conjuntamente en concursos y proyectos técnicos internacionales.
- Agrupación de producciones para ser vendidas, conjuntamente, por una comercial de ventas de exportación, o bien establecer una cooperación entre varias empresas, delegando en una de ellas la gestión exportadora.

— *Inversión productiva*
Referida a la creación de una empresa productiva en el exterior. En este supuesto, la empresa precisa de una colaboración intensa de asesoría en diversos ámbitos: en materia fiscal, política arancelaria, legislación societaria, contratación laboral, control de cambios y liberalización del mercado de divisas, estudio del mercado y segmentos potenciales, capacidad de renta disponible por los compradores, recursos humanos disponibles y nivel de capacitación de la mano de obra, política comercial, capacidad de la industria auxiliar y de servicios y de la oferta existente de proveedores en general.

También será imprescindible conocer las infraestructuras existentes, en particular la disponibilidad de la red de carreteras, ferrocarriles, nodos logísticos, *clusters,* puertos y aeropuertos.

- **Recursos humanos disponibles para alcanzar los nuevos objetivos**
La disponibilidad, en la propia empresa, de personal con conocimiento de idiomas y especialistas de la venta supone una positiva ventaja. Por el contrario, si este personal hay que formarlo o buscarlo, ello implica un costo y un tiempo invertidos hasta que esté capacitado para actuar en el exterior. Todo producto precisa unos especialistas para la venta, condicionados al grado de desarrollo técnico del mismo.

- **Imagen exportadora**

  Es ocasiones, los países gozan de una imagen positiva en el exterior, que hay que utilizar en ayuda del exportador. Por ejemplo, los quesos holandeses tienen una atractiva imagen, también la moda y la perfumería francesa, el diseño italiano o la construcción alemana de maquinaria.

  Para no dañar esa imagen, y si es posible engrandecerla, conviene que las empresas que se subcontraten estén familiarizadas con ese objetivo; han de tomarse las medidas oportunas para que los operadores de la cadena logística participen en ese mantenimiento positivo.

- **Resultados objetivos**

  Los resultados esperados por la empresa exportadora responden a las siguientes formulaciones:

Beneficio bruto B_b. Cociente entre gastos G y ventas V:

$$B_b = \frac{G}{V} \times 100.$$

Beneficio neto B_n. Considerando los impuestos I:

$$B_n = \frac{G + I}{V} \times 100.$$

- *Productividad P.* Diversificada en los diversos recursos consumidos y factores de producción necesarios en el proceso de producción. Es decir, la productividad tendrá diversos ratios, al dividir la cantidad de producto compensador K obtenido por los distintos parámetros de diversificación, por ejemplo por los recursos humanos empleados R_h, o las materias primas M_p consumidas, etc.

  Así, por ejemplo, tenemos:

Productividad del trabajo P_1:

$$P_1 = \frac{K}{Rh} \times 100.$$

Productividad de los materiales empleados P_2:

$$P_2 = \frac{K}{Mp} \times 100.$$

Productividad del factor P_n a coste C_n:

$$P_n = \frac{K}{C_n} \times 100.$$

Por tanto, la productividad total P_t será la suma de las distintas productividades valoradas:

$$P_t = (P_1 + P_2 + P_3 + \ldots + P_n).$$

Lo cual equivale a que la productividad total P_t es el cociente entre la cantidad de producto obtenido K, medido en la unidad que le corresponda para esa producción y los recursos o factores F de producción, consumidos durante el proceso productivo:

$$P_t = \frac{K}{F} \times 100.$$

— *Economicidad E.* Máxima producción obtenida de unos factores determinados, es decir, el mínimo empleo de factores por unidad producida. Podemos obtener varios ratios de factores concretos, por ejemplo:

  - Economicidad del gasto E_g será el cociente entre el gasto real G_r y el previsto G_p:

$$E_g = \frac{G_r}{G_p} \times 100.$$

  - Economicidad del beneficio B_r será el cociente entre el beneficio real B_r y el previsto B_p:

$$E_r = \frac{B_r}{B_p} \times 100.$$

– *Rentabilidad R.* Es el cociente entre el beneficio y el capital C de la empresa:

$$R = \frac{B}{C} \times 100.$$

8.2.3 *Subcontratación de servicios externos en el comercio internacional*

La empresa debe analizar la problemática del mercado exterior, relacionando las necesidades que hay que cubrir para hacer llegar sus productos a los puntos de entrega acordados.

Para cumplir con sus obligaciones comerciales, precisará realizar los servicios de exportación según las condiciones contractuales pactadas, y el asesoramiento de los operadores logísticos le permitirá cumplir con garantías suficientes las obligaciones legales de las que sea responsable: el cumplimiento de las políticas comerciales de exportación, de los procedimientos aduaneros, del transporte y seguro…

En todos estos casos, la subcontratación es un sistema eficaz para agilizar las entregas.

Atendiendo a una clasificación no limitativa, son operadores económicos de la cadena logística en las operaciones de comercio internacional los siguientes:

- **Comprador**
  Persona física o jurídica que efectúa la operación de compra de mercancías o servicios a un país extranjero o área económica fiscal distinta de aquella en la que se encuentra situado.

- **Vendedor**
  Persona física o jurídica que efectúa la operación de venta de mercancías o servicios a un país extranjero o área económica fiscal distinta de aquella en la que se encuentra situado.

- **Importador**
  Persona física o jurídica que sea legalmente considerada sujeto pasivo de la entrada de bienes y servicios del exterior a su área económica fiscal.

- **Exportador**
  Persona física o jurídica que sea legalmente considerada sujeto pasivo de la expedición de bienes y servicios desde su área económica fiscal a otra distinta.

Las figuras anteriores pueden coincidir en la misma persona, ello está función del modo de contratación, del sistema de libertad comercial existente y de la legislación sobre empresas vinculadas con carácter independiente, por lo cual puede existir duplicidad en la atribución de las funciones, como suele suceder con las figuras de comprador-importador, o de vendedor-exportador.

- **Agente comercial intermediario**
  Todo aquel que por cuenta ajena realiza operaciones de compraventa entre áreas económicas distintas.

  Sus funciones consisten en contactar los clientes, tanto de importación como de exportación, gestionando las operaciones de compraventa hasta llevarlas a buen fin.

  A título informativo, la legislación de la UE, en la Directiva 86/653/CEE del Consejo, de 18 de diciembre de 1986, establece la coordinación de los derechos de los Estados miembros en lo referente a los agentes comerciales independientes, dando la siguiente definición y cometidos:

  Se entenderá por agente comercial a toda persona que, como intermediario independiente, se encargue de manera permanente ya sea de negociar por cuenta de otra persona, denominada «empresario», la venta o la compra de mercancías, ya sea de negociar y concluir estas operaciones en nombre y por cuenta del empresario.

  Además, establece los siguientes derechos y obligaciones:

  «El agente comercial deberá, en el ejercicio de sus actividades, velar por los intereses del empresario y actuar de forma leal y de buena fe. En particular, deberá:

  a) Ocuparse de la negociación y, en su caso, de la conclusión de las operaciones de las que esté encargado.
  b) Comunicar al empresario toda información necesaria de que disponga.
  c) Ajustarse a las instrucciones razonables que le haya dado el empresario.

  En sus relaciones con el agente comercial, el empresario habrá de actuar de forma leal y de buena fe. En particular, deberá:

  a) Poner a disposición del agente comercial la documentación necesaria que esté en relación con las mercancías de que se trate.
  b) Procurar al agente comercial las informaciones necesarias para ejecutar el contrato de agencia, y, en particular, en el momento en que prevea que el volumen de las operaciones comerciales va a ser sensiblemente inferior al que el agente comercial hubiera podido esperar, ponerle al corriente de ello, con razonable antelación.

c) Informar al agente comercial, dentro de un plazo razonable, de su aceptación, su rechazo o de la no ejecución de una operación comercial que le haya proporcionado».

La legislación española hace referencia a la citada Directiva 86/653/CEE, en la Ley 12/1997, de 27 de mayo, sobre contrato de agencia.

* **Agente y comisionista de aduanas**
Titulación reconocida en el artículo 5 del código aduanero, para toda persona física poseedora del título oficial que le habilita para la profesión y está capacitada legalmente para efectuar declaraciones, así como otros actos y formalidades, con el fin de asignar un determinado régimen aduanero a las mercancías.

Los agentes y comisionistas de aduanas, en su carácter de profesionales de la mediación entre la administración y el comercio y en su consideración de colaboradores de la administración aduanera, se encuentran sometidos a la permanente jurisdicción de departamento de aduanas e impuestos especiales de la agencia estatal de administración tributaria que la ejercerá, tanto respecto a la actuación de los colegios oficiales como sobre la de sus colegiados.

Sus funciones y responsabilidades son las propias de un experto en comercio exterior. De forma enunciativa, podemos citar, entre otras: obtener autorizaciones y licencias de exportación y de importación, preparar plicas documentales, controlar los créditos documentarios, tramitar cuotas y contingentes, cumplimentar solicitudes, permisos y autorizaciones ante los organismos oficiales, contratar seguros, ofrecer asistencia a las inspecciones fiscales y aduaneras y asesoramiento general en la materia.

* **Representante aduanero**
Persona que cumple las condiciones legales para realizar los trámites aduaneros por cuenta de sus comitentes. En la legislación de la UE, la autorización de tal cometido está definida en el artículo 11 y en los siguientes del código aduanero. Sus competencias son similares a las descritas para el agente de aduanas, si bien el grado de capacitación, en lugar de obtenerlo tras un examen, es una autorización administrativa de prestación del servicio.

Cada Estado dicta las normas legales pertinentes para actuar como representante aduanero.

* **Agente transitario**
Persona física o jurídica capacitada para gestionar y contratar transportes internacionales en cualquier modalidad, reglada en el ordenamiento español, en el artículo 126 de la Ley 16/1987 de ordenación de los transportes terrestres y con medidas de aplicación según el RD 1211/90, de 28 de septiembre. Podrá ejercer

su función de organizador de los transportes internacionales y de aquellos que se efectúen en régimen de tránsito aduanero, realizando en relación con los mismos las siguientes actividades:

- Contratación en nombre propio con el transportista, como cargador, de un transporte que a su vez haya contratado, asimismo en nombre propio, con el cargador efectivo, ocupando frente a éste la posición de transportista.
- Recepción y puesta a disposición del transportista designado por el cargador, de las mercancías a él remitidas como consignatario.
- Gestión del transporte, en cualquier modalidad, siendo por tanto un especialista en el tráfico intermodal, raramente propietario de los medios de transporte, los cuales subcontrata.

En síntesis, la empresa transitaria busca la mejor forma y medio de transporte para los envíos de mercancías. Para ello dirige, controla y coordina todas las operaciones necesarias de los transportes internacionales; organiza el transporte de origen a destino, incluso en la modalidad «puerta a puerta»; agrupa mercancías, y realiza gestiones de cobro de las mismas por cuenta de sus clientes, asegurándolas contra cualquier siniestro; informa sobre normas y procedimientos inherentes al servicio; y se ocupa de los embalajes y del acondicionamiento de las mercancías.

La soberanía nacional determina la formación y los requisitos necesarios para ejercer la actividad de transitario. En unos casos será preciso realizar un curso de capacitación, acreditar un comportamiento fiscal y demostrar honorabilidad; en otros, la aportación de conocimientos profesionales será suficiente.

Debe considerarse la dualidad existente en el mercado de empresas transitarias y de empresas comisionistas de tránsito. La primera está debidamente regulada por la legislación, como en España por la LOTT, y la segunda queda circunscrita a la actividad empresarial, a la que cualquier persona física o jurídica puede acceder.

El ámbito geográfico de actuación de la empresa transitaria es una prioridad. Le interesa estar presente en el mayor número posible de países al objeto de operar tráficos con ellos. Para conseguirlo, amplía y mejora el servicio ofertado de su «red de líneas de transporte» y de oficinas de representación propias o a través de agentes corresponsales, quienes conocen bien el mercado y los procedimientos legales de actuación, ya que cada país tiene sus propias normativas, formas y costumbres.

Frecuentemente, la empresa transitaria tiene por objetivo agrupar y consolidar gran diversidad de partidas heterogéneas, es decir, el transporte conocido como grupaje o agrupación de cargas. El proceso consiste en agrupar mercancías en los almacenes, poner a disposición el vehículo oportuno para el viaje, cargarlo, despacharlo de aduanas cuando sea necesario y facilitar al conductor cuanta documentación requiera, tanto la del vehículo como la de régimen económico del tráfico de las mercancías que transporta según convenios internacionales.

En cuanto a la obtención de la titularidad profesional de transitario en España, ésta ha sido desarrollada en la OM de 28 de mayo de 1999. También cabe destacar la OM de 21 de julio de 2000 sobre la constitución de agencias de transporte, empresas transitarias y de almacenistas distribuidores.

- **Agente almacenista y distribuidor**
  Persona física o jurídica, reconocida en la LOTT, artículos 125 y siguientes, sobre las actividades de mediación con funciones logísticas específicas de almacenaje y distribución de mercancías.

  La ley define así al almacenista-distribuidor: personas físicas o jurídicas que reciben en depósito en sus almacenes o locales mercancías o bienes ajenos, realizan en relación con los mismos las funciones de almacenaje, ruptura de cargas, u otras complementarias que resulten necesarias, y llevan a cabo o gestionan la distribución de los mismos, de acuerdo con las instrucciones de los depositantes.

- **Transportista terrestre**
  Es la persona física o jurídica que dispone de autorizaciones y vehículos para efectuar el transporte de mercancías en servicio público, siendo el propietario de los medios de transporte. Cuando las necesidades empresariales lo aconsejen, subcontratará vehículos para cubrirlas, pero ello no le exime de sus responsabilidades frente a terceros.

  La íntima relación contractual entre la empresa transportista terrestre y la transitaria queda materializada en un contrato de prestación de servicios, siempre que exista una continuidad del mismo que permita poner en circulación al menos un vehículo en rotación. El primero dispone el vehículo y el segundo ofrece la carga.

  Los factores más importantes que cabe destacar de un contrato transitario-transportista son:

  - Coste de terminal en origen a terminal en destino.
  - Kilómetros de franquicia.
  - Coste de kilómetro suplementario, o a tanto alzado por trayecto.
  - Tiempo de tránsito.
  - Control de mantenimiento de los vehículos.
  - Número de rotaciones en un tiempo determinado.
  - Tipo y características del vehículo contratado.
  - Antigüedad del vehículo.
  - Control de los tiempos de recorrido.
  - Control de quejas y reclamaciones.
  - Seguros de transporte y de responsabilidad civil.
  - Coste de la distribución de la mercancía en destino.
  - Capacitación del conductor.

- **Compañía aérea**
  Es el transportista, propietario de los aviones o gestionando otros bajo su responsabilidad, debidamente regulado por el Convenio de Montreal de 28 de mayo de 1999, modernizando el Convenio de Varsovia de 1929, aplicado al transporte internacional de personas, equipaje o carga efectuado por aeronaves. Sus obligaciones y responsabilidades respecto al pasaje y la carga se definen en dicho convenio.

- **Agente de carga aérea**
  Es el agente autorizado para relacionar expedidores o cargadores y transportistas. Actúa como mediador entre los expedidores y las compañías aéreas, ocupándose de la concertación y emisión de los contratos de transporte; es, pues, un comisionista de tráfico.

  Al igual que el transitario terrestre, la expansión con oficinas propias o por medio de agentes corresponsales es prioritaria para dar un buen servicio a los expedidores o cargadores. Periódicamente, se realizan cursos de capacitación a través de las asociaciones empresariales de transitarios y asimilados siguiendo las recomendaciones de la Iata.

- **Transporte marítimo**
  Este tráfico de mercancías comporta la intervención de los siguientes sujetos operativos:

  - *Propietario del buque.* No necesariamente tiene que ser el explotador del mismo.
  - *Armador o naviero.* Puede coincidir como la empresa propietaria del buque, o bien realizar la gestión por encargo del propietario, o bien como cargador.
  - *Fletador o gestor naval.* La empresa que fleta el buque total o parcialmente y lo pone en explotación para uno o varios viajes. Es un operador del buque sin ser su propietario.
  - *Cargador.* Persona que encarga un transporte marítimo y lleva la mercancía a puerto para su carga bien directamente o a través de las empresas intermediarias que ha contratado, como lo sería el agente de aduanas, la empresa transitaria o el transportista. Aparece en el conocimiento de embarque, como responsable del embarque.
  - *Agente consignatario de buques.* Representante del armador, naviero o fletador en los puertos de escala. Se ocupa, por cuenta de los cargadores, de las gestiones oficiales relativas al muellaje de la mercancía y las manipulaciones portuarias, contratando las empresas auxiliares para las operaciones de carga y descarga. Efectúa la labor comercial, como agente fletador, al conseguir carga para el buque y distribuir la descargada a los destinatarios, contratando los transportes auxiliares necesarios. Atiende al capitán y su tripulación en las necesidades de avituallamiento y de mantenimiento del buque.

- *Autoridad portuaria.* Entidad que interviene en la actividad propia del puerto, efectuando sobre las mercancías, buques e infraestructuras la supervisión, el control y la inspección de los servicios que prestan, la seguridad de instalaciones y mercancías, la adecuación de los almacenajes y la manipulación de mercancías, y de los movimientos de buques.
- *Capitanía marítima.* Organismo, generalmente dependiente de la Administración, encargado del control del tráfico marítimo, siendo responsable de las autorizaciones de entrada y salida de buques, homologación de buques y defensa de las infraestructuras.
- *Práctico.* Especialista en las funciones de asistencia al amarre de buques por medio de remolcadores.
- *Estibadora.* Empresa que realiza las operaciones de estiba y desestiba.
- *Capitán.* Persona cuya profesión le habilita para la navegación, siendo responsable de la seguridad, navegabilidad e inspección del buque, y comprobación de la carga. Es el máximo representante a bordo con respecto a la bandera que ostenta el buque, y suele estar contratado por el armador, no por el fletador.
- *Consignatario de la mercancía.* Persona física o jurídica que figura como destinatario de la mercancía en el conocimiento de embarque.
- *Propietario de la mercancía.* Persona que tenga los derechos legales de titularidad sobre la misma, si bien en el transporte marítimo debe aparecer como tal en el conocimiento de embarque, pues la mercancía será entregada a quien figure en él.
- *Corredor de buques y de cargas.* Son los intermediarios en los fletamentos entre naviero y fletador. Los corredores de buques o *shipbrokers* son los que representan al naviero, y los corredores de carga o *cargobrokers* representan al fletador.

- **Entidades de verificación y control**
  El comercio exterior precisa de controles previos al embarque de mercancías para garantizar la cantidad, calidad y naturaleza de los productos transportados. Los interesados pueden contratar a tal efecto empresas especializadas y acreditadas en sus certificaciones.

  Para la verificación, un especialista inspecciona visual y físicamente la mercancía; para ello, cuenta el número de unidades y de bultos, valora los pesos y volúmenes declarados, comprueba el cuadre de los datos y las descripciones de los documentos, toma muestras, analiza y certifica datos técnicos según las especificaciones.

- **Organismos oficiales de control**
  La organización de aduanas comprueba en los puntos fronterizos y lugares habilitados las mercancías objeto de tráfico de importación o de exportación:

  - Verifica el contenido de las facturas presentadas a despacho aduanero, precios, condiciones de entrega y descripciones.

– Comprueba la modalidad de la operación comercial, así como el destino o el régimen aduanero de la mercancía.
– Aplica las tarifas arancelarias, según la clasificación que corresponda, y cualquier otra imposición que tenga delegada, agrupando los datos en las declaraciones de aduana, con ingreso de la deuda tributaria en el plazo reglamentario, o bien otorgando franquicias cuando proceda.
– Hace cumplir las normas técnicas, de política comercial y de seguridad sobre la mercancía y cuantas otras tenga delegadas por los distintos organismos del Estado que intervengan en el comercio exterior, exigiendo las preceptivas autorizaciones y certificaciones.

- **Control sanitario, técnico y de seguridad**
  Como obligación previa a la importación o exportación, han de realizarse los preceptivos controles sobre las mercancías en las dependencias habilitadas a tal fin, extrayendo las oportunas muestras para análisis y aportando la documentación que corresponda.

- **Certificaciones de otros entes**
  En el comercio internacional es frecuente que los compradores o importadores soliciten certificaciones y documentos especiales, por ejemplo: certificación de la cámara de comercio sobre listas de precios o autenticidad de firmas, visado consular de facturas, lista de contenido, certificado de la empresa consignataria referente a navegabilidad del buque, etc. El exportador debe solicitarlos directamente a los operadores económicos específicos, o bien encargarlos a los agentes de aduanas o transitarios.

9 La figura del operador económico autorizado

En adelante, las empresas exportadoras de bienes han de tener muy presente la figura del operador económico autorizado (OEA), pues los clientes la exigirán como garantía de seguridad de las mercancías y de los proveedores que intervengan a lo largo de la cadena logística. Ha de considerarse su conveniencia, ya que su carencia limitará o excluirá su participación en ofertas internacionales.

La UE estableció inicialmente esta figura en el Reglamento 1875/2006, posteriormente ratificada y ampliada en el artículo 13 y en los siguientes del Código Aduanero Modernizado.

La definición de operador económico autorizado es:

Persona física o jurídica que, en el marco de su actividad profesional, efectúa actividades reguladas por la legislación aduanera, gozando de confianza en toda la Unión Europea y que puede realizarlas en cualquier Estado miembro.

La puesta en marcha de la figura del OEA responde a la necesidad de control del movimiento de mercancías en el comercio exterior y de las empresas que participen en él a lo largo de las manipulaciones, los almacenamientos y movimientos de la cadena logística, junto con los controles habituales aduaneros, en evitación de actos criminales, terroristas, protección de las personas y del medio ambiente.

Ser operador económico autorizado no es requisito obligatorio para el ejercicio de la actividad profesional, aunque resulta conveniente si hay relación con el exterior. La solicitud de inclusión en esa certificación depende de cada interesado, una vez valorados los costes y los beneficios.

Las personas establecidas en la UE interesadas en actuar como tales operadores han de presentar sus solicitudes a las dependencias de aduanas de sus respectivos países. En España, la Agencia Estatal de Administración Tributaria determinará si se está capacitado o no para tal función, no siendo excluyente el tamaño del negocio. La Comisión Europea considera que son merecedoras de tal autorización las actividades siguientes: fabricantes, exportadores, transportistas, transitarios, expedidores, representantes aduaneros, almacenistas e importadores. Actividades que coinciden con los operadores económicos anteriormente comentados.

Hay tres tipos de certificados de capacitación de operador económico autorizado:

- Simplificaciones aduaneras.
- Seguridad y protección.
- Simplificaciones y seguridad (conjunto de las dos primeras).

Para conceder la certificación, según el Reglamento CE 1875/2006, debe considerarse lo siguiente:

- Historial satisfactorio de cumplimiento de los requisitos aduaneros.
- Sistema adecuado de gestión administrativa, de los registros comerciales y, en su caso, de los registros de transportes tendentes a permitir un control aduanero apropiado.
- Solvencia financiera acreditada.
- Niveles de seguridad apropiados en las instalaciones.

Según la normativa comunitaria, el certificado establece las ventajas siguientes:

- Menor número de controles.
- Prioridad en los controles.
- Facilidades aduaneras.
- Posibilidad de elegir el lugar de inspección (incluyendo el despacho centralizado nacional, que permite actuar en todas las aduanas desde una única sede).
- Mayor facilidad para acogerse a procedimientos aduaneros simplificados.

- Declaraciones sumarias de entrada o salida con datos reducidos.
- Notificación previa de decisión de reconocimiento físico.
- Colaborador con la administración aduanera.

En consecuencia, las personas autorizadas como operador económico autorizado tendrán, para el resto de integrantes de la cadena logística, las consideraciones de:

- Operadores seguros.
- Operadores fiables.
- Reconocimiento mutuo internacional.

Esta normativa no ha hecho más que empezar, pero con el tiempo, los operadores económicos de la cadena logística se verán obligados a integrarse en esa figura para no quedarse al margen del mercado. Las empresas exigirán que sus proveedores estén homologados como OEA.

Cada Estado dicta las normas y los procedimientos que considera convenientes para conceder la certificación de OEA; obviamente, unos son más exigentes que otros.

Capítulo 10

Modos de transporte e infraestructuras en el comercio exterior

1 El transporte terrestre y las infraestructuras

El transporte terrestre de mercancías ha tenido y sigue teniendo un auge significativo en todos los países. En la UE, una amplia red de autopistas permite unos tiempos de tránsito aceptables. Sin embargo, hay zonas sobresaturadas de tráfico y otras con marcadas deficiencias en sus infraestructuras que llevará tiempo adecuar a las necesidades de los flujos de tráfico.

En la Europa central, donde países altamente industrializados precisan una extensa red de comunicaciones para trasladar sus producciones, el transporte por carretera ofrece una eficaz respuesta, complementado con un sistema ferroviario con infraestructuras para el almacenamiento y la distribución de mercancías.

El transporte ferroviario, llamado a tener una crucial importancia por su elevada capacidad de transporte, bajo coste ambiental y de mantenimiento, por motivos históricos, económicos y políticos, es el que presenta mayores dificultades técnicas de armonización y aprovechamiento, especialmente a causa de los gálibos y los diversos anchos de vía, es decir, la distancia entre las caras internas de los rieles, cuestión que en numerosas ocasiones dificulta el transporte entre regiones y países (véase la tabla 16).

Es evidente que las inversiones en comunicaciones por carretera y ferrocarril, al igual que para el transporte aéreo y marítimo, no siempre han de basarse en un criterio económico de retorno de la inversión en un plazo determinado de tiempo, pues hay numerosas infraestructuras que cumplen una necesidad social y su existencia ha de gestionarse con otros criterios.

Partiendo de que los recursos económicos son siempre escasos, la construcción de infraestructuras en una zona industrial debe considerar los elementos siguientes:

– Delimitación provisional de la zona industrial a la que se quiere dotar de infraestructuras.
– Valoración de la inversión de capital necesaria, la disponible y de los planes de expansión.
– Fuerza de trabajo existente y volumen de las retribuciones.
– Valoración económica y volumen de las mercancías que se prevé transformar y producir, y valor de las ventas que se esperan alcanzar.
– Valor añadido obtenido.
– Volumen previsto de tráfico de mercancías.
– Origen de las materias que han de transformar y medios de transporte que se prevé utilizar.
– Destino de las mercancías que se produzcan y medios de transporte que se prevé utilizar.

Ancho en mm	*País*
762	Austria, Bosnia, Eslovaquia, India, Polonia, República Checa, Rumania, Sri Lanka
914	Canadá, Colombia, EEUU, El Salvador, Guatemala, Perú
995	Isla de Mallorca, línea Palma a Sóller
1.000	Este de África, Alemania, Argentina, Sudeste de Asia, Bangladesh, Birmania, Bolivia, Brasil, Chile, España, Grecia, India, Irak, Pakistán, Portugal, Suiza, Vietnam
1.067	Australia, Ecuador, Ghana, Indonesia, Japón, Nigeria, Nueva Zelanda, Sudáfrica, Sudán
1.435	Gran parte de Europa, norte de África, EEUU, Argentina, Australia, Canadá, Chile, China, Corea del Norte y del Sur, Irán Irak, Israel, Japón, México, Paraguay, Panamá, Perú, Uruguay, Venezuela, España por los FGC en el metro del Vallès y alta velocidad española (AVE)
1.520	Rusia, Mongolia
1.524	Finlandia
1.600	Australia, Brasil, Irlanda
1.665	Portugal
1.668	España
1.676	Argentina, Chile, Bangladesh, India, Pakistán, Sri Lanka

Fuente: Ferrocarrils de la Generalitat de Catalunya (FGC).

Tabla 16. Anchos de vía más comunes en el transporte ferroviario.

- Rutas de llegada y salida de las mercancías.
- Estudio de las infraestructuras necesarias (edificios, terminales terrestres, instalaciones portuarias o aeroportuarias, accesos, vías de carretera o ferrocarril, etc.). Coste y plazos de ejecución.
- Inversión total prevista.
- Plazo de amortización previsto.
- Ratios.
- Plan definitivo, dotación económica y financiación.
- Modelo de concurso público para la ejecución de las obras.

Con esos datos pueden obtenerse los ratios económicos que justifiquen o no la inversión, ya que ellos permiten determinar las amortizaciones, el coste de la tonelada transportada por kilómetro, el coste por valor añadido obtenido, el coste por empleado, etc.

Un sistema económico requiere de infraestructuras que faciliten el desarrollo de actividades productivas, que han de proyectarse a medio y largo plazo para responder a las necesidades futuras. Un ejemplo patente de ello es la Ley General de Caminos de Hierro aprobada por las Cortes españolas el 3 de junio de 1855. Se trata de una norma que condicionó negativamente el desarrollo ferroviario español, pues el artículo 30 de la citada ley decía:

«Los ferrocarriles se construirán con arreglo a las condiciones siguientes:

1.ª El ensanche de la vía o distancia entre los bordes interiores de las barras carriles será de un metro sesenta y siete centímetros (6 pies castellanos).
2.ª El ancho de la entrevía será de un metro ochenta centímetros (6 pies y 6 pulgadas castellanas)».

Esta decisión significó adoptar un ancho de vía distinto del general europeo, lo que a lo largo de los años ha comportado costosas labores de manipulación de las cargas en los pasos fronterizos. Esta situación no se empezó a resolver hasta 2010, en que partió desde el puerto de Barcelona un tren de mercancías con destino a Lyon, utilizando parcialmente un tercer carril adaptado al ancho europeo.

1.1   *Normativa de la Unión Europea sobre dimensiones y cargas máximas de los vehículos por carretera*

La Directiva 96/53/CE del Consejo estableció las dimensiones y los pesos máximos autorizados para los vehículos terrestres, cuyo contenido también figura en la legislación española por RD 490/1997, de 14 de abril, los cuales de forma resumida corresponden a los pesos y medidas máximas siguientes:

- La presión de los neumáticos sobre el pavimento no puede superar los 9 kg/cm².
- El peso soportado por eje motor, máximo de 11,5 toneladas (t).
- El peso soportado por eje no motor, máximo de 10 t.
- Eje doble o tándem:

  - si la separación de los ejes es inferior a 1 m, 11,5 t,
  - si la separación es igual o superior a 1 m, pero inferior a 1,3 m, 16 t,
  - si la separación es igual o superior a 1,3 m e inferior a 1,8 m, 18 t,
  - si el eje motor está equipado con neumáticos dobles y suspensión neumática o equivalente, el peso máximo no excederá de 9,5 t por eje, 19 t.

- Eje tándem de los remolques o semirremolques:

  - si la separación de los ejes es inferior a 1 m, 11 t,
  - si es igual o superior a 1 m e inferior a 1,3 m, 16 t,
  - si es igual o superior a 1,3 m e inferior a 1,8 m, 18 t,
  - si es igual o superior a 1,8 m, 20 t.

- Eje triple de los remolques o semirremolques:

  - si la distancia es igual o inferior a 1,3 m, 21 t,
  - si es superior a 1,3 m e inferior a 1,4 m, 24 t.

- Peso máximo autorizado:

  - Vehículo a motor de dos ejes, 18 t.
  - Remolque de dos ejes, 18 t.
  - Vehículo a motor de tres ejes, 25 t.
  - Si el eje motor está equipado con neumáticos dobles y suspensión neumática o equivalente, el peso máximo de cada eje no excederá de 9,5 t, 26 t.
  - Remolques de tres ejes, 24 t.
  - Autobús articulado de tres ejes, 28 t.
  - Vehículo rígido de cuatro ejes, eje motor con neumáticos dobles y suspensión neumática o equivalente, cada eje no excederá de 9,5 t, 32 t.
  - Otros vehículos rígidos de cuatro ejes, 31 t.

- Trenes de carretera de cuatro ejes, compuestos por un vehículo motor de dos ejes y un remolque también de dos ejes, 36 t.
- Trenes de carretera de cinco o más ejes, 40 t.
- Vehículo articulado de cuatro ejes, con vehículo motor de dos ejes, equipado en el eje motor con neumáticos dobles, suspensión neumática o equivalente y

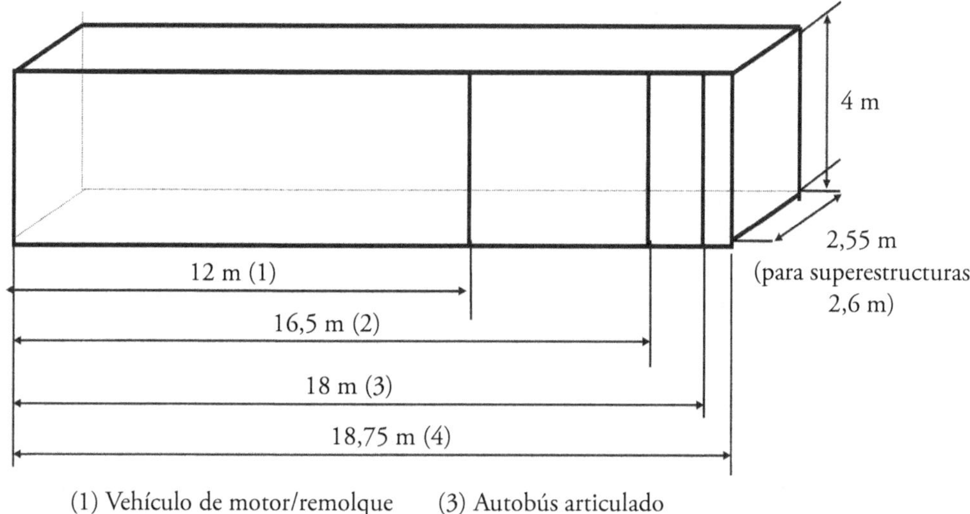

(1) Vehículo de motor/remolque   (3) Autobús articulado
(2) Vehículo articulado   (4) Tren de carretera

Figura 19. Dimensiones máximas de los vehículos de transporte por carretera en la Unión Europea.

semirremolque en que la distancia entre ejes sea superior a 1,8 m y se respeten el peso máximo autorizado del vehículo motor (18 t) y el del eje tándem del semirremolque (20 t), 38 t.

— Vehículo articulado de cinco ejes o más, 40 t.
— Vehículo articulado de tres ejes con semirremolque de dos o tres ejes, que transporta un contendor ISO de 40 pies en transporte combinado, 44 t.

En cuanto a las dimensiones máximas de los vehículos, sus medidas corresponden a las que se representan en la figura 19.

1.2 Seguridad vial

Los vehículos de transporte por carretera han de construirse según la reglamentación antes citada, al objeto de que puedan circular con total seguridad. Por su parte, las infraestructuras viarias han de estar dotadas de los medios técnicos que garanticen no sólo la seguridad de los vehículos, sino también la de los conductores, los pasajeros y la mercancía. En este sentido, las carreteras deben cumplir unas condiciones específicas:

— Firmes adecuados a la presión de la carga que han de soportar.
— Curvas con radios de curvatura aptos para todo tipo de vehículo, que prevean viales para los de dimensiones especiales (al menos en aquellos puntos que no exista una alternativa).

– Peraltes construidos con la inclinación adecuada a la energía cinética.
– Señalización clara y visible.
– Asfaltos antideslizantes en los lugares peligrosos.
– Firmes con drenaje suficiente.
– Puentes y viaductos que agilicen el tráfico.
– Eliminación de pasos a nivel.
– Pinturas de señalización sobre el asfalto antideslizantes.
– Contener áreas de descanso públicas o privadas con los servicios correspondientes e incluso con talleres para el mantenimiento de los vehículos.

1.3   *Convenios internacionales del transporte terrestre*

Al objeto de conseguir una normativa general, han sido consensuados una serie de convenios internacionales relativos al transporte terrestre de mercancías. Destacan por su importancia:

- **Convenio CMR**
  Convención sobre el Contrato de Transporte Internacional de Mercancías por Carretera. Su función es regular el tráfico internacional por carretera en los aspectos de responsabilidad, documentación del transporte y de las mercancías. Fue fir-

Figura 20. España articula la mayor parte de sus flujos de transporte mediante camiones que mueven más del 90 % de las mercancías que se transportan.

mado el 19 de mayo de 1956 en Ginebra, redactado en francés e inglés. Hay una traducción en lengua española de 1974 como texto legal español con modificación por protocolo de 5 de julio de 1978. Está prevista una indemnización en caso de daños o pérdida de la mercancía de 8,33 derechos especiales de giro por kilogramo (DEG/kg).

- **Convenio TIR**

  Convenio aduanero *Transport International Routier* (TIR) firmado en Ginebra el 14 de noviembre de 1975, redactado en francés, inglés y ruso, con varias modificaciones posteriores y puestas al día. Su objetivo era dar facilidades al transporte por carretera de aquellas mercancías que han de atravesar varios Estados hasta llegar a su destino; para ello, la normativa prevé cómo han de precintarse los vehículos o contenedores, la documentación requerida para el tránsito y un sistema de garantías a cargo del transportista que cubra las deudas tributarias devengadas por la mercancía transportada.

  Es un convenio de transporte internacional; una vez cargada la mercancía en vehículos apropiados, precintadas las lonas del camión o las puertas de los contenedores, son despachados de exportación en una aduana de origen, autorizando atravesar diversos países sin necesidad de efectuar controles en las aduanas de paso, salvo causa justificada, con la particularidad de tener exención total de impuestos arancelarios, hasta llegar al país de destino en el que tiene la obligación de presentarse ante la correspondiente aduana, procediendo a los trámites de importación, desprecintado del vehículo o contenedor y comprobación de la mercancía.

  El documento que acompaña a la mercancía se denomina «cuaderno TIR», y consta de tantos ejemplares de descripción de las mercancías como aduanas de paso haya que cruzar, procediéndose a su cancelación en la aduana de destino.

- **Convenio COTIF**

  El Convenio sobre el Transporte Internacional por Ferrocarril fue firmado en Berna el 9 de mayo de 1980 y el 27 de noviembre fue ratificado por España junto con el Protocolo sobre Privilegios e Inmunidades de la Organización Intergubernamental para el Transporte Internacional por Ferrocarril (OTIF), cuyos anejos contienen las normas uniformes relativas al contrato de transportes internacionales por ferrocarril de viajeros y equipajes (CIV), y de las mercancías (CIM). Está prevista una indemnización en caso de pérdida o daños sobre la mercancía de 17 DEG/kg.

- **Convenio TIF**

  El convenio de Transporte Internacional por Ferrocarril fue firmado en Ginebra en 1952, con el objeto de reducir los controles aduaneros de los distintos países que debía atravesar la mercancía transportada en ferrocarril a lo largo del viaje. Al documento que ampara esta circulación se le llama «carnet TIF». De forma similar al convenio TIR de transporte por carretera, permite que los vagones precintados traspasen con exención arancelaria y sin necesidad de comprobación de las mercancías, salvo causa justificada, los distintos controles aduaneros hasta llegar al país de destino, en el cual se desprecintarán los vagones y se tramita un destino aduanero a las mercancías.

- **Acuerdo ADR**

Convenio Internacional sobre el Transporte de Mercancías Peligrosas por Carretera.

La comisión económica de la ONU para Europa elaboró unas reglas comunes para el transporte de mercancías peligrosas por carretera, suscritas en Ginebra, el 30 de septiembre de 1957, que entró en vigor el 29 de enero de 1968, posteriormente enmendado por el protocolo de Nueva York, de 21 de agosto de 1975, en vigor desde el 19 de abril de 1985.

La normativa española reproduce el texto refundido del acuerdo, publicado en el BOE en 1997, y al año siguiente publicó las modificaciones, y por el RD 1566/1999 de 8 de octubre legisló sobre los consejeros de seguridad por carretera y ferrocarril, siendo la normativa reciente la del RD 551/2006 de 5 de mayo.

En cuanto a las regulaciones internacionales relativas al transporte de mercancías peligrosas por ferrocarril, *International Regulations Concerning the Carriage of Dangerous Goods by Rail (RID)*, se basa en el reglamento de 1986, más los acuerdos multilaterales de Madrid, RID 3/2004 de 30 de marzo 2005 sobre envases y RID 3/2007 de 30 de abril de 2008, junto con las enmiendas realizadas en 2009.

- **Acuerdo ATP**

El acuerdo sobre Transportes Internacionales de Mercancías Perecederas y sobre los vehículos especiales utilizados en estos transportes, fue firmado en Ginebra el 1 de septiembre de 1970, al que España se adhirió en 1976, modificado por aviso del Ministerio de Asuntos Exteriores de 4 de junio de 1981, a instancia de las propuestas francesas y, posteriormente, vuelto a modificar el 7 de noviembre de 2003. El acuerdo establece: vehículos especiales para el transporte de determinadas mercancías perecederas (isotermos, refrigerados, frigoríficos y caloríficos); disposiciones diversas y finales; apéndice sobre el control de conformidad de los vehículos isotermos y modelo de certificado para los vehículos que deban utilizarse. También se mencionan las siglas identificativas para los vehículos, según el tipo o clase de mercancía que se transporte.

1.4   Liberalización comercial del transporte ferroviario en la Unión Europea

La UE, en la resolución del Consejo de 19 de junio de 1995, acordó una política ferroviaria dentro del marco global de la política de transportes. Se abordó de forma intermodal, teniendo en cuenta los costes globales de cada modo de transporte, y velando por que el desarrollo del sistema de transporte europeo se efectúe en condiciones de competencia equitativa. La política común de transportes se basa en cuatro pilares esenciales:

1. La organización del mercado del transporte ferroviario.
2. Las infraestructuras de la red transeuropea de transporte.
3. La potenciación de la red de transporte ferroviario, en particular de la alta velocidad, mediante armonización técnica.
4. El mercado industrial mediante apertura de contratos públicos en el sector de los transportes.

Asimismo, la citada resolución, respetando el principio de la libre elección del usuario, afirma la voluntad de:

- Lograr un transporte ferroviario eficaz y competitivo.
- Crear las condiciones necesarias para el desarrollo y transporte combinado (multimodal).
- Conseguir que el ferrocarril, junto con las vías navegables y los servicios marítimos, en particular en distancias cortas, participe de forma óptima en el desarrollo del transporte combinado, en colaboración con los agentes económicos del transporte por carretera.
- Reducir el coste del flete en las distancias medias y largas.
- Facilitar los desplazamientos internos en los grandes centros de población, así como los desplazamientos inter e intrarregionales.
- Garantizar los desplazamientos entre ciudades.
- Aumentar la velocidad ferroviaria para los intercambios entre las grandes aglomeraciones europeas.

El 1 de enero de 2005, entró en vigor la Ley del Sector Ferroviario de 18 de mayo de 2004, la cual supuso una profunda transformación para la gestión de este modo de transporte. Tanto la prestación de servicios como la gestión de las infraestructuras cambiaron radicalmente.

En España, la empresa pública Renfe pasó a actuar como operador ferroviario y se especializó en los servicios de transporte de pasajeros y de mercancías, en competencia con otras empresas, mientras se constituía la entidad pública empresarial Administrador de Infraestructuras Ferroviarias (Adif), dedicada a la gestión del trazado ferroviario, las estaciones y terminales, y el mantenimiento y construcción de infraestructuras. La norma legal que ampara esta situación es la Ley 39 de 17 de noviembre de 2003, del sector ferroviario.

2   El transporte aéreo

El objetivo principal del transporte aéreo es la rapidez, máximo signo diferenciador frente a otros medios de transporte. Además, es un transporte bastante fiable, de baja siniestralidad y que cumple habitualmente los horarios; todo lo cual permite adecuar las existencias almacenadas a nivel de mínimos y de seguridad de forma más acorde con las necesidades productivas, optimizando el uso de los almacenes y los precios.

El transporte aéreo de mercancías se lleva a cabo mediante aeronaves, ya sean puramente de carga o mixtas de carga y pasaje, en vuelos regulares o chárter.

En la actualidad, hay aviones dedicados exclusivamente al transporte de mercancías, como el Airbus fabricado en Toulouse por un consorcio de varios Estados europeos, entre ellos España, o el norteamericano Boeing, cuyo modelo 747, en su versión carguera, dispone de 706 m³ de capacidad y hasta 100 t de carga.

En el ámbito internacional existen diversos organismos que amparan la actividad del transporte aéreo:

* *Organización de Aviación Civil Internacional (Oaci) - International Civil Aviation Organization (Icao)*
  En la Conferencia de Chicago de 1944, las compañías aéreas y los agentes aéreos crearon la Oaci, con sede en Montreal y oficinas regionales en París, Dakar, El Cairo, Bangkok, Lima y México. Tiene por objetivos: agilizar el tratamiento aduanero, la documentación y la legislación aérea; proporcionar asistencia técnica; fomentar el diseño aeronáutico y el desarrollo de las instalaciones; luchar contra la competencia desmedida, etc. Es un organismo consultor de la ONU para la aviación civil internacional.

* *Asociación para el Transporte Aéreo Internacional (Atai) - International Air Transport Association (Iata)*
  Creada en 1945, dispone de oficinas en Montreal, Ginebra y Singapur, siendo la sucesora de la Asociación Internacional de Tráfico Aéreo fundada en La Haya en 1919. Sus objetivos son: fomentar el transporte aéreo en forma segura, regular y económica; estimular el comercio; crear medios de colaboración entre las empresas de transporte aéreo y cooperar con la Oaci.

  La gestión de la Iata está encomendada a seis departamentos: Tráfico, Legal, Técnico, Asuntos Sectoriales y Gubernamentales, Servicios Financieros y Relaciones Públicas.

Figura 21. Aeropuerto de Beijing. Fotografía facilitada por Jindong Su.

La Iata agrupa a las compañías aéreas transportadoras y a los agentes transitarios o agentes de carga autorizados en todo el mundo. Establece directrices que regulan la gestión del transporte y su contratación por parte de sus miembros. Controla, asimismo, el cumplimiento de dichas directrices para beneficio de sus miembros y de los usuarios.

- *Asociación Internacional de Federaciones de Transitarios (AIFT) - Fédération Internationale des Associations de Transitaires et Assimilés (Fiata) - International Federation of Freight Forwarders Associations (IFFFA)*
Fue fundada en 1926 en Viena, con el objetivo de asociar a las organizaciones nacionales de transitarios y de sectores relacionados para proteger los intereses del sector transitario a escala internacional. Trata temas técnicos con la ayuda de grupos de trabajo especializados en: carga aérea, transporte multimodal, y de transporte de superficie asociado al transporte aéreo *(road feeder service* o RFS). Posee órganos consultivos sobre temas legales, relaciones públicas y formación profesional.

La organización se encarga de promover, proteger y defender los intereses de los transitarios en el sector de la carga aérea y coordinar las actividades de carga aérea de las asociaciones nacionales de transitarios, siendo socio activo consultivo de la Iata.

En cuanto a la regulación de la actividad del transporte aéreo, existen dos convencios internacionales:

- *Convenio de Varsovia*
  En la ciudad de Varsovia fue firmado el 12 de octubre de 1929 el convenio sobre la reglamentación básica del transporte aéreo, posteriormente modificado por el Protocolo de La Haya de 28 de septiembre de 1955 y por el Protocolo de Montreal de 25 de septiembre de 1955, siendo ratificado por el gobierno español por el Instrumento de 9 de junio de 1997 y 28 de enero de 1999. Dos años más tarde, el RD 220/2001, de 2 de marzo, determina los requisitos exigibles para realizar las operaciones de transporte aéreo comercial por aviones civiles.

- *Convenio de Montreal*
  Firmado el 28 de mayo de 1999 para unificar determinadas reglas para el transporte aéreo internacional, consta de 57 artículos englobados en siete capítulos titulados: Disposiciones generales; Documentación y obligaciones de las partes relativas al transporte de pasajeros, equipaje y carga; Responsabilidad del transportista y medida de la indemnización del daño; Transporte combinado; Transporte aéreo por una persona distinta del transportista contractual; Otras disposiciones y Cláusulas finales, entre ellas la indemnización de 19 DEG/kg en caso de pérdida o daño de la mercancía transportada.

2.1 Tipos de compañías

Las compañías aéreas son empresas transportadoras de pasajeros y mercancías, que disponen y gestionan una flota de aeronaves propias o arrendadas.

En el mercado existen dos grandes grupos de compañías aéreas; unas pertenecientes a la organización Iata y otras no. Las primeras aceptan un código deontológico y cumplen las normativas legales preceptivas.

La propiedad de las compañías aéreas puede ser pública, privada o mixta. Las compañías aéreas estatales han tenido que hacer profundas reestructuraciones, llegando en algunos casos a desaparecer o a privatizarse ante el empuje de las compañías privadas y de normativas que impiden, por ejemplo en la Unión Europea, que los Estados subvencionen las pérdidas crónicas que han arrastrado esas compañías.

- **Compañías de bajo coste**
  La liberalización del mercado ha provocado un dinamismo extraordinario en el mercado de fletes de pasajeros, y han aparecido nuevas compañías llamadas de «bajo coste». Esas empresas han irrumpido en el mercado ofreciendo unos precios

altamente competitivos, gracias a que reducen los costes empresariales en cuantos factores sea posible. Ello significa, entre otros aspectos, reducir el número y peso de los equipajes, así como el tamaño de los pasillos y los asientos; no ofrecer nada gratuitamente; obtener contratos a tarifas especiales con las compañías de manipulación y asistencia a la aeronave; negociar directamente con las autoridades aeroportuarias la reducción de tarifas o beneficiarse de otras compensaciones; obtener ayudas económicas de entidades, asociaciones privadas y organismos públicos; o conseguir que las aeronaves no estén en tierra más tiempo del necesario para cargar el combustible y el pasaje.

Sin duda, esas empresas han ingeniado una nueva manera de ofertar un servicio de mínimos. Lo importante es el bajo precio del billete, el resto no es significativo. Suelen operar en aeropuertos poco rentables, recibiendo en compensación importantes subvenciones públicas.

Puede considerarse como pionera en ese servicio la compañía estadounidense *Southwest Airlines,* que ha servido de modelo a las otras. En Europa, uno de los casos más significativos es la compañía irlandesa Ryanair, que transportó 76,4 millones de pasajeros en 2011, seguida Lufthansa con 49,7 millones y EasyJet, que llegó a los 42 millones.

2.2   *La cadena logística de la carga aérea*

Toda mercancía transportada en avión queda sujeta a una cadena logística en la que intervienen, por el orden en que se presentan, los siguientes elementos:

- Expedidor.
- Agente de carga.
- Compañía aérea.
- Almacén receptor en aeropuerto.
- Manipulación en aeropuerto de embarque.
- Carga de la mercancía, estiba y desarrollo del vuelo.
- Agente corresponsal en destino.
- Manipulación en aeropuerto de destino.
- Trámites aeroportuarios de llegada.
- Procedimientos aduaneros cuando procedan.
- Acarreos y entrega.
- Recepción por el destinatario.

La gestión comercial y logística de las compañías aéreas, para el transporte de mercancías, se apoya en las empresas transitarias y en los agentes de carga aérea, que actúan como mediadores entre los expedidores y las compañías, concertando la emisión de los contratos de transporte, por lo que la actividad básica de éstos es la de comisionista.

Para ejercer su labor empresarial, los agentes de carga están encuadrados en la Iata, depositando las garantías económicas que avalan la emisión de los conocimientos de embarque aéreos *(air way bill* o AWB). Su objetivo es captar el mayor volumen de carga posible, estableciendo una red de corresponsales en cuantos aeropuertos realice tráfico, a fin de rentabilizar las cargas. La misión del agente corresponsal, realizada por empresas propias, asociadas o con simples acuerdos de colaboración, consiste en recibir las mercancías expedidas desde otro aeropuerto, realizar los trámites aeroportuarios, aduaneros y de servicios, hasta entregar las mercancías al destinatario.

El agente de carga realiza cuantos pasos sean necesarios en la cadena logística, hasta hacerse efectiva la entrega de la mercancía al destinatario. Por tanto, en nombre del expedidor o del destinatario, según proceda en función de las condiciones de entrega pactadas, encargará el transporte principal, las manipulaciones en los aeropuertos, los despachos aduaneros y los de cualquier otro trámite preceptivo.

2.3 *Infraestructuras para el transporte aéreo*

Para alcanzar el objetivo del tráfico aéreo es necesario disponer de unas infraestructuras aeroportuarias y de accesos a las instalaciones que faciliten la operatividad. En consecuencia, las autoridades competentes han de invertir en grado suficiente para que los aeropuertos puedan prestar el servicio esperado, requerido por los cargadores y receptores de las mercancías. Ello significa prever el número de aeronaves que van a operar en el aeropuerto, los volúmenes de carga que se van a manipular, las dimensiones de los almacenes y sus equipos de mantenimiento, así como los servicios complementarios de control aduanero y verificación de mercancías, y todo cuanto sea necesario para el avituallamiento de aeronaves y tripulaciones.

La diversidad de mercancías no permite tratarlas a todas por igual; en consecuencia, es necesario contar con unas infraestructuras de almacenamiento y manipulación preparadas para los siguientes productos:

- Carga general.
- Productos alimenticios.
- Sanidad vegetal y animal.
- Productos peligrosos.
- Armas y explosivos.
- Instalaciones frigoríficas.
- Mercancías valiosas (joyas, obras de arte, antigüedades…).
- Productos perecederos.
- Tratamiento especial (animales vivos u otros).

En cuanto a la gestión, los aeropuertos pueden estar gestionados por entidades públicas, mixtas o privadas.

Inicialmente, los Estados o sus empresas públicas eran los gestores mayoritarios de los aeropuertos y de todo el tráfico aéreo de pasajeros y de mercancías. Asimismo, ha sido frecuente la titularidad estatal de las compañías aéreas, creando en ocasiones verdaderos monopolios de transporte aéreo.

En la actualidad, cada vez hay más aeropuertos gestionados por entidades privadas mediante un sistema de concursos con pliego de condiciones, o por empresas mixtas que constituyen sociedades entre empresarios privados e instituciones y organizaciones oficiales, principalmente ayuntamientos y cámaras de comercio, extendiendo este criterio de liberalización a cuantos operadores logísticos intervienen en la gestión aeroportuaria.

La tabla 17 detalla el modo de gestión y la propiedad de los aeropuertos de la UE, según datos suministrados por la Comisión Europea.

A modo informativo, la tabla 18 reúne los principales aeropuertos internacionales por volumen de mercancías cargadas y descargadas de las aeronaves.

3 El transporte marítimo

Es el modo de transporte de mayor volumen de carga, concretamente un 90 % de las mercancías transportadas en todo el planeta lo son por vía marítima.

Los modernos buques portacontenedores y los especializados en el transporte de materias primas poseen dimensiones y capacidades superlativas.

En cuanto al transporte de carga convencional, ha evolucionado muy positivamente al utilizar los contendores para transportar las mercancías, siendo éste un medio ágil y rápido de manipulación portuaria que simplifica las operaciones de carga y descarga, estiba y desestiba, que ofrece una mayor protección y seguridad a las mercancías transportadas en su interior, y además reduce de manera muy significa los tradicionales daños y pérdidas.

Como unidad de transporte, el contenedor ha significado una importante reducción de costes, al eliminar la manipulación que requiere la carga convencional, pues cargado en origen y, sin necesidad de otra manipulación, llega hasta el destinatario.

La unidad de medición de los contenedores, aunque los hay de diversas formas y capacidades, suele reducirse a dos medidas tipo: *twenty equivalent unit* (TEU), para denominar al contenedor de 20 pies, y *fourty equivalent unit* (FEU), para el de 40 pies. Actualmente, hay buques de casi 400 m de eslora capaces de transportar 18.000 TEU.

Los contenedores más utilizados son los de 20 y 40 pies, cuyas medidas corresponden a la norma International Organization for Standardization (ISO). Sus dimensiones exteriores son: 8' × 8,6' × 20' equivalentes a 2,44 × 2,60 × 6,10 m, y de 8' × 8,6' × 40'

País	N.º de aeropuertos entre los 50 mayores	Gestión	Propiedad
Reino Unido	10	Individualizada	Privado + Gob. + Reg. + Local
Alemania	8	Individualizada	Privado + Gob. + Reg. + Local
España	8	Centralizada	Gobierno central
Francia	6	Individualizada	Privado/Gob. + cámaras de comercio
Italia	4	Individualizada	Privado + Gob. + Reg. + Local
Holanda	1	Individualizada	Gob. + Reg. + Local
Grecia	1	Individualizada	Privado + Gob.
Irlanda	1	Individualizada	Gobierno central
Suecia	1	Centralizada	Gobierno central
Dinamarca	1	Individualizada	Privado y Reg. + Local
Portugal	1	Centralizada	Gobierno central
Austria	1	Individualizada	Privado y Reg. + Local
Bélgica	1	Individualizada	Privado y Reg. + Local
Finlandia	1	Centralizada	Gobierno central
Rep. Checa	1	Individualizada	Gob. y Regional + Local
Hungría	1	Individualizada	Privado
Polonia	1	Centralizada	Gob. y Reg. + Local
Chipre	1	Centralizada	Privado
Bulgaria	0	Centralizada	Gobierno central
Rumania	0	Centralizada	Gobierno central
Malta	0	Individualizada	Privado
Letonia	0	Centralizada	Gobierno central
Eslovaquia	0	Centralizada	Gobierno central
Luxemburgo	0	Centralizada	Gobierno central
Lituania	0	Centralizada	Gobierno central
Estonia	0	Centralizada	Gobierno central
Eslovenia	0	Individualizada	Privado y Gob.

Fuente: Comisión Europea. Cuadro publicado en la *Revista Econòmica de Catalunya*, n.º 55, marzo de 2007.
Gob. = gobierno central; Reg. = ente regional.

Tabla 17. Gestión y propiedad de los aeropuertos en la Unión Europea.

Clasificación ACI	Ciudad	Carga	
		2010 tonelaje	*YOY %*
1	Hong Kong (HKG)	4.168.394	23,2
2	Menfis (MEM)	3.916.937	5,9
3	Shanghái (PVG)	3.227.914	27,1
4	Incheon (ICN)	2.684.500	16,1
5	Anchorage (ANC)	2.578.395	33,1
6	París (CDG)	2.399.067	16,8
7	Frankfurt (FRA)	2.275.105	20,5
8	Dubai (DXB)	2.270.498	17,8
9	Tokio (NRT)	2.167.843	17,1
10	Louisville (SDF)	2.166.226	11,1
11	Singapur (SIN)	1.841.004	10,9
12	Miami (MIA)	1.835.793	17,9
13	Los Ángeles (LAX)	1.810.345	15,5
14	Taipei (TPE)	1.767.075	30,1
15	Londres (LHR)	1.551.405	15,0
16	Beijing (PEK)	1.549.126	5
17	Ámsterdam (AMS)	1.538.135	16,8
18	Chicago (ORD)	1.424.077	30
19	Nueva York (JFK)	1.343.114	17,4
20	Bangkok (BKK)	1.310.146	25,3
21	Guangzhou (CAN)	1.144.458	19,8
22	Indianápolis (IND)	947.279	5,2
23	Newark (EWR)	854.750	9,6
24	Shenzhen (SZX	809.363	33,6
25	Tokio (HWD)	804.995	1,9

Tabla 18. Principales aeropuertos internacionales por volumen de mercancías cargadas y descargadas de las aeronaves. Fuente: Air Cargo World, agosto de 2011.

equivalentes a 2,44 × 2,60 × 12,20 m. Entre los tipos de contenedor más utilizados, se encuentran:

- *Contenedor cerrado* (dry container): totalmente cerrados y de acceso frontal.
- *Contenedor sin techo* (open top container): cerrados a excepción del techo. Aptos para carga con grúa. El techo se cubre con una lona y arquillos y se precinta con un cable.
- *Contenedor de costado abierto* (open side container): dispone de aberturas laterales cerradas mediante toldos o puertas.
- *Contenedor frigorífico* (reefer): construidos especialmente para su función isotérmica, están provistos de grupos frigoríficos para el transporte de congelados o refrigerados.
- *Contenedor tanque* (tank container): cisternas para graneles, sólidos, líquidos o gases.
- *Contenedor plataforma* (flat container): se trata de una base con las dimensiones tipo del contenedor de 20 o 40 pies, en la cual se han fijado tornos y ganchos para la trinca de piezas que, por sus dimensiones, no pueden introducirse fácilmente en otros tipos de contenedores. Si disponen de montantes para su apilado, se denominan *flat rack,* y de ser totalmente planos, *flat bed.*

3.1   Convenios internacionales marítimos

La base legal adoptada por la mayoría de las empresas marítimas está regulada por las reglas de La Haya firmadas en Bruselas el 25 de agosto de 1924, conocidas como el

Figura 22. Operaciones de amarre de un buque portacontenedores en el puerto de Barcelona.

Convenio de Bruselas, a las que hay que adjuntar el Protocolo de Bruselas, de 23 de febrero de 1968, llamadas Reglas de La Haya-Visby, que modifica el anterior. Estas normas definen las condiciones en las que la compañía marítima se hace cargo del transporte.

Cabe mencionar el convenio de la ONU sobre el transporte marítimo de mercancías, denominadas Reglas de Hamburgo, firmadas en esa ciudad el 31 de marzo de 1978.

La reglas definen a cada una de las partes intervinientes en el transporte marítimo, fijando las condiciones en que el porteador o transportista se compromete a actuar, especificando sus obligaciones y responsabilidades. La responsabilidad económica del armador o sus representantes en relación con la mercancía está fijada en el límite de dos derechos especiales de giro (DEG)[1] por kilogramo o 666,67 DEG por bulto, aplicándose el más gravoso para el transportista.

3.2 Buques y tráficos marítimos

En función del tipo de servicio que realizan los buques, se clasifican en las siguientes clases de tráfico:

* **Línea regular** *(liner)*
  Constituida por buques sujetos a una rotación establecida, con su correspondiente calendario de escalas. En ellos se valora su capacidad para ofrecer una carga y descarga rápida, disponiendo, si es preciso, de medios propios de manipulación de cargas y varios entrepuentes que permitan estibar la mercancía según el orden de las escalas.

  Las condiciones de embarque o *liner terms* son definidas por las líneas y expuestas en sus contratos de transporte, que indican las operaciones de manipulación incluidas en el flete.

  La evolución del mercado de fletes ha incrementado el grado de asociación de las compañías navieras y de utilización de los buques por varios consignatarios, según los conceptos siguientes:

  - *Joint service* de línea regular. Dos o más compañías navieras acuerdan, operando con sus propios buques, establecer un servicio conjunto para conseguir mayor frecuencia de escalas, mejorar los tiempos de tránsito y cubrir un mayor número de puertos de escala.

---

[1] Unidad monetaria del Fondo Monetario Internacional (FMI) en que se expresan los límites máximos de indemnización por las responsabilidades en el transporte internacional de mercancías. Un DEG equivale a 1,2-1,4 €. (Diccionario de logística, www.logisnet.com.)

– *Joint service* de buque. Se produce cuando un mismo buque es compartido por diversos consignatarios, aprovechando de este modo la capacidad de carga al objeto de disminuir la repercusión del costo del flete.

- **Servicio *tramp***

  Los buques *tramp* o de correteo suelen destinarse al transporte de grandes cargas homogéneas; su ruta de navegación se ciñe al puerto de origen y destino, y se establece el tiempo de navegación en función de cada carga, no estando sujetos a un calendario fijo. La velocidad del buque y las fechas de escala en los distintos puertos quedan subordinadas a las operaciones de carga y descarga de las mercancías transportadas. El precio del transporte está relacionado con el espacio ocupado en sus bodegas, entrepuentes o cubiertas y por viaje. Ese servicio es habitual para grandes cargas de sólidos o líquidos: cereales, cemento, productos químicos, etc.

- **Servicio de cruceros**

  Dado el importante incremento registrado en los últimos veinte años de los cruceros turísticos, cabe mencionarlos como un nuevo servicio. Lo que años atrás era un privilegio para las clases sociales pudientes, en la actualidad, se ha popularizado. El Caribe, el Mar del Norte y el Mediterráneo acogen un elevado número de cruceros que transportan miles de pasajeros que necesitan un avituallamiento y asistencia en tierra acorde con sus necesidades.

- **Transporte marítimo de corta distancia *(short sea shipping)***

  Desde el punto de vista de servicio competitivo al vehículo terrestre, esta modalidad consiste en especializarse en trayectos cortos entre puertos, como el que une los puertos del norte de África con el puerto de Barcelona y los italianos de Génova o Civittavecchia. Este servicio multimodal es una clara competencia al tráfico terrestre, sobre todo al camión, pues permite que el vehículo o la caja del mismo sea transportado en la bodega del buque para ahorrarse el costo de circulación, amortizar el vehículo, descongestionar las carreteras y contribuir a la mejora del medio ambiente por fomentar la movilidad sostenible.

- ***Feedering***

  Es un concepto de redistribución marítimo referido al trasbordo de mercancía a otros buques de menor calado. Resuelve el problema de los puertos que no permiten el atraque de los grandes buques transoceánicos. El transbordo a otros buques menores, especialmente el tráfico de contendores, permite la llegada de éstos a cualquier puerto, los cuales han sido previamente transportados desde otros continentes.

  El *feedering* tiene afinidad con el concepto de *hub* logístico de redistribución, en este caso referido al transporte marítimo.

*Figura 23. Buque de carga rodada que une el puerto de Bilbao, en el mar Cantábrico,
con el de San Petersburgo, en el mar Báltico.*

- **Modalidades de navegación**
Cabe distinguir tres modalidades de navegación diferenciadas:

  - *Cabotaje.* Navegación interna dentro de un mismo Estado, reservada, generalmente en exclusiva, a los buques de su pabellón.
  - *Gran cabotaje.* Referido a rutas internacionales en la misma área marítima siguiendo el mismo litoral. Actualmente, tiene una fuerte connotación con el
  transporte marítimo de corta distancia.
  - *Transoceánica.* Buques en el servicio de las grandes rutas internacionales.

- **Tipos de buques**
El tamaño de los buques ha condicionado el calado de los puertos; por ejemplo,
el Puerto de Róterdam, que contaba con 7,6 m de profundidad en 1891, pasó
a tener 25 m en 1985, hecho que lo convirtió en el primer puerto de la UE,
con un tráfico anual de unos 10 millones de TEU. Ese ejemplo de inversión
en el drenaje del puerto de Róterdam ha de interpretarse como la necesidad de
dotarlo de la infraestructura necesaria para asumir el atraque de los modernos
buques.

Obviamente, el tamaño y las características de los buques condicionan las infraestructuras logísticas portuarias.

En función de las características de la mercancía, clasificamos los tipos de buques en los siguientes grandes grupos:

- *Buques de carga convencional.* Son aquellos que admiten en sus bodegas y cubiertas cargas heterogéneas, con o sin embalaje.
- *Buques portacontenedores.* Especializados en el transporte de mercancías contenerizadas. La división por capacidad de TEU es la siguiente:

  - Carguero o petrolero convertido (primera generación, 1956-1970): entre 500 y 800 TEU.
  - Celular (segunda generación, 1970-1980): entre 1.000 y 2.500 TEU.
  - Subpanamax: entre 2.000 y 2.999 TEU.
  - Panamax (tercera generación, 1980-1988): entre 3.000 y 5.000 TEU.
  - Postpanamax (cuarta generación, 1988-2000): entre 4.000 y 5.000 TEU.
  - Superpostpanamax (quinta generación, 2000-2008): entre 4.500 y 10.000 TEU.
  - Suezmax (sexta generación, 2007): entre 10.000 y 12.000 TEU.
  - Malacamax (séptima generación): hasta 18.000 TEU.

- *Buques tanque.* Admiten, según su especialización, todo tipo de graneles, sólidos, líquidos o gases.
- *Buques de carga rodada (roll-on/roll-off).* Conocidos por buques *ro-ro*, disponen de una rampa móvil en popa que, una vez apoyada sobre el muelle, permite la carga o descarga de cualquier tipo de carga sobre un medio rodado. Como variante a este tipo de buques, están los *car-carriers*, que se diferencian de los anteriores en que la carga o descarga se realiza por el lateral del buque, babor o estribor.
- *Buques trasbordador* o *ferry.* Son buques mixtos de carga y pasaje, utilizados en travesías cortas o para cabotaje.
- *Otros buques.* Dentro de estos cinco grandes grupos mencionados existen otras denominaciones según su especialización: petroleros, metaneros, frigoríficos, graneleros, butaneros, etc.

3.3 *Consolidación de mercancías*

Tras considerar la pluralidad de mercancías, pesos y volúmenes que hay que transportar, las cuales no siempre ocupan toda la capacidad del contendor, con el propósito de ofrecer precios competitivos, los agentes transitarios ofrecen el servicio denominado «consolidación».

Este servicio consiste en agrupar distintas partidas para cargarlas en el contenedor que el transitario contrata a la compañía naviera o a su agente consignatario.

Cada una de las partidas cargadas en el contenedor está formada por un conjunto de mercancías amparadas en una sola factura comercial, para un mismo puerto y destinatario. De ese modo, el transitario consolida las mercancías de sus propios clientes y las de otros transitarios que co-cargan con él. Según el poder negociador que tenga el agente transitario ante el naviero o consignatario, que se basa en la cantidad de carga, puede obtener precios atractivos para el contenedor completo cargado o *full container load* (FCL), que después venderá como grupaje o *less container load* (LCL), a sus clientes o a otros transitarios.

Este servicio requiere una planificación logística básica, basada en la infraestructura necesaria para cumplir con lo demandado, lo cual comporta disponer de almacenes de recepción de mercancías, equipos de manutención y personal especializado en la preparación de las cargas con su respectivo embalaje. Asimismo, es fundamental organizar los manifiestos de carga mediante sistemas informáticos de control que eviten los errores, así como identificar los bultos colocando etiquetas con códigos de barras o dispositivos de radiofrecuencia para facilitar una información general y suficiente que garantice una gestión eficaz.

3.4   Gestión portuaria

El modelo económico que rige en la UE considera la libertad de comercio un principio fundamental. Eso implica una gestión eficaz, con un costo de operaciones portuarias de mercado en función de la oferta y la demanda, de lo contrario, los operadores buscan otros puertos que ofrezcan mejores ventajas.

Las infraestructuras portuarias requieren una gran inversión, tanto en las instalaciones propias del puerto para el atraque de los buques como en las infraestructuras complementarias para la manipulación de su carga y descarga, zonas de depósitos, etc. Para realizar las operaciones portuarias, son precisos además equipos de manipulación provistos con la correspondiente maquinaria: carretillas, grúas, básculas de pesado, etc. También se precisa disponer de servicios de suministro de combustible, avituallamiento general para el buque, sus tripulaciones y pasajeros, atención técnica y diques secos para las posibles reparaciones.

Además de los accesos por carretera y ferrocarril, el puerto precisa disponer de los servicios necesarios para garantizar una ágil y eficaz operatividad funcional: disponibilidad de atención sanitaria a las personas, equipos de seguridad y de policía, control aduanero, servicios de control sanitario y técnico sobre las mercancías y, en general, cuantos servicios sean precisos para optimizar el tráfico de importación y exportación de mercancías y la circulación de pasajeros.

Las posibilidades de la gestión, ya sea a través de entidades públicas, mixtas o privadas, son muy variadas, pues las tres incluyen distintos modos operativos: contratación de profesionales externos, asociación con otras entidades logísticas, o concesión de la gestión mediante un contrato, con una duración a corto o medio plazo, entre otras.

Figura 24. Terminal de Inflamables en el puerto de Barcelona.

Las áreas de influencia de un puerto son:

- **Traspaís** *(hinterland)*
  Área territorial bajo la influencia del puerto, hacia la cual se encaminan las mercancías de su comercio marítimo. Su dimensión depende de cada área regional anexa al puerto o comunicada con él.

- *Foreland*
  Referido a todos los territorios de ultramar con los cuales mantiene flujos de tráfico un puerto. En consecuencia, para atraer tráfico marítimo, la correspondiente entidad gestora portuaria establece nexos de unión comercial con otros puertos. Ello significa, por ejemplo, relacionar el *hinterland* del área de influencia del puerto de Barcelona con el equivalente del puerto de Shanghái.

- **Interzona**
  En los casos en que además de la gestión logística de atención a buques, mercancías y pasaje, la actividad portuaria se extiende a otros ámbitos económicos, tal gestión relaciona el puerto con ese entorno. En ese supuesto, la gestión portuaria queda ampliada en esas actividades, como pueden ser: zonas comerciales y de ocio anexas al puerto, puertos deportivos, puertos secos o almacenes interiores.

En la gestión portuaria existen una serie de elementos críticos que los agentes del transporte marítimo analizan para valorar la conveniencia de utilizar un determinado puerto como punto de escala o de destino. Estos factores se resumen en los conceptos siguientes:

- Congestión existente.
- Coste del atraque y de los servicios complementarios.
- Tiempos de plancha (días necesarios para las operaciones de carga y descarga).
- Días de demora (exceso de los días de plancha atribuidos a las deficiencias de los servicios o de las infraestructuras).
- Accesos ferroviarios y de autopistas.
- Toneladas de mercancías cargadas y descargadas.
- Número de contendores o TEU de importación, exportación o en tránsito.
- Equipos de grúas y cabrestantes existentes en los muelles.
- Equipos de manipulación de contenedores.
- Explanadas para clasificación y distribución de contenedores.
- Almacenes disponibles.
- Capacidad de las empresas de manipulación.
- Terminales para sólidos y líquidos disponibles.
- Equipos de carga y descarga disponibles en las terminales.
- Terminales frigoríficas y conexión de contenedores a este medio.
- Servicios de mantenimiento de buques.
- Eficiencia aduanera.
- Eficiencia de los servicios complementarios: sanidad, veterinario, fitosanitario y farmacia.
- Servicios de vigilancia y seguridad.
- Distancia a la ciudad más próxima.

4 El transporte multimodal

La necesidad de ofrecer un servicio de transporte que cubra las necesidades de los cargadores, obliga a la empresa transitaria o de transportes a conocer la mercancía que debe transportar, el origen y destino, los tiempos de tránsito, las rutas posibles y los medios de transporte que se utilizarán, incluyendo los trámites aduaneros y de control preceptivos.

Junto con ello, los servicios urgentes de entrega de documentos y pequeña paquetería, las compras donde se pactan condiciones de las reglas Incoterms EXW, FCA o FOB, o las ventas DAP, DAT y DDP, todas ellas habituales, precisan con frecuencia utilizar varios medios de transporte desde la recogida hasta su entrega en el destino final.

En el uso de dos o más medios de transporte cabe conocer los siguientes conceptos:

- **Transporte multimodal**
  Es el transporte internacional de mercancías realizado, al menos, por dos medios de transporte distintos.

- **Operador de transporte multimodal**
  Toda persona que, por sí misma o por medio de otra que actúa en su nombre, celebra un contrato de transporte multimodal actuando como principal por cuenta del expedidor, y asumiendo la responsabilidad del cumplimiento del contrato.

- **Contrato de transporte multimodal**
  Es el contrato en virtud del cual un operador de transporte multimodal se compromete, contra pago del flete, a ejecutar o hacer ejecutar el transporte multimodal internacional de mercancías. Incluye un seguro de 920 DEG/bulto o 2,75 DEG/kg, por daños o pérdida causados durante el transporte.

- **Documento de transporte multimodal**
  Aquel que prueba la existencia de un contrato de transporte multimodal y acredita que el operador ha tomado las mercancías bajo su custodia y se ha comprometido a entregarlas conforme a las cláusulas de ese contrato.

- **Expedidor**
  Toda persona que haya celebrado un contrato de transporte con el operador de transporte multimodal y le haya entregado las mercancías para su custodia durante el transporte al destino establecido en el contrato.

- **Consignatario**
  La persona autorizada para recibir las mercancías.

- **Mercancías**
  Cualquier mercancía entregada por el expedidor, en cualquier posibilidad de presentación: bulto, fardo, saca, palé, recipiente, barril, contendor u otro elemento de embalaje preparado para ser transportado.

La reglamentación internacional del transporte multimodal se recoge en el Convenio de Ginebra, de 24 mayo de 1980, que sustituyó al anterior sistema combinado de transporte aprobado en Roma en 1970. El convenio hace referencia a otros convenios internacionales de transporte y a sus respectivas modificaciones, cuyo resumen es el siguiente:

- Convenio de Bruselas, de 25 de agosto de 1924, conocido como Reglas de la Haya, para el transporte marítimo.
- Convenio de Berna, de 25 de octubre de 1952, relativo al transporte de mercancías por ferrocarril (CIM).
- Convenio de Ginebra, de 19 de mayo de 1956, relativo al transporte internacional de mercancías por carretera (CMR).
- Convenio de Varsovia, de 12 de octubre de 1929, relativo al transporte aéreo de mercancías. Junto con el Convenio de Guatemala, de 8 de marzo de 1971, y las modificaciones de las Reglas de la Haya, llamadas Reglas de Visby de 1968.
- Convenio de las Naciones Unidas relativo al transporte marítimo de mercancías, de 1978, conocido como Reglas de Hamburgo.

Capítulo 11

Industria *versus* medio ambiente

1 Introducción

Desde hace aproximadamente cuatro décadas, algunas personas preocupadas por la protección de la naturaleza impulsaron asociaciones y organizaciones no gubernamentales con el objeto de denunciar ante la sociedad lo que significaba la explotación incontrolada del medio ambiente. Con el tiempo, han conseguido evidenciar de forma clara y notoria el problema que representa atentar contra la vida en la Tierra. Sus seguidores han despertado la conciencia de muchas personas en todo el mundo, han adquirido una fuerza política importante que incluso forma parte de los gobiernos e influye en ellos con propuestas legislativas, celebra foros internacionales de discusión y firma convenios internacionales. Este problema, aceptado de forma general por los gobiernos, todavía no ha conseguido una verdadera regulación internacional, pues algunos países siguen manteniendo posturas poco activas, entre ellos Rusia, China y Estados Unidos.

El reconocimiento mundial de la existencia de un grave problema medioambiental que afecta a la sociedad y a las generaciones futuras, lo debemos a la inquietud de Aurelio Peccei, consejero de Fiat, director de la empresa de estudios de economía e ingeniería Italconsult, del grupo Montedison. Convocó en 1968 a 105 personas de unos 30 países, pertenecientes a los ámbitos político, empresarial y científico (entre ellos varios premios Nobel), para participar en la reunión inaugural del Club de Roma, en la Academia dei Lincei de dicha ciudad. El objeto de tal reunión era manifestar su preocupación por los desequilibrios sociales, económicos y ambientales que estaba provocando la acción humana sobre el planeta.

Convencidos del acuciante problema planteado, encargaron al Massachussets Institute of Technology (MIT) un estudio global sobre el mismo. La doctora Donella Meadows organizó un equipo de expertos, entre ellos Dennis Meadows, Jorgen Randers y William Behrens, y fruto de sus investigaciones, publicaron un informe en marzo de 1972, *The Limits to Growth (Los límites del crecimiento),* que arrojaba la siguiente conclusión:

> Si el actual incremento de la población mundial, la industrialización, la contaminación, la producción de alimentos y la explotación de los recursos naturales se mantiene sin variación, alcanzará los límites absolutos de crecimiento en la tierra durante los próximos cien años.

Por primera vez, un grupo de científicos dieron un toque de atención, e invitaron a otros científicos y a los políticos a tomar decisiones para evitar situaciones negativas.

Diez años más tarde, la Resolución 37/7 de la ONU puso en marcha su primer programa sobre medio ambiente. Sus esfuerzos se plasmaron en una nueva Resolución en 1989, la 44/228, que convocó la Conferencia de Río de Janeiro, celebrada en 1992 con la representación de 178 países. Parecía que los gobiernos tomaban conciencia del problema.

A pesar de las reticencias de Estados Unidos, Rusia, China o Japón, la problemática siguió discutiéndose en los foros internacionales. La Convención de 1973 sobre el Comercio Internacional de Especies Amenazadas de Fauna y Flora Silvestre *(Convention on International Trade in Endangered Species of Wild Fauna and Flora,* Cites), el Convenio de las Naciones Unidas de lucha contra la desertificación y sequía de 1994, el Protocolo de Kioto de 1997 sobre la reducción de gases de efecto invernadero (dióxido de carbono, óxido nitroso, metano, hidrofluorocarbono, perfluorocarbono y hexafluoruro de azufre), el Protocolo de Montreal y el Convenio de Viena sobre la preservación de la capa de ozono, o el Acuerdo Marco sobre Medio Ambiente de Mercosur son todos ellos un exponente de la toma de conciencia a escala mundial sobre esta problemática.

La Unión Europea no es ajena a esa sensibilidad. El Tratado constitutivo de la Comunidad Económica Europea, en su artículo 174 de la versión consolidada, dice:

> «La política de la Comunidad en el ámbito del medio ambiente contribuirá a alcanzar los siguientes objetivos:
>
> - la conservación, protección y mejora de la calidad del medio ambiente;
> - la protección de la salud de las personas;
> - la utilización prudente y racional de los recursos naturales;
> - el fomento de medidas a escala internacional destinadas a hacer frente a los problemas regionales o mundiales del medio ambiente.

Buscará alcanzar un nivel de protección elevado, teniendo presente la diversidad de situaciones existentes en las distintas regiones. Se basará en los principios de cautela y acción preventiva, en el principio de corrección de los atentados contra el medio ambiente, preferentemente en la fuente misma, y en el principio de quien contamina paga.

En este contexto, las medidas de armonización necesarias para responder a exigencias de la protección del medio ambiente incluirán, en los casos apropiados, una cláusula de salvaguardia que autorice a los Estados miembros a adoptar, por motivos medioambientales no económicos, medidas provisionales sometidas a un procedimiento comunitario de control.

En la elaboración de su política en el área del medio ambiente, la Comunidad tendrá en cuenta:

- los datos científicos y técnicos disponibles;
- las condiciones del medio ambiente en las diversas regiones de la Comunidad;
- las ventajas y las cargas que puedan resultar de la acción o de la falta de acción;
- el desarrollo económico y social de la Comunidad en su conjunto y el desarrollo equilibrado de sus regiones.

En el marco de sus respectivas competencias, la Comunidad y los Estados miembros cooperarán con los terceros países y las organizaciones internacionales competentes.

Las modalidades de la cooperación de la Comunidad podrán ser objeto de acuerdos entre ésta y las terceras partes interesadas, que serán negociados y concluidos con arreglo al artículo 300, referido a la celebración de acuerdos de la Comunidad, y uno o más Estados u organizaciones internacionales, la Comisión presentará recomendaciones al Consejo, el cual autorizará a aquélla la apertura de las negociaciones necesarias.

El párrafo precedente se entenderá sin perjuicio de la competencia de los Estados miembros para negociar en las instituciones internacionales y concluir acuerdos internacionales».

Basándose en esa norma legal, la UE manifiesta interés político en la protección del medio ambiente, estableciendo programas de actuación. Cabe destacar el programa en iniciado en 2002, que abarca cuatro acciones prioritarias:

- Cambio climático.
- Naturaleza y biodiversidad.
- Medio ambiente y salud.
- Gestión de los recursos naturales y de los residuos.

La política de la UE es un ejemplo de respeto con el medio ambiente, con normas encaminadas a conseguir un desarrollo sostenible, con el objetivo de que las futuras generaciones no estén en riesgo por causa de una deficiente política ambiental de crecimiento. Ello comporta estimular inversiones para paliar las incidencias contrarias al desarrollo sostenible.

Actualmente, las medidas encaminadas al ahorro energético, tratamiento de residuos y mejor aprovechamiento de los recursos hídricos son evidentes. Las tecnologías de iluminación e imagen por diodos emisores de luz *(light emiting diode,* LED), dispositivos con cristal líquido *(liquid cristal display,* LCD), o de plasma, todas ellas de bajo consumo energético, son una prueba de los avances tecnológicos en este sentido.

La normativa de la Unión Europea trata de los siguientes temas:

— Gestión de residuos.
— Contaminación atmosférica.
— Protección y gestión de las aguas.
— Protección de la naturaleza y biodiversidad.
— Protección del suelo.
— Protección civil.
— Molestias sonoras.
— Medio ambiente.
— Productos químicos.

En cuanto a la legislación de la UE, destacamos la Directiva del Consejo 78/319/ CEE, de 20 de marzo de 1978, relativa a los residuos tóxicos y peligrosos, que obliga a los Estados miembros a adoptar medidas concretas, las cuales se especifican en los artículos 4 y 5:

«Artículo 4
Los Estados miembros tomarán las medidas apropiadas para promover prioritariamente la prevención, el reciclaje y la transformación de los residuos tóxicos y peligrosos, la obtención a partir de ellos de materias primas y de energía en su caso, así como de cualquier otro método que permita la reutilización de dichos residuos.

Artículo 5
1. Los Estados miembros tomarán las medidas necesarias para asegurar que los residuos tóxicos y peligrosos sean gestionadas sin poner en peligro la salud humana ni perjudicar al medio ambiente y en particular:

— sin crear riesgos para el agua, el aire o el suelo, ni para la fauna y flora,
— sin provocar molestias por residuos u olores,
— sin provocar alteraciones en el paisaje y en lugares de especial interés.

2. Los Estados miembros tomarán especialmente las medidas necesarias para prohibir el abandono, el vertido, el depósito y el transporte incontrolados de residuos

tóxicos y peligrosos, así como su cesión a instalaciones, establecimientos o empresas distintas de las previstas...».

La citada directiva fue sustituida por la 91/689/CEE del Consejo, de 12 de diciembre de 1991, tras la experiencia adquirida durante los años de aplicación de la anterior. Destaca en ella la inclusión del Anexo I, en el que se relacionan las categorías de residuos peligrosos clasificados según su naturaleza o la actividad que los genera.

Posteriormente, en la misma línea protectora, se crea el Reglamento (CE) 338/97 del Consejo, de 9 de diciembre de 1996, relativo a la protección de especies de la fauna y flora silvestres mediante el control de su comercio. Su contenido menciona al Convenio Cites, que impone el control de las importaciones y exportaciones por las autoridades aduaneras. Éstas exigirán los permisos correspondientes emitidos por las autoridades científicas, y relacionarán las especies considerando: la amenaza de extinción, la incompatibilidad comercial de la especie por necesidad de supervivencia, y la introducción de especies en el ámbito comunitario que constituya una amenaza ecológica y cuyo volumen de importaciones justifique su vigilancia. Este reglamento ha sufrido una serie de modificaciones por los Reglamentos (CE) 318/2008 y 398/2009, dado que estas medidas son de alcance general y deben reglamentarse eficazmente.

La CEE consideró conveniente crear un Sistema Europeo de Información y Comunicación Forestal *(European Forest Information and Communication System,* EFICS), con el objetivo de disponer de un inventario forestal y detectar los problemas de la silvicultura, así como potenciar el desarrollo de políticas forestales. A tal efecto, fue emitido el Reglamento (CEE) 1615/89, el cual fue modificado por el Reglamento (CE) 1100/98, cuyo contenido hace referencia a mejorar los intereses del sector forestal en los debates internacionales, facilitar la adopción de medidas a favor de este sector y estrechar la colaboración con los Estados miembros y los organismos internacionales operativos en el ámbito de las estadísticas forestales, todo ello con el fin de mejorar la comparabilidad y la exhaustividad de los datos a escala europea. Se pretende dar apoyo a la conservación de la masa forestal, por su evidente trascendencia en la conservación del medio ambiente.

Los gobiernos y el Parlamento europeo son conscientes de la importancia de salvaguardar el medio natural, por lo cual la legislación de la UE se extiende en esta materia. A título de ejemplo, destacamos el Reglamento (CE) 2473/1998 de la Comisión, que suspende la introducción en la Comunidad de especímenes de determinadas especies de fauna y flora silvestre, y vela por la conservación de las autóctonas. La Directiva 1999/22/CE, relativa al mantenimiento de animales salvajes en parques zoológicos, potencia la conservación de la biodiversidad; para ello, exige cumplir medidas para la conservación de las especies, la formación técnica de sus empleados y el intercambio de información sobre la conservación de especies, así como dotar a las instalaciones de los recintos adecuados para potenciar la cría de animales, la atención veterinaria, curativa y de nutrición. La Directiva 2003/4/CE, relativa al acceso del público a la información medioambiental con el objeto de que su difusión contribuya a una mayor concienciación de la población en esta materia, potencia el intercambio libre de puntos de vista y una más efectiva participación del público en la toma de decisiones para mejorar el medio ambiente.

2   Desarrollo *versus* ecología

Siendo la biología la ciencia que estudia la vida en general y la ecología la parcela que se preocupa de las relaciones entre los organismos vivos y el medio natural, es obvio que la industria entra en conflicto con la preservación del medio, pues la producción comporta la transformación y ésta se lleva a cabo generando residuos no siempre inocuos y el consumo de productos naturales, directos o transformados, necesarios para obtener nuevos productos.

Hasta hace pocos años, ni las personas ni sus gobiernos consideraban la protección del medio ambiente algo necesario. Las industrias compraban mercancías para transformar y poco importaba el coste ecológico, pues no se tenía conciencia de ello, o algunas personas tal vez sí. Los residuos sólidos generados en las producciones industriales se esparcían directamente en el entorno natural: si eran de baja densidad contaminaban el aire, los más pesados se vertían en lugares poco transitados o eran engullidos por las aguas fluviales o lanzados al mar, y en el mejor de los supuestos eran previamente quemados.

Hoy en día, la situación ha cambiado de forma radical. Organizaciones y gobiernos buscan el equilibrio ambiental, establecen leyes y las aplican para su protección. Sin embargo, las empresas siguen produciendo: consumen materias primeras y producen residuos. Las legislaciones ambientales consideran que la empresa productora es la causante del daño ecológico y, por tanto, la que ha de resolverlo. Pero las empresas no siempre están dispuestas a asumir el coste de unas inversiones que, en principio, no les reportan beneficio alguno, solo gasto; las ayudas gubernamentales tampoco suelen ser suficientes, pues dependen de los recursos disponibles para tal fin.

Muchas empresas optan por trasladar sus producciones contaminantes a países de normativa más laxa con el medio ambiente, lo cual genera un comportamiento social negativo a expensas de los ciudadanos de estos países. No obstante, el problema no es tan sencillo de resolver.

Los países en vías de desarrollo, por lo general, disponen de abundante de mano de obra poco especializada y a veces incluso ociosa. La falta de inversión entorpece el crecimiento, sobre todo el económico. La acogida de producciones externas es deseable, aunque comporte daños ambientales, pues el problema principal es la carencia de inversión que genere puestos de trabajo. Los defensores del medio ambiente, en ocasiones, son muy críticos con tales países, la demagogia es fácil, pues se olvidan, conscientemente o no, de que el problema es mucho más profundo: tratan simplemente de sobrevivir.

El *dumping* ecológico es sinónimo de malversación del medio natural, que es destruido gratuitamente por la empresa productora para obtener una producción determinada. Tales prácticas no son fáciles de erradicar.

Esas conductas negativas han de ser denunciadas, y no basta con aplicar una sanción sin ofrecer alguna solución, hay que estudiar el problema y buscar compensaciones. Podemos prohibir la importación de maderas tropicales que desforestan el bosque, pulmón de oxígeno natural, pero condenamos a la miseria a los trabajadores y a sus familias, pues carecen de una alternativa de trabajo. Todos sabemos de la existencia de explotaciones agrícolas incontroladas de plantas impropias, o de la caza de especies protegidas; sin embargo, si no hay alternativas de otras plantaciones o granjas que den una renta suficiente, poco podrá hacerse.

Los países con PIB elevado han de ayudar a aquéllos en vías de desarrollo a eliminar las agresiones al medio natural. Primero hay que analizar el problema, elaborar estudios y obtener conclusiones, y después facilitar las ayudas técnicas y económicas precisas para que, paulatinamente, vayan abandonando las conductas hostiles. Es un problema mundial y como tal ha de acometerse.

3   Crecimiento armónico

Los países receptores de inversión exterior han de valorar la motivación del inversor. Las respuestas a esos intereses serán la clave para establecer un mutuo acuerdo beneficioso para ambas partes. Es evidente que el inversor busca ventajas comparativas: menores costes salariales, el previsible crecimiento del consumo o la estabilidad política. Son factores determinantes para elegir el lugar de la nueva inversión.

Si un inversor, por ejemplo, no puede seguir produciendo en EEUU o en la UE, por motivos contaminantes, estará dispuesto a pagar un peaje siempre que sea inferior al que tiene que hacer frente en su país de origen. Por tanto, en principio, no hay un motivo objetivo que impida negociar la inversión, pues el país receptor está interesado en dar trabajo a su población y el potencial el inversor quiere seguir produciendo para su mercado. En consecuencia, a cambio de producir respetando el medio, pueden negociarse y otorgarse compensaciones económicas, como lo serían:

— Ventajas comparativas ofrecidas por el país receptor.
— Reducción en el impuesto sobre beneficios.
— Cesión gratuita o a bajo precio de los terrenos para construir instalaciones.
— Construcción de infraestructuras viales a cargo del Estado, en el bien entendido que servirán al inversor extranjero y a los nacionales.
— Ayudas económicas a las acometidas de los servicios de agua, gas y electricidad.
— Ayudas económicas paliativas de las disfunciones provenientes de los países industrializados o de organizaciones como el FMI.

4   Ética de protección global

Ante conductas negativas de empresas, frecuentemente multinacionales, cuyo único objetivo es el beneficio inmediato sin importarles dañar al medio natural y de gobiernos poco escrupulosos que las acogen, pues prefieren la inversión fácil aun a costa de sacrificar el medio ambiente y la salud de sus ciudadanos, solo cabe poner en marcha una acción policíaca internacional. Para ello es necesario elaborar una norma ética de protección global, debidamente consensuada y aceptada por los Estados. Su aplicación debe someterse a la vigilancia de los organismos internacionales, por ejemplo la ONU. Hay que dotar al organismo de una jurisdicción amplia en ese ámbito y de fuerza suficiente para hacer cumplir sus resoluciones, penalizando las conductas que atentaran contra la ética universal, aislando los regímenes corruptos y prohibiendo cualquier trato comercial con los mismos. Incluso la intervención militar no debería descartarse en los casos de flagrante peligrosidad.

El gran escollo que se ha de superar es que los intereses de los Estados, los gobiernos y las empresas son muy resistentes a los cambios. Con demasiada frecuencia los intereses creados de unos pocos están por encima del bien común. La pasividad mostrada por los gobiernos en muchas ocasiones, manteniendo en el poder a «personajes» poco deseables, favoreciendo la continuidad de conductas negativas, es una clara muestra de lo mucho que precisa avanzar aún la sociedad.

Cuantos se consideren personas libres, han de impulsar una conciencia ética de los ciudadanos, utilizando los modernos medios de comunicación para evidenciar los problemas medioambientales y denunciar a los infractores. Es esencial exigir a los gobernantes un comportamiento ético, y castigarlos cuando no lo cumplan negándoles el voto, incluso encausándolos si fuese preciso. No pueden tolerarse actitudes contrarias al bien común.

Como estímulo de «buen hacer», hay que potenciar institucionalmente aquellas empresas cuyas producciones cumplan con las normativas ecológicas, otorgándoles reconocimiento público por su acción protectora del medio natural y por ser un ejemplo que seguir por los demás.

Igualmente debería informarse de aquellas otras empresas que atenten contra el medio ambiente, como ejemplo de escarnio público y prevención para corregir conductas negativas.

Solo tenemos este mundo, seamos conscientes de ello.

Capítulo 12
Conclusiones

Los regímenes aduaneros económicos son instrumentos operativos que el gobierno debe poner a disposición de las empresas interesadas en tal cometido. Su contenido normativo es el marco de actuación y regulación, y su aplicación resulta de gran ayuda a la inversión productiva y, por tanto, al desarrollo.

La aplicación de las normas legales de los regímenes aduaneros económicos permite realizar operaciones productivas, que comportan la creación de puestos de trabajo directos, la instalación de bienes de equipo en inversión proporcional a las operaciones técnicas que haya que realizar, el acopio de bienes y de servicios conexos al proceso productivo y desarrollo tecnológico acorde con las necesidades de producción.

Cualquiera de los regímenes citados aporta desarrollo y crecimiento a la economía, con la particularidad que solamente se trata de la puesta en marcha de normas legales por el poder ejecutivo, no siendo necesaria casi ninguna otra inversión pública salvo la excepción, en las infraestructuras tendentes a delimitar aquellos territorios públicos destinados a albergar amplias zonas y depósitos francos, inversión que no suele ser excesivamente costosa.

La necesidad de invertir en infraestructuras logísticas es indiscutible, para conseguir que los regímenes aduaneros económicos logren el objetivo de crecimiento y desarrollo esperados. Terminales bien dotadas de los elementos de manutención y servicios logísticos requeridos por los cargadores son el complemento imprescindible para atraer nuevas empresas, ya que con ello se logran unos costos competitivos en las operaciones logísticas de carga, descarga, almacenaje y servicios complementarios.

Las inversiones en logística y servicios complementarios al comercio internacional son factores decisivos para la inversión empresarial. Cuando son deficientes los costes aumentan, hay esperas, retrasos, que se transforman en costes adicionales imprevistos. No es admisible la congestión portuaria más allá del tiempo razonable, como tampoco que un servicio de sanidad exterior tarde una semana o más por falta de medios. El cargador valorará alternativas más atractivas económicamente y desviará el tráfico; en consecuencia, la inversión empresarial en empresas productivas disminuirá y se tenderá a la desinversión.

Considérese la gravedad que comportan las desviaciones de tráfico por falta de infraestructuras para prestar servicios conexos necesarios. Una línea marítima que deba soportar altos costos portuarios, accesos inadecuados a los mismos o servicios portuarios y conexos con las mercancías poco eficientes, desalienta a los operadores marítimos, quienes buscarán otros puertos de arribada más acordes con sus intereses. Perder las líneas marítimas es fácil, pero recuperarlas requiere un gran esfuerzo. Lo mismo ocurre con los aeropuertos y las terminales terrestres.

La protección del medio natural ha de ser un objetivo prioritario de los gobiernos. Resulta inadmisible producir a cualquier coste ecológico o medioambiental, por ello no debe tolerarse la implantación de plantas contaminantes, sin tener previamente resuelta la eliminación de los residuos que generarán.

Con respecto a la importancia de aplicar la moderna logística al tráfico de mercancías y a la prestación de servicios, pues ha quedado claro, al igual que la aplicación de los regímenes aduaneros, que son factores que impulsan el desarrollo, dentro del marco de una adecuada protección al medio natural, ofrecemos las siguientes conclusiones:

1   Normativa individualizada a cada régimen aduanero económico

La normativa legal debe ser individualizada y específica para cada régimen aduanero económico, facilitando así la elección por el operador o empresa interesada, del sistema operativo acorde a sus necesidades.

La individualización normativa agilizará la regulación de cada uno de los regímenes, bajo la supervisión y el control de las autoridades competentes.

2   Incremento de la producción derivada de la demanda externa

La aplicación de los regímenes aduaneros económicos genera un incremento de producción, en la cuantía equivalente a la demanda externa por causa de la exportación.

También genera, indirectamente, una nueva producción interna de acopios de bienes y servicios a los proveedores del mercado interior, en la cuantía equivalente a satisfacer la demanda de exportación, cuya aportación a la producción interna será directamente proporcional al grado de valor añadido aportado.

3   Incremento del producto interior bruto (PIB)

Se produce un incremento del PIB al aplicar los regímenes de perfeccionamiento activo, zonas francas y depósitos francos, pues un incremento de las exportaciones implica un incremento de la renta o el PIB.

En cuanto al régimen de transformación bajo control aduanero, produce una producción que también forma parte del PIB, cuyo producto obtenido tiene por destino el territorio fiscal gravado, utilizado en ulteriores procesos productivos en el mercado interior e incluso con posibilidad de exportación.

En consecuencia, siendo Y la renta inicial, D la demanda existente, E la exportación y M la importación, resulta que al incrementar la exportación (ΔE), también se incrementa la renta (ΔY). Por tanto, la acción de tales regímenes cumple:

$$(Y + \Delta Y) - D = (E + \Delta E) - M.$$

Considerando el consumo C y la inversión I, resulta:

$$(Y + \Delta Y) = \{(E + \Delta E) - M\} + (C + I).$$

Al mismo tiempo, un incremento de la exportación y de la renta implica, a su vez, un incremento equivalente de consumo (ΔC) e inversión (ΔI), pues mayores necesidades de acopios de mercancías, servicios y mano de obra se generan en el mercado interior, resultando:

$$Y + \Delta Y = (C + \Delta C) + (I + \Delta I) + (E + \Delta E) - M.$$

Dado que tales incrementos no guardan una relación exacta, sino proporcional a las necesidades que haya que cubrir, interviene un factor de corrección (k, x, y, z) en cada magnitud:

$$Y + \Delta kY = (C + \Delta xC) + (I + \Delta yI) + (E + \Delta zE) - M.$$

Cumpliéndose que: $k = x + y + z$

$$Y = C + I + E - M.$$

4   Incremento del PIB español en el periodo 1975-1987

Basándonos en los datos calculados, la aplicación del régimen de perfeccionamiento activo en las exportaciones españolas durante le periodo comprendido entre 1975 y 1987, significó una aportación al PIB anual creciente del 1,276 % en 1975 y del 4,834 % en 1987, equivalente a una media anual aritmética de 2,563 %, y de una media anual ponderada de 3,246 % para el conjunto de los trece años considerados.

Con ello demostramos la estrecha relación existente entre las exportaciones en régimen de perfeccionamiento activo y el crecimiento del PIB, y asimismo permite concluir que los regímenes aduaneros económicos son factores de impulso al desarrollo.

5   Incremento en inversión productiva

La exportación incide en la inversión directa, bien sea ampliando la producción de las empresas existentes o creando otras nuevas. Ello implica dos vertientes inversoras, una con aportación de capital interior y otra referida a la llegada de inversiones exteriores.

Todo ello comporta la ampliación de los puestos de trabajo existentes o la creación de otros nuevos, incidiendo directamente en el incremento de la renta, además de la inversión indirecta en bienes de equipo y otros adicionales necesarios a las nuevas inversiones.

6   Inversión en desarrollo tecnológico y logístico

Para mantener el mercado de exportación es necesario invertir en tecnología y logística, tanto productiva como operativa de los servicios administrativos y logísticos, con el objetivo de mantener unos costes competitivos, calidad de producto acorde con la demanda y rentabilidad empresarial. Es necesario invertir en procedimientos técnicos y bienes de equipo, así como en el estudio y análisis de los métodos de trabajo y organización, prestando especial atención a los sistemas administrativos y financieros, a la aplicación generalizada de las técnicas informáticas, a la formación y capacitación del personal, así como a los procedimientos logísticos de acopios, transportes, almacenes, distribución y servicios.

7   Vigencia de los regímenes aduaneros económicos en todas las economías

Los países desarrollados han de mantener en vigor los regímenes aduaneros económicos, pues la producción de bienes en el ámbito global requiere la aplicación de tales regímenes en aquellos supuestos que sea necesario acudir al mercado exterior en busca de las mercancías que han de transformarse o adaptarse al producto final, bien sea por ventajas económicas, de obligaciones contractuales o de exclusividad productiva. El acudir a los regímenes aduaneros no es exclusivo de las economías de los países en vías de desarrollo, sino de todo tipo de ellas.

8   Inversión en infraestructuras logísticas

Las infraestructuras son básicas para el comercio nacional e internacional. Los gobiernos han de procurar recursos para incrementar las infraestructuras necesarias para la producción. Esos recursos han de obtenerse por la vía de la fiscalidad interna y las subvenciones y los créditos a bajo interés que ofrecen los organismos internacionales de ayuda al desarrollo, planteando proyectos técnicos viables que contemplen el retorno de la inversión a medio plazo.

Los puertos, aeropuertos, terminales logísticas, *hubs,* nodos y *clusters* son esenciales para el desarrollo, junto con las vías de comunicación por carretera, ferrocarril o fluvial. Requieren importantes recursos económicos, lo cual implica racionalizar la inversión, evitando obras innecesarias y eliminando comportamientos contrarios a la ética.

9   Preservación del medio ambiente

Hoy más que en ninguna otra época, es imperativo involucrar a la sociedad en las políticas protectoras del medio ambiente, dictando y aplicando leyes a fin de incrementar el grado de conciencia sobre la necesidad de proteger el planeta contra las agresiones. Incentivar a las industrias para que inviertan en la protección del medio natural, buscando alternativas para eliminar los vertidos tóxicos y las contaminaciones nocivas; todo ello utilizando sistemas de formación, ayudas fiscales, subvenciones y créditos primados, que garanticen producciones sostenibles.

Anexos

Anexo 1

Exportaciones españolas significativas por grupos de mercancías, de 1974 a 1987

(Millones de pesetas en valores FOB)

Años	1974	1975	1976	1977	1978	1979	1980	1981	1982	1983	1984	1985	1986	1987	SUMAS
Totales anuales	407.972,3	441.091,2	583.221,1	775.150,3	1.001.383,5	1.221.440,6	1.493.186,7	1.889.716,2	2.233.934,4	2.846.749,1	3.743.452,7	4.108.750,6	3.815.793,1	4.211.838,1	28.773.679,9
Grupos de mercancías															
15	15.736,7	7.235,6	12.125,7	17.575,0	22.279,3	27.275,4	33.992,1	30.869,6	31.511,4	45.734,0	70.556,1	80.519,1	47.226,2	64.072,9	506.709,1
20	15.197,2	14.182,9	20.823,5	26.091,7	28.668,7	27.583,4	28.251,3	34.677,7	40.895,4	53.977,0	78.258,7	80.045,8	65.734,5	77.933,5	592.321,3
21	763,0	734,8	983,6	2.335,1	2.954,4	5.105,3	5.492,7	5.380,0	6.907,7	8.541,0	8.618,9	9.134,1	11.665,5	11.971,0	80.587,1
22	14.684,9	13.398,6	18.908,4	20.941,0	23.137,2	31.436,1	33.173,5	36.658,3	41.514,8	49.501,8	55.104,8	68.205,8	68.804,0	70.851,5	546.320,7
27	27.674,9	14.553,7	21.946,8	29.031,4	25.304,9	26.429,7	58.965,2	99.100,2	163.568,5	263.665,1	347.265,9	387.760,1	242.699,1	262.248,3	1.970.213,8
28 - 38	28.565,2	22.363,6	32.199,0	44.556,4	57.629,3	75.990,7	94.509,2	119.598,7	138.053,6	181.281,0	241.707,3	282.538,7	253.332,6	299.190,1	1.871.515,4
39 - 40	14.758,8	17.006,9	19.544,2	28.629,3	39.005,6	48.617,8	9.076,5	9.584,0	78.024,2	101.337,8	138.455,0	158.121,6	154.709,8	186.466,0	1.003.337,5
41 - 43	9.619,0	9.880,2	13.058,1	16.293,5	19.196,1	24.515,7	29.989,0	34.657,1	35.330,1	40.917,9	55.157,2	66.406,0	73.625,7	88.558,0	517.203,6
47 - 49	15.142,6	16.092,4	20.132,3	25.968,7	35.427,8	45.803,7	59.683,9	72.349,3	85.235,3	95.259,6	114.400,3	123.332,9	126.001,6	144.896,9	979.727,3
50 - 63	22.457,4	22.481,4	30.944,5	43.441,8	58.807,7	63.874,7	73.348,8	96.378,0	102.318,3	135.711,8	182.752,7	195.003,2	178.296,3	196.714,8	1.402.531,4
64	21.103,0	25.679,9	33.260,8	38.114,6	46.288,3	48.045,8	42.762,0	58.250,3	66.641,3	90.846,3	127.741,4	144.537,4	137.317,4	139.718,1	1.020.306,6
72 - 82	37.999,6	55.188,4	79.019,1	102.945,0	158.318,4	194.677,3	243.397,5	295.413,1	343.951,0	419.361,1	550.613,0	630.444,3	468.637,8	421.555,2	4.001.520,8
84 - 85	44.949,2	53.544,3	68.758,9	93.239,6	118.974,1	154.148,5	192.043,2	244.898,7	287.292,5	295.573,7	405.911,6	485.164,3	506.848,9	567.173,6	3.518.521,1
86 - 89	45.517,5	58.545,9	73.655,2	103.714,7	135.159,2	166.410,2	198.379,6	231.012,2	320.715,0	445.954,7	596.171,1	628.086,1	664.512,6	749.315,0	4.417.149,0
Sumas	314.169,0	330.888,6	445.360,1	592.877,8	771.151,0	939.914,3	1.103.064,5	1.368.827,2	1.741.959,1	2.227.662,8	2.972.714,0	3.339.299,4	2.999.412,0	3.280.664,9	22.427.964,7
Porcentaje del total	77,01	75,02	76,36	76,49	77,01	76,95	73,87	72,44	77,98	78,25	79,41	81,27	78,61	77,89	77,95

Fuente: Anuarios anuales del Instituto Nacional de Estadística

Contenidos de los grupos de mercancías:

15 Grasas y aceites animales o vegetales; productos de su desdoblamiento; grasas alimenticias elaboradas; ceras de origen animal o vegetal

20 Preparaciones de legumbres u hortalizas, de frutos o de otras partes de plantas

21 Preparaciones alimenticas diversas

22 Bebidas, líquidos alcohólicos y vinagre

27 Combustibles minerales, aceites minerales y productos de su destilación; meterias bituminosas; ceras minerales

28 - 38 Productos de las industrias químicas o de las industrias conexas

39 - 40 Materias plásticas y manufacturas de estas materias; caucho y manufacturas de caucho

41 - 43 Pieles, cueros, peletería y manufacturas de estas materias; artículos de guarnicionería o de talabardería; artículos de viaje, bolsos de mano y similares

47 - 49 Pasta de madera o de otras materias fibrosas celulósicas; desperdicios o desechos de papel o cartón; papel y sus aplicaciones

50 - 63 Materias textiles y sus manufacturas

64 Calzado, polainas, botines y artículos análogos; partes de estos artículos

72 - 82 Metales comunes y manufacturas de estos metales

84 - 85 Máquinas y aparatos, material eléctrico y sus partes; aparatos de gravación o reproducción de sonido, o de imágenes y sonido en televisión, y sus partes

86 - 89 Material de transporte

Anexo 2

Contribución del régimen de perfeccionamiento activo a la formación del PIB español durante el periodo 1970 a 1987

	Estimación de exportaciones en régimen de perfeccionamiento activo, de 1970 a 1987 *Aportación al crecimiento del PIB (unidad: miles de millones de pesetas)*				
Año	*(1)* *Producto interior bruto p.m.*	*(2)* *Exportación de bienes*	*(3)* *Exportaciones respecto al PIB*	*(4)* *Exportaciones en régimen de perfeccionamiento activo*	*(5)* *Relación régimen de perfeccionamiento activo/PIB*
1970	20.511,800	954,200	4,652	286,260	1,396
1971	21.464,900	1.088,600	5,072	326,580	1,521
1972	23.214,100	1.275,100	5,493	382,530	1,648
1973	25.023,700	1.422,500	5,685	426,750	1,705
1974	26.429,200	1.563,400	5,915	469,020	1,775
1975	26.572,400	1.585,500	5,967	475,650	1,790
1976	27.450,400	1.894,800	6,903	568,440	2,071
1977	28.229,800	2.084,300	7,383	625,290	2,215
1978	28.642,900	2.324,800	8,116	697,440	2,435
1979	28.655,300	2.686,600	9,376	805,980	2,813
1980	29.027,300	2.712,400	9,344	813,720	2,803
1981	28.976,800	2.975,100	10,267	892,530	3,080
1982	29.429,400	3.160,100	10,738	948,030	3,221
1983	30.083,400	3.481,000	11,571	1.044,300	3,471
1984	30.524,400	3.941,900	12,914	1.182,570	3,874
1985	31.321,800	4.052,000	12,937	1.215,600	3,881
1986	32.323,992	3.939,814	12,189	1.181,944	3,657
1987	34.147,515	4.230,016	12,387	1.269,005	3,716
Media					2,615

Fuente: INE, para los valores del PIB (1) y exportaciones (2), a precios constantes de 1986.
Elaboración propia de los datos de las columnas (3), (4) y (5).
(3) = (2)/(1) × 100.
(4) Elaborada con coeficiente K = 30 % de (2).
(5) = (4)/(1) × 100.

Anexo 3

Comercio exterior español. Desglose por grupos de mercancías, de 1975 a 1987

(Valores FOB para la exportación y CIF para la importación. Valores en millones de pesetas)

	Pesetas	*Materias primas*		*Artículos fabricados*		*Productos alimenticios*		*Combustibles y lubricantes*	
		%	*Pesetas*	*%*	*Pesetas*	*%*	*Pesetas*	*%*	*Pesetas*
Año 1975									
Exportación	441.091	3,34	14.732	69,21	305.279	24,15	106.523	3,30	14.556
Importación	931.986	13,47	125.511	47,95	446.894	10,98	102.347	27,60	257.234
Saldo	−490.895		−110.779		−141.615		4.176		−242.678
Año 1976									
Exportación	583.222	3,87	22.614	70,53	411.398	21,66	126.307	3,72	21.700
Importación	1.169.412	12,93	151.151	46,90	548.565	10,04	117.426	29,16	341.034
Saldo	−586.190		−128.537		−137.167		8.881		−319.334
Año 1977									
Exportación	775.150	3,89	30.118	72,03	558.345	20,27	157.157	3,70	28.678
Importación	1.350.352	13,73	185.442	45,09	608.936	11,84	159.878	28,30	382.141
Saldo	−575.202		−155.324		−50.591		−2.721		−353.463
Año 1978									
Exportación	1.001.383	4,22	42.279	74,86	749.685	18,00	183.401	2,51	25.165
Importación	1.431.033	14,31	204.835	44,71	639.832	12,33	176.397	28.36	405.847
Saldo	−429.650		−162.556		109.853		7.004		−380.682
Año 1979									
Exportación	1.221.441	3,86	47.182	75,14	917.841	19,06	232.779	1,90	23.253
Importación	1.704.022	13,37	227.781	45,12	768.866	17,94	192.648	30.17	514.159
Saldo	−482.581		−180.599		148.975		40.131		−490.906
Año 1980									
Exportación	1.493.187	4,33	64.581	75,19	1.122.755	16,79	250.726	3,65	54.552
Importación	2.450.653	11,40	279.393	40,85	1.001.212	9,28	227.304	38,42	941.567
Saldo	−957.466		−214.812		121.543		23.422		−887.015
Año 1981									
Exportación	1.889.716	4,79	90.516	73,09	1.381.196	17,06	322.352	5,06	95.652
Importación	2.975.966	11,28	335.716	37,77	1.123.952	8,63	256.700	42,33	1.259.598
Saldo	−1.086.250		−245.200		257.244		65.652		−1.163.946

Continúa

Continuación

	Pesetas	Materias primas		Artículos fabricados		Productos alimenticios		Combustibles y lubricantes	
		%	Pesetas	%	Pesetas	%	Pesetas	%	Pesetas
Año 1982									
Exportación	2.233.934	4,23	94.504	73,74	1.647.238	14,71	328.524	7,33	163.668
Importación	3.474.813	10,50	364.825	40,57	1.409.849	9,29	322.892	39,64	1.377.247
Saldo	−1.240.879		−270.321		237.389		5.632		−1.213.579
Año 1983									
Exportación	2.846.749	4,56	129.841	72,11	2.052.720	14,06	400.192	9,27	263.996
Importación	4.177.034	10,89	454.809	39,41	1.646.326	9,66	403.428	40,03	1.672.471
Saldo	−1.330.285		−324.968		406.394		−3.236		−1.408.475
Año 1984									
Exportación	3.743.453	4,73	177.087	72,26	2.704.857	13,73	513.902	9,29	347.607
Importación	4.630.106	12,08	559.517	41,23	1.908.981	9,05	418.859	37,64	1.742.750
Saldo	−886.653		−382.430		795.876		95.043		−1.395.143
Año 1985									
Exportación	4.108.751	4,87	200.154	72,76	2.989.666	12,91	530.627	9,45	388.304
Importación	5.114.687	11,32	578.898	43,96	2.248.633	8,70	445.049	36,02	1.842.107
Saldo	−1.005.936		−378.744		741.033		85.578		−1.453.803
Año 1986									
Exportación	3.815.792	4,41	168.406	74,07	2.826.306	15,14	577.736	6,38	243.345
Importación	4.954.607	9,98	494.622	60,01	2.973.426	11,07	548.323	18,94	938.236
Saldo	−1.138.815		−326.216		−147.120		29.413		−694.891
Año 1987									
Exportación	4.211.838	4,5	189.533	72,5	3.053.583	17,6	741.283	5,39	227.138
Importación	6.051.382	10,2	617.241	61,9	3.745.805	12,0	726.165	15,99	967.882
Saldo	−1.839.544		− 427.708		− 692.222		15.118		−740.744

* Datos obtenidos del Instituto Nacional de Estadística (INE).
* Año 1975, los totales son de la DGA, el desglose es de elaboración propia.
* A partir de 1976, la columna «Animales vivos» queda incluida en la de «Productos alimenticios»; la columna «Productos manufacturados» pasa al concepto «Artículos fabricados» y se añade una nueva titulada «Combustibles y lubricantes».
* En los datos del año 1987, si bien los totales son correctos, en la subdivisión por grupos de mercancías son aproximados al no estar publicados oficialmente.

Anexo 4

Contribución del régimen de perfeccionamiento activo a la formación del PIB español durante el periodo 1975 a 1987. Cálculo basado en las importaciones en régimen de perfeccionamiento activo

(Cálculos basados en datos de la DGA para los años 1975, 1977, 1978 y 1979 y de elaboración propia para los demás años.)

Sección	Capítulo	Relación de mercancías	1975				
			Importación	M en RPA (At+R)	RPA/M %	Exportación	Export. en RPA +100 % (At+R)
I	1 a 5	Productos del reino animal	21.930,1	707,6	3,23	8.556,20	1.415,20
II	6 a 14	Productos del reino vegetal	80.416,6	343,9	0,43	49.252,90	687,80
III	15	Grasas y aceites	9.894,8	156,1	1,58	7.235,60	312,20
IV	16 a 24	Productos de la industria alimenticia	44.622,3	214,2	0,48	35.505,50	428,40
V	25 a 27	Productos minerales	271.570,7	12,3	0,00	25.949,60	24,60
VI	28 a 38	Productos de la industria química	71.133,7	2.988,9	4,20	22.363,60	5.977,80
VII	39 y 40	Materia plástica y manufacturas	20.784,7	1.426,9	6,87	17.006,90	2.853,80
VIII	41 a 43	Pieles, cueros y manufacturas	10.058,6	214,0	2,13	9.880,20	428,00
IX	44 a 46	Madera, carbón vegetal, corcho, esparto	13.398,3	301,2	2,25	6.607,70	602,40
X	47 a 49	Pasta de papel, papel, sus aplicaciones	20.179,1	2.976,5	14,75	16.092,40	5.953,00
XI	50 a 63	Textiles y sus manufacturas	28.524,2	5.132,1	17,99	22.481,40	10.264,20
XII	64 a 67	Calzado, sombrerería, paraguas, etc.	1.007,4	0,0	0,00	26.033,50	0,00
XIII	68 a 70	Manufacturas de piedra, yeso, cemento, vidrio	8.198,0	203,8	2,49	9.826,10	407,60
XIV	71	Perlas, piedras y metales preciosos	13.905,8	6,6	0,05	3.490,80	13,20
XV	72 a 83	Metales comunes y manufacturas	82.325,1	9.764,0	11,86	55.188,40	19.528,00
XVI	84 y 85	Máquinas, material eléctrico	163.717,1	3.429,1	2,09	53.544,30	6.858,20
XVII	86 a 89	Material de transporte	32.182,2	242,7	0,75	58.545,90	485,40

Continúa

Continuación

Sección	Capítulo	Relación de mercancías	1975				
			Importación	M en RPA (At+R)	RPA/M %	Exportación	Export. en RPA +100 % (At+R)
XVIII	90 a 92	Instrumentos de óptica, foto, cine, control	31.895,9	22,6	0,07	3.346,10	45,20
XIX	93	Armas y municiones	487,4	0,0	0,00	1.593,00	0,00
XX	94 a 96	Mercancías y productos diversos	4.727,1	7,4	0,16	8.384,80	14,80
XX1	97 y 98	Objetos de arte, colección, antiguos	1.026,9	0,0	0,00	206,30	0,00
		Claves especiales					0,00
		SUMAS (datos en millones de PTA)	931.986,0	28.149,9	3,02	441.091,20	56.299,80
						Porcentaje de exportaciones en RPA	12,76

Equivalente a datos de 1986			
	Export. MM pesetas		1.585,500
	Export. en RPA MM PTA	12,76	202,369
	PIB		26.572,400
	Porcentaje RPA/PIB		0,762

RPA: Régimen de perfeccionamiento activo
At: Admisión temporal
R: Reposición

Sección	Capítulo	Relación de mercancías	1976				
			Importación	M en RPA (At+R)	RPA/M %	Exportación	Export. en RPA +100% (At+R)
I	1 a 5	Productos del reino animal	26.662,2	990,64	3,72	13.358,60	1.981,28
II	6 a 14	Productos del reino vegetal	90.946,7	481,46	0,53	57.405,00	962,92
III	15	Grasas y aceites	5.720,1	218,54	3,82	12.125,70	437,08
IV	16 a 24	Productos de la industria alimenticia	35.109,0	299,88	0,85	51.397,00	599,76
V	25 a 27	Productos minerales	379.641,7	17,22	0,00	36.369,20	34,44
VI	28 a 38	Productos de la industria química	94.689,2	4.184,46	4,42	32.199,00	8.368,92
VII	39 y 40	Materia plástica y manufacturas	28.596,6	1.997,66	6,99	19.544,20	3.995,32
VIII	41 a 43	Pieles, cueros y manufacturas	14.812,2	299,60	2,02	13.058,10	599,20
IX	44 a 46	Madera, carbón vegetal, corcho, esparto	21.375,1	421,68	1,97	8.143,60	843,36
X	47 a 49	Pasta de papel, papel, sus aplicaciones	21.163,0	4.167,10	19,69	20.132,30	8.334,20
XI	50 a 63	Textiles y sus manufacturas	41.215,5	7.184,94	17,43	30.944,50	14.369,88
XII	64 a 67	Calzado, sombrerería, paraguas, etc.	1.403,8	0,00	0,00	33.645,70	0,00
XIII	68 a 70	Manufacturas de piedra, yeso, cemento, vidrio	10.436,4	285,32	2,73	12.128,10	570,64
XIV	71	Perlas, piedras y metales preciosos	19.592,9	9,24	0,05	3.303,80	18,48
XV	72 a 83	Metales comunes y manufacturas	98.995,8	13.669,60	13,81	79.019,10	27.339,20
XVI	84 y 85	Máquinas, material eléctrico	190.118,4	4.800,74	2,53	68.758,90	9.601,48
XVII	86 a 89	Material de transporte	41.173,1	339,78	0,83	73.655,20	679,56
XVIII	90 a 92	Instrumentos de óptica, foto, cine, control	39.263,0	31,64	0,08	4.275,20	63,28
XIX	93	Armas y municiones	578,0	0,00	0,00	2.122,60	0,00
XX	94 a 96	Mercancías y productos diversos	6.538,5	10,36	0,16	11.389,50	20,72
XX1	97 y 98	Objetos de arte, colección, antiguos	1.381,2	0,00	0,00	246,80	0,00
		Claves especiales					0,00
		SUMAS (datos en millones de PTA)	1.169.412,4	39.409,90	3,37	583.222,10	78.819,70
						Porcentaje de exportaciones en RPA	13,51

Equivalente a datos de 1986		
Export. MM pesetas		1.894,800
Export. en RPA MM PTA	13,51	256,073
PIB		27.450,400
Porcentaje RPA/PIB		0,933

Sección	Capítulo	Relación de mercancías	1977				
			Importación	M en RPA (At+R)	RPA/M %	Exportación	Export. en RPA +100 % (At+R)
I	1 a 5	Productos del reino animal	26.500,3	1.719,0	6,49	15.607,40	3.438,00
II	6 a 14	Productos del reino vegetal	129.847,5	5.130,0	3,95	69.765,90	10.260,00
III	15	Grasas y aceites	7.052,7	413,0	5,86	17.575,00	826,00
IV	16 a 24	Productos de la industria alimenticia	50.696,2	615,7	1,21	65.259,40	1.231,40
V	25 a 27	Productos minerales	428.495,2	49,5	0,01	53.379,10	99,00
VI	28 a 38	Productos de la industria química	108.283,7	6.569,4	6,07	44.556,40	13.138,80
VII	39 y 40	Materia plástica y manufacturas	36.126,5	2.089,0	5,78	28.629,30	4.178,00
VIII	41 a 43	Pieles, cueros y manufacturas	19.622,5	970,0	4,94	16.293,50	1.940,00
IX	44 a 46	Madera, carbón vegetal, corcho, esparto	25.448,7	529,3	2,08	11.675,00	1.058,60
X	47 a 49	Pasta de papel, papel, sus aplicaciones	25.283,7	4.973,7	19,67	25.968,70	9.947,40
XI	50 a 63	Textiles y sus manufacturas	44.450,2	9.131,9	20,54	43.441,80	18.263,80
XII	64 a 67	Calzado, sombrerería, paraguas, etc.	1.792,6	0,0	0,00	38.607,80	0,00
XIII	68 a 70	Manufacturas de piedra, yeso, cemento, vidrio	13.087,4	254,7	1,95	17.234,60	509,40
XIV	71	Perlas, piedras y metales preciosos	23.583,4	6,0	0,03	4.463,00	12,00
XV	72 a 83	Metales comunes y manufacturas	94.062,8	18.656,2	19,83	102.945,00	37.312,40
XVI	84 y 85	Máquinas, material eléctrico	212.755,4	970,6	0,46	93.239,60	1.941,20
XVII	86 a 89	Material de transporte	43.405,8	251,3	0,58	103.714,70	502,60
XVIII	90 a 92	Instrumentos de óptica, foto, cine, control	48.719,9	75,4	0,15	5.931,00	150,80
XIX	93	Armas y municiones	1.017,2	2,3	0,23	2.260,20	4,60
XX	94 a 96	Mercancías y productos diversos	8.186,5	16,9	0,21	14.363,90	33,80
XX1	97 y 98	Objetos de arte, colección, antiguos	1.934,0	0,0	0,00	239,00	0,00
		Claves especiales					0,00
		SUMAS (datos en millones de PTA)	1.350.352,2	52.423,9	3,88	775.150,30	104.847,80
						Porcentaje de exportaciones en RPA	13,53

Equivalente a datos de 1986		
Export. MM pesetas		2.084,300
Export. en RPA MM PTA	13,53	281,925
PIB		28.229,800
Porcentaje RPA/PIB		0,999

Sección	Capítulo	Relación de mercancías	1978				
			Importación	M en RPA (At+R)	RPA/M %	Exportación	Export. en RPA +100 % (At+R)
I	1 a 5	Productos del reino animal	39.591,0	2.881,2	7,28	18.613,60	5.762,40
II	6 a 14	Productos del reino vegetal	135.632,1	3.262,0	2,41	90.952,40	6.524,00
III	15	Grasas y aceites	11.234,7	471,0	4,19	22.279,30	942,00
IV	16 a 24	Productos de la industria alimenticia	55.940,3	1.834,4	3,28	71.065,10	3.668,80
V	25 a 27	Productos minerales	453.421,5	413,4	0,09	58.405,20	826,80
VI	28 a 38	Productos de la industria química	124.451,6	8.294,2	6,66	57.629,30	16.588,40
VII	39 y 40	Materia plástica y manufacturas	37.407,4	2.439,5	6,52	39.005,60	4.879,00
VIII	41 a 43	Pieles, cueros y manufacturas	23.401,9	1.021,4	4,36	19.196,10	2.042,80
IX	44 a 46	Madera, carbón vegetal, corcho, esparto	25.302,8	312,5	1,24	13.872,70	625,00
X	47 a 49	Pasta de papel, papel, sus aplicaciones	25.608,9	5.299,2	20,69	35.427,80	10.598,40
XI	50 a 63	Textiles y sus manufacturas	40.726,1	10.277,9	25,24	58.807,70	20.555,80
XII	64 a 67	Calzado, sombrerería, paraguas, etc.	1.967,6	0,0	0,00	46.768,70	0,00
XIII	68 a 70	Manufacturas de piedra, yeso, cemento, vidrio	15.516,9	295,2	1,90	20.777,40	590,40
XIV	71	Perlas, piedras y metales preciosos	24.175,4	8,9	0,04	7.099,80	17,80
XV	72 a 83	Metales comunes y manufacturas	85.439,1	16.391,5	19,19	158.318,40	32.783,00
XVI	84 y 85	Máquinas, material eléctrico	214.378,7	1.042,9	0,49	118.974,10	2.085,80
XVII	86 a 89	Material de transporte	53.372,6	151,9	0,28	135.159,20	303,80
XVIII	90 a 92	Instrumentos de óptica, foto, cine, control	52.159,8	85,7	0,16	6.777,50	171,40
XIX	93	Armas y municiones	758,1	2,9	0,38	3.295,70	5,80
XX	94 a 96	Mercancías y productos diversos	8.176,7	18,9	0,23	18.510,70	37,80
XX1	97 y 98	Objetos de arte, colección, antiguos	2.369,4	0,0	0,00	447,20	0,00
		Claves especiales					0,00
		SUMAS (datos en millones de PTA)	1.431.032,6	54.504,6	3,81	1.001.383,50	109.009,20
		Porcentaje de exportaciones en RPA					10,89

Equivalente a datos de 1986			
	Export. MM pesetas		2.324,800
	Export. en RPA MM PTA	10,89	253,074
	PIB		28.642,900
	Porcentaje RPA/PIB		0,884

Sección	Capítulo	Relación de mercancías	1979				
			Importación	M en RPA (At+R)	RPA/M %	Exportación	Export. en RPA +100% (At+R)
I	1 a 5	Productos del reino animal	59.263,2	2.668,1	4,50	24.584,20	5.336,20
II	6 a 14	Productos del reino vegetal	135.300,4	4.131,6	3,05	121.494,30	8.263,20
III	15	Grasas y aceites	10.354,5	612,8	5,92	27.275,40	1.225,60
IV	16 a 24	Productos de la industria alimenticia	54.655,3	501,1	0,92	80.761,00	1.002,20
V	25 a 27	Productos minerales	564.714,3	477,5	0,08	61.673,00	955,00
VI	28 a 38	Productos de la industria química	148.600,2	11.978,6	8,06	75.990,70	23.957,20
VII	39 y 40	Materia plástica y manufacturas	47.884,5	3.391,5	7,08	48.617,80	6.783,00
VIII	41 a 43	Pieles, cueros y manufacturas	28.264,3	1.731,2	6,13	24.515,70	3.462,40
IX	44 a 46	Madera, carbón vegetal, corcho, esparto	28.935,8	197,8	0,68	16.808,00	395,60
X	47 a 49	Pasta de papel, papel, sus aplicaciones	31.689,0	5.979,1	18,87	45.803,70	11.958,20
XI	50 a 63	Textiles y sus manufacturas	50.143,6	10.129,1	20,20	63.874,70	20.258,20
XII	64 a 67	Calzado, sombrerería, paraguas, etc.	3.245,3	0,0	0,00	48.554,50	0,00
XIII	68 a 70	Manufacturas de piedra, yeso, cemento, vidrio	18.868,4	164,9	0,87	24.834,00	329,80
XIV	71	Perlas, piedras y metales preciosos	26.129,5	13,8	0,05	8.753,30	27,60
XV	72 a 83	Metales comunes y manufacturas	113.841,8	25.492,2	22,39	194.677,30	50.984,40
XVI	84 y 85	Máquinas, material eléctrico	233.694,2	1.005,9	0,43	154.148,50	2.011,80
XVII	86 a 89	Material de transporte	78.561,2	22,3	0,03	166.410,20	44,60
XVIII	90 a 92	Instrumentos de óptica, foto, cine, control	56.391,6	56,4	0,10	8.997,40	112,80
XIX	93	Armas y municiones	888,0	0,0	0,00	3.570,00	0,04
XX	94 a 96	Mercancías y productos diversos	11.126,7	14,7	0,13	19.457,90	29,40
XX1	97 y 98	Objetos de arte, colección, antiguos	1.470,6	0,0	0,00	639,10	0,00
		Claves especiales					0,00
		SUMAS (datos en millones de PTA)	1.704.022,4	68.568,6	4,02	1.221.440,70	137.137,20
					Porcentaje de exportaciones en RPA		11,23

Equivalente a datos de 1986			
	Export. MM pesetas		2.686,600
	Export. en RPA MM PTA	11,23	301,638
	PIB		28.655,300
	Porcentaje RPA/PIB		1,053

Sección	Capítulo	Relación de mercancías	1980				
			Importación	M en RPA (At+R)	RPA/M %	Exportación	Export. en RPA +100% (At+R)
I	1 a 5	Productos del reino animal	57.612,5	3.735,3	6,48	22.666,30	7.470,68
II	6 a 14	Productos del reino vegetal	193.652,6	5.784,2	2,99	131.549,00	11.568,48
III	15	Grasas y aceites	11.146,8	857,9	7,70	33.992,10	1.715,84
IV	16 a 24	Productos de la industria alimenticia	52.538,9	701,5	1,34	87.518,40	1.403,08
V	25 a 27	Productos minerales	1.006.352,4	668,5	0,07	104.558,30	1.337,00
VI	28 a 38	Productos de la industria química	175.801,0	16.770,0	9,54	94.509,20	33.540,08
VII	39 y 40	Materia plástica y manufacturas	56.559,0	4.748,1	8,39	58.878,90	9.496,20
VIII	41 a 43	Pieles, cueros y manufacturas	19.920,4	2.423,7	12,17	29.989,00	4.847,36
IX	44 a 46	Madera, carbón vegetal, corcho, esparto	39.891,5	276,9	0,69	23.126,70	553,84
X	47 a 49	Pasta de papel, papel, sus aplicaciones	42.467,8	8.370,7	19,71	59.683,90	16.741,48
XI	50 a 63	Textiles y sus manufacturas	62.120,5	14.180,7	22,83	73.348,80	28.361,48
XII	64 a 67	Calzado, sombrerería, paraguas, etc.	4.421,2	0,0	0,00	43.278,30	0,00
XIII	68 a 70	Manufacturas de piedra, yeso, cemento, vidrio	23.172,6	230,9	1,00	38.978,20	461,72
XIV	71	Perlas, piedras y metales preciosos	28.328,5	19,3	0,07	20.146,30	38,64
XV	72 a 83	Metales comunes y manufacturas	157.987,6	35.689,1	22,59	243.397,50	71.378,16
XVI	84 y 85	Máquinas, material eléctrico	307.353,2	1.408,3	0,46	192.043,20	2.816,52
XVII	86 a 89	Material de transporte	113.743,6	31,2	0,03	198.379,60	62,44
XVIII	90 a 92	Instrumentos de óptica, foto, cine, control	76.952,8	79,0	0,10	11.659,50	157,92
XIX	93	Armas y municiones	2.486,0	0,0	0,00	3.512,20	0,06
XX	94 a 96	Mercancías y productos diversos	16.683,9	20,6	0,12	21.201,20	41,16
XX1	97 y 98	Objetos de arte, colección, antiguos	1.460,4	0,0	0,00	770,30	0,00
		Claves especiales					0,00
		SUMAS (datos en millones de PTA)	2.450.653,2	95.996,1	3,92	1.493.186,90	191.992,10
						Porcentaje de exportaciones en RPA	12,86

Equivalente a datos de 1986			
	Export. MM pesetas		2.712,400
	Export. en RPA MM PTA	12,86	348,757
	PIB		29.027,300
	Porcentaje RPA/PIB		1,201

Sección	Capítulo	Relación de mercancías	1981				
			Importación	M en RPA (At+R)	RPA/M %	Exportación	Export. en RPA +100% (At+R)
I	1 a 5	Productos del reino animal	66.332,4	5.229,5	7,88	35.361,10	10.458,95
II	6 a 14	Productos del reino vegetal	223.371,7	8.097,9	3,63	180.430,30	16.195,87
III	15	Grasas y aceites	12.641,6	1.201,1	9,50	30.869,60	2.402,18
IV	16 a 24	Productos de la industria alimenticia	62.293,6	982,2	1,58	110.687,80	1.964,31
V	25 a 27	Productos minerales	1.333.173,6	935,9	0,07	164.011,30	1.871,80
VI	28 a 38	Productos de la industria química	210.363,1	23.478,1	11,16	119.598,70	46.956,11
VII	39 y 40	Materia plástica y manufacturas	64.164,5	6.647,3	10,36	66.597,20	13.294,68
VIII	41 a 43	Pieles, cueros y manufacturas	26.612,1	3.393,2	12,75	34.657,10	6.786,30
IX	44 a 46	Madera, carbón vegetal, corcho, esparto	30.226,4	387,7	1,28	25.985,40	775,38
X	47 a 49	Pasta de papel, papel, sus aplicaciones	48.547,3	11.719,0	24,14	72.349,30	23.438,07
XI	50 a 63	Textiles y sus manufacturas	64.260,8	19.853,0	30,89	96.378,00	39.706,07
XII	64 a 67	Calzado, sombrerería, paraguas, etc.	4.140,8	0,0	0,00	58.810,90	0,00
XIII	68 a 70	Manufacturas de piedra, yeso, cemento, vidrio	23.725,5	323,2	1,36	52.913,80	646,41
XIV	71	Perlas, piedras y metales preciosos	24.699,5	27,0	0,11	23.671,10	54,10
XV	72 a 83	Metales comunes y manufacturas	166.038,5	49.964,7	30,09	295.413,10	99.929,42
XVI	84 y 85	Máquinas, material eléctrico	360.152,4	1.971,6	0,55	244.898,70	3.943,13
XVII	86 a 89	Material de transporte	134.420,0	43,7	0,03	231.012,30	87,42
XVIII	90 a 92	Instrumentos de óptica, foto, cine, control	99.848,9	110,5	0,11	14.455,30	221,09
XIX	93	Armas y municiones	1.989,3	0,0	0,00	3.146,30	0,08
XX	94 a 96	Mercancías y productos diversos	17.270,5	28,8	0,17	27.514,90	57,62
XX1	97 y 98	Objetos de arte, colección, antiguos	1.773,1	0,0	0,00	954,30	0,00
		Claves especiales					0,00
		SUMAS (datos en millones de PTA)	2.976.045,6	134.394,5	4,52	1.889.716,50	268.789,00
					Porcentaje de exportaciones en RPA		14,22

Equivalente a datos de 1986		
Export. MM pesetas		2.975,100
Export. en RPA MM PTA	14,22	423,171
PIB		28.976,800
Porcentaje RPA/PIB		1,460

Sección	Capítulo	Relación de mercancías	1982				
			Importación	M en RPA (At+R)	RPA/M %	Exportación	Export. en RPA +100 % (At+R)
I	1 a 5	Productos del reino animal	84.742,7	7.321,3	8,64	31.824,60	14.642,53
II	6 a 14	Productos del reino vegetal	259.371,7	11.337,1	4,37	179.818,00	22.674,22
III	15	Grasas y aceites	11.083,2	1.681,5	15,17	31.511,40	3.363,05
IV	16 a 24	Productos de la industria alimenticia	78.838,9	1.375,0	1,74	126.189,00	2.750,04
V	25 a 27	Productos minerales	1.455.337,4	1.310,3	0,09	238.765,30	2.620,52
VI	28 a 38	Productos de la industria química	230.212,6	32.869,3	14,28	138.053,60	65.738,56
VII	39 y 40	Materia plástica y manufacturas	76.985,0	9.306,3	12,09	78.024,20	18.612,55
VIII	41 a 43	Pieles, cueros y manufacturas	29.327,9	4.750,4	16,20	35.330,10	9.500,83
IX	44 a 46	Madera, carbón vegetal, corcho, esparto	31.542,4	542,8	1,72	30.778,10	1.085,53
X	47 a 49	Pasta de papel, papel, sus aplicaciones	63.540,9	16.406,7	25,82	85.235,30	32.813,30
XI	50 a 63	Textiles y sus manufacturas	78.466,2	27.794,3	35,42	102.318,30	55.588,50
XII	64 a 67	Calzado, sombrerería, paraguas, etc.	5.384,8	0,0	0,00	67.318,00	0,00
XIII	68 a 70	Manufacturas de piedra, yeso, cemento, vidrio	27.370,3	452,5	1,65	56.022,30	904,97
XIV	71	Perlas, piedras y metales preciosos	42.990,6	37,9	0,09	21.410,50	75,73
XV	72 a 83	Metales comunes y manufacturas	213.824,4	69.950,6	32,71	343.951,00	139.901,19
XVI	84 y 85	Máquinas, material eléctrico	462.824,0	2.760,2	0,60	287.292,50	5.520,38
XVII	86 a 89	Material de transporte	163.856,4	61,2	0,04	320.715,00	122,38
XVIII	90 a 92	Instrumentos de óptica, foto, cine, control	133.990,7	154,8	0,12	16.725,00	309,52
XIX	93	Armas y municiones	2.020,7	0,1	0,00	6.948,10	0,11
XX	94 a 96	Mercancías y productos diversos	21.043,7	40,3	0,19	33.470,00	80,67
XX1	97 y 98	Objetos de arte, colección, antiguos	1.916,4	0,0	0,00	2.234,10	0,00
		Claves especiales					0,00
		SUMAS (datos en millones de PTA)	3.474.670,9	188.152,3	5,41	2.233.934,40	376.304,60
						Porcentaje de exportaciones en RPA	16,84

Equivalente a datos de 1986		
Export. MM pesetas		3.160,100
Export. en RPA MM PTA	16,84	532,316
PIB		29.429,400
Porcentaje RPA/PIB		1,809

Sección	Capítulo	Relación de mercancías	1983				
			Importación	*M en RPA (At+R)*	*RPA/M %*	*Exportación*	*Export. en RPA +100 % (At+R)*
I	1 a 5	Productos del reino animal	86.193,2	10.249,8	11,89	41.359,90	20.499,55
II	6 a 14	Productos del reino vegetal	324.382,0	15.872,0	4,89	209.654,40	31.743,91
III	15	Grasas y aceites	12.629,0	2.354,1	18,64	45.734,00	4.708,26
IV	16 a 24	Productos de la industria alimenticia	120.541,9	1.925,0	1,60	162.281,30	3.850,05
V	25 a 27	Productos minerales	1.764.660,6	1.834,4	0,10	344.937,60	3.668,73
VI	28 a 38	Productos de la industria química	283.332,7	46.017,0	16,24	181.281,00	92.033,98
VII	39 y 40	Materia plástica y manufacturas	98.665,9	13.028,8	13,20	101.337,80	26.057,57
VIII	41 a 43	Pieles, cueros y manufacturas	33.682,9	6.650,6	19,74	40.917,90	13.301,16
IX	44 a 46	Madera, carbón vegetal, corcho, esparto	41.528,5	759,9	1,83	40.472,40	1.519,74
X	47 a 49	Pasta de papel, papel, sus aplicaciones	65.720,7	22.969,3	34,95	95.259,60	45.938,62
XI	50 a 63	Textiles y sus manufacturas	100.999,6	38.912,0	38,53	135.711,80	77.823,90
XII	64 a 67	Calzado, sombrerería, paraguas, etc.	6.577,9	0,0	0,00	91.738,40	0,00
XIII	68 a 70	Manufacturas de piedra, yeso, cemento, vidrio	32.228,6	633,5	1,97	77.866,00	1.266,96
XIV	71	Perlas, piedras y metales preciosos	58.393,0	53,0	0,09	49.414,80	106,03
XV	72 a 83	Metales comunes y manufacturas	223.990,8	97.930,8	43,72	419.361,10	195.861,67
XVI	84 y 85	Máquinas, material eléctrico	545.578,1	3.864,3	0,71	295.573,70	7.728,53
XVII	86 a 89	Material de transporte	179.421,1	85,7	0,05	445.954,70	171,34
XVIII	90 a 92	Instrumentos de óptica, foto, cine, control	171.794,2	216,7	0,13	19.714,10	433,33
XIX	93	Armas y municiones	1.488,0	0,1	0,01	4.483,40	0,15
XX	94 a 96	Mercancías y productos diversos	23.307,2	56,5	0,24	42.183,20	112,94
XX1	97 y 98	Objetos de arte, colección, antiguos	1.917,0	0,0	0,00	1.512,00	0,00
		Claves especiales					0,00
		SUMAS (datos en millones de PTA)	4.177.032,9	263.413,2	6,31	2.846.749,10	526.826,40
						Porcentaje de exportaciones en RPA	18,51

Equivalente a datos de 1986		
Export. MM pesetas		3.481,000
Export. en RPA MM PTA	18,51	644,202
PIB		30.083,400
Porcentaje RPA/PIB		2,141

Sección	Capítulo	Relación de mercancías	1984				
			Importación	M en RPA (At+R)	RPA/M %	Exportación	Export. en RPA +100% (At+R)
I	1 a 5	Productos del reino animal	100.607,7	14.349,7	14,26	48.689,70	28.699,36
II	6 a 14	Productos del reino vegetal	308.467,3	22.220,7	7,20	273.364,50	44.441,47
III	15	Grasas y aceites	17.894,3	3.295,8	18,42	70.556,10	6.591,57
IV	16 a 24	Productos de la industria alimenticia	144.180,5	2.695,0	1,87	205.214,60	5.390,07
V	25 a 27	Productos minerales	1.852.451,5	2.568,1	0,14	429.645,00	5.136,22
VI	28 a 38	Productos de la industria química	333.369,4	64.423,8	19,33	241.707,30	128.847,57
VII	39 y 40	Materia plástica y manufacturas	119.125,3	18.240,3	15,31	138.455,00	36.480,60
VIII	41 a 43	Pieles, cueros y manufacturas	57.407,0	9.310,8	16,22	55.157,20	18.621,62
IX	44 a 46	Madera, carbón vegetal, corcho, esparto	45.250,1	1.063,8	2,35	48.819,20	2.127,63
X	47 a 49	Pasta de papel, papel, sus aplicaciones	84.727,0	32.157,0	37,95	114.400,30	64.314,07
XI	50 a 63	Textiles y sus manufacturas	111.138,8	54.476,7	49,02	182.752,70	108.953,46
XII	64 a 67	Calzado, sombrerería, paraguas, etc.	6.455,7	0,0	0,00	128.669,90	0,00
XIII	68 a 70	Manufacturas de piedra, yeso, cemento, vidrio	34.811,2	886,9	2,55	96.663,60	1.773,74
XIV	71	Perlas, piedras y metales preciosos	50.738,1	74,2	0,15	49.661,30	148,44
XV	72 a 83	Metales comunes y manufacturas	274.145,4	137.103,2	50,01	550.613,00	274.206,34
XVI	84 y 85	Máquinas, material eléctrico	658.811,9	5.410,0	0,82	405.911,60	10.819,94
XVII	86 a 89	Material de transporte	226.004,0	119,9	0,05	596.171,10	239,87
XVIII	90 a 92	Instrumentos de óptica, foto, cine, control	174.465,7	303,3	0,17	21.000,10	606,67
XIX	93	Armas y municiones	988,7	0,1	0,01	5.868,60	0,22
XX	94 a 96	Mercancías y productos diversos	23.676,6	79,1	0,33	56.360,60	158,12
XX1	97 y 98	Objetos de arte, colección, antiguos	2.234,3	0,0	0,00	1.061,70	0,00
		Claves especiales	3.155,8	0,0	0,00	22.709,60	0,00
		SUMAS (datos en millones de PTA)	4.630.106,3	368.778,5	7,96	3.743.452,70	737.557,00
					Porcentaje de exportaciones en RPA		19,70

Equivalente a datos de 1986		
Export. MM pesetas		3.941.900
Export. en RPA MM PTA	19,70	776,656
PIB		30.524.400
Porcentaje RPA/PIB		2,544

Sección	Capítulo	Relación de mercancías	1985				
			Importación	M en RPA (At+R)	RPA/M %	Exportación	Export. en RPA +100 % (At+R)
I	1 a 5	Productos del reino animal	117.156,3	20.089,6	17,15	55.054,00	40.179,11
II	6 a 14	Productos del reino vegetal	274.386,8	31.109,0	11,34	285.857,00	62.218,06
III	15	Grasas y aceites	19.915,2	4.614,1	23,17	80.519,10	9.228,20
IV	16 a 24	Productos de la industria alimenticia	152.558,0	3.773,1	2,47	206.402,20	7.546,10
V	25 a 27	Productos minerales	1.951.687,5	3.595,4	0,18	457.562,70	7.190,71
VI	28 a 38	Productos de la industria química	373.471,0	90.193,3	24,15	282.538,70	180.386,60
VII	39 y 40	Materia plástica y manufacturas	137.213,9	25.536,4	18,61	158.121,60	51.072,84
VIII	41 a 43	Pieles, cueros y manufacturas	68.320,8	13.035,1	19,08	66.406,00	26.070,27
IX	44 a 46	Madera, carbón vegetal, corcho, esparto	55.933,9	1.489,3	2,66	48.982,60	2.978,68
X	47 a 49	Pasta de papel, papel, sus aplicaciones	96.735,5	45.019,8	46,54	123.332,90	90.039,70
XI	50 a 63	Textiles y sus manufacturas	129.423,0	76.267,4	58,93	195.003,20	152.534,85
XII	64 a 67	Calzado, sombrerería, paraguas, etc.	8.497,0	0,0	0,00	145.435,30	0,00
XIII	68 a 70	Manufacturas de piedra, yeso, cemento, vidrio	40.108,1	1.241,6	3,10	96.318,50	2.483,24
XIV	71	Perlas, piedras y metales preciosos	49.409,4	103,9	0,21	36.104,30	207,82
XV	72 a 83	Metales comunes y manufacturas	344.162,7	191.944,4	55,77	630.444,30	383.888,88
XVI	84 y 85	Máquinas, material eléctrico	775.105,3	7.574,0	0,98	485.164,30	15.147,92
XVII	86 a 89	Material de transporte	275.439,0	167,9	0,06	628.086,10	335,82
XVIII	90 a 92	Instrumentos de óptica, foto, cine, control	200.770,8	424,7	0,21	29.594,50	849,33
XIX	93	Armas y municiones	1.389,1	0,2	0,01	6.288,90	0,30
XX	94 a 96	Mercancías y productos diversos	27.719,5	110,7	0,40	61.319,90	221,37
XX1	97 y 98	Objetos de arte, colección, antiguos	10.535,0	0,0	0,00	6.805,60	0,00
		Claves especiales	4.747,9	0,0	0,00	23.408,90	0,00
		SUMAS (datos en millones de PTA)	5.114.685,7	516.289,9	10,09	4.108.750,60	1.032.579,80

Porcentaje de exportaciones en RPA	25,13

Equivalente a datos de 1986	Export. MM pesetas		4.052,000
	Export. en RPA MM PTA	25,13	1.018,318
	PIB		31.321,800
	Porcentaje RPA/PIB		3,251

Sección	Capítulo	Relación de mercancías	1986				
			Importación	M en RPA (At+R)	RPA/M %	Exportación	Export. en RPA +100 % (At+R)
I	1 a 5	Productos del reino animal	188.859,6	28.125,4	14,89	58.423,60	56.250,75
II	6 a 14	Productos del reino vegetal	285.180,5	43.552,6	15,27	350.254,30	87.105,29
III	15	Grasas y aceites	21.774,9	6.459,7	29,67	47.226,20	12.919,48
IV	16 a 24	Productos de la industria alimenticia	168.284,0	5.282,3	3,14	189.690,80	10.564,54
V	25 a 27	Productos minerales	1.037.310,9	5.033,5	0,49	300.689,00	10.066,99
VI	28 a 38	Productos de la industria química	463.333,1	126.270,6	27,25	253.332,60	252.541,24
VII	39 y 40	Materia plástica y manufacturas	179.282,4	35.751,0	19,94	154.709,80	71.501,98
VIII	41 a 43	Pieles, cueros y manufacturas	73.136,1	18.249,2	24,95	73.625,70	36.498,37
IX	44 a 46	Madera, carbón vegetal, corcho, esparto	62.385,4	2.085,1	3,34	43.363,20	4.170,16
X	47 a 49	Pasta de papel, papel, sus aplicaciones	125.256,2	63.027,8	50,32	126.001,60	126.055,58
XI	50 a 63	Textiles y sus manufacturas	164.209,0	106.774,4	65,02	178.296,30	213.548,78
XII	64 a 67	Calzado, sombrerería, paraguas, etc.	12.340,1	0,0	0,00	138.291,00	0,00
XIII	68 a 70	Manufacturas de piedra, yeso, cemento, vidrio	52.369,5	1.738,3	3,32	100.433,30	3.476,54
XIV	71	Perlas, piedras y metales preciosos	25.850,6	145,5	0,56	27.725,80	290,94
XV	72 a 83	Metales comunes y manufacturas	391.511,9	268.722,2	68,64	468.637,80	537.444,43
XVI	84 y 85	Máquinas, material eléctrico	979.217,9	10.603,5	1,08	506.848,90	21.207,09
XVII	86 a 89	Material de transporte	413.986,1	235,1	0,06	664.512,60	470,14
XVIII	90 a 92	Instrumentos de óptica, foto, cine, control	261.603,9	594,5	0,23	34.179,50	1.189,06
XIX	93	Armas y municiones	2.175,0	0,2	0,01	5.066,20	0,42
XX	94 a 96	Mercancías y productos diversos	39.851,8	155,0	0,39	67.997,00	309,92
XX1	97 y 98	Objetos de arte, colección, antiguos	6.635,1	0,0	0,00	17.020,20	0,00
		Claves especiales	53,2	0,0	0,00	9.467,70	0,00
		SUMAS (datos en millones de PTA)	4.954.607,2	722.805,8	14,59	3.815.793,10	1.445.611,70
					Porcentaje de exportaciones en RPA		37,88

Equivalente a datos de 1986			
	Export. MM pesetas		3.939,814
	Export. en RPA MM PTA	37,88	1.492,597
	PIB		32.323,992
	Porcentaje RPA/PIB		4,618

Sección	Capítulo	Relación de mercancías	1987				
			Importación	M en RPA (At+R)	RPA/M %	Exportación	Export. en RPA +100 % (At+R)
I	1 a 5	Productos del reino animal	243.992,0	39.375,5	16,14	70.748,80	78.751,06
II	6 a 14	Productos del reino vegetal	248.928,6	60.973,7	24,49	414.189,50	121.947,40
III	15	Grasas y aceites	23.741,1	9.043,6	38,09	64.072,90	18.087,27
IV	16 a 24	Productos de la industria alimenticia	201.606,8	7.395,2	3,67	218.321,50	14.790,36
V	25 a 27	Productos minerales	1.082.559,6	7.046,9	0,65	322.177,30	14.093,79
VI	28 a 38	Productos de la industria química	541.680,1	176.778,9	32,64	299.190,10	353.557,74
VII	39 y 40	Materia plástica y manufacturas	220.943,9	50.051,4	22,65	186.466,00	100.102,77
VIII	41 a 43	Pieles, cueros y manufacturas	98.500,9	25.548,9	25,94	88.558,00	51.097,72
IX	44 a 46	Madera, carbón vegetal, corcho, esparto	77.287,8	2.919,1	3,78	44.022,60	5.838,22
X	47 a 49	Pasta de papel, papel, sus aplicaciones	155.032,5	88.238,9	56,92	144.896,90	176.477,81
XI	50 a 63	Textiles y sus manufacturas	215.644,0	149.484,1	69,32	196.714,80	298.968,30
XII	64 a 67	Calzado, sombrerería, paraguas, etc.	17.846,2	0,0	0,00	140.846,50	0,00
XIII	68 a 70	Manufacturas de piedra, yeso, cemento, vidrio	69.089,8	2.433,6	3,52	114.719,70	4.867,15
XIV	71	Perlas, piedras y metales preciosos	26.921,4	203,7	0,76	27.361,90	407,32
XV	72 a 83	Metales comunes y manufacturas	405.458,9	376.211,1	92,79	421.555,20	752.422,20
XVI	84 y 85	Máquinas, material eléctrico	1.335.954,1	14.845,0	1,11	567.173,60	29.689,92
XVII	86 a 89	Material de transporte	688.497,6	329,1	0,05	749.315,00	658,20
XVIII	90 a 92	Instrumentos de óptica, foto, cine, control	309.827,3	832,3	0,27	38.180,40	1.664,69
XIX	93	Armas y municiones	1.902,5	0,3	0,02	6.109,10	0,59
XX	94 a 96	Mercancías y productos diversos	61.799,1	216,9	0,35	80.319,90	433,88
XX1	97 y 98	Objetos de arte, colección, antiguos	24.167,6	0,0	0,00	16.898,40	0,00
		Claves especiales	0,0	0,0			0,00
		SUMAS (datos en millones de PTA)	6.051.381,8	1.011.928,2	16,72	4.211.838,10	2.023.856,40
					Porcentaje de exportaciones en RPA		48,05

Equivalente a datos de 1986	Export. MM pesetas		4.230,016
	Export. en RPA MM PTA	48,05	2.032,591
	PIB		34.147,515
	Porcentaje RPA/PIB		5,952

Anexo 5

Relación de zonas francas españolas

Zona franca	Superficie (en m²)	Cubiertos (en m²)
Algeciras	9.768	8.500
Alicante	35.000	16.900
Barcelona	159.540	105.000
Bilbao	47.000	32.193
Cádiz	382.300	39.690
Cartagena	35.000	4.300
Gran Canaria	326.000	23.000
La Coruña	10.000	10.000
Santander	49.000	19.596
Valencia	35.200	22.500
Vigo	237.680	62.180
Totales	1.326.488	343.859

Bibliografía

ABAJO ANTÓN, L. M. *El despacho aduanero.* Fundación Confemetal, 1.ª ed., Madrid, 2004.

ACKLEY, G. *Teoría macroeconómica.* Unión Tipográfica Editorial Hispano Americana, México, 1970.

ALCALÁ DEL OLMO, E., GONZÁLEZ REBIRIEGO, L. y SBARBI, R. L. *Apéndice a las ordenanzas generales de la renta de aduanas aprobadas por Real Decreto de 14 de noviembre de 1924. Comentadas y concordadas.* Novísima Edición, Madrid, 1934.

ALMAJANO GARCÉS, L. y ALMAJANO PABLOS, J. J. *Derecho aduanero.* Ediciones Internacionales Universitarias, 1.ª ed., Barcelona, 1992.

ANDRÉS Y ANDRÉS, A. de. *El crédito a la exportación en España.* Cámara de Comercio, Industria y Navegación de Barcelona y Centro de Estudios de Economía Internacional, 1.ª ed., Barcelona, 1978.

ASOCIACIÓN DE AGENTES DE ADUANAS Y COMISIONISTAS DE TRÁNSITO DE BARCELONA. *Disposiciones reformatorias de las ordenanzas de aduanas dictadas desde el 18 de febrero de 1919 hasta el 11 de octubre de 1921.* Asociación de Agentes de Aduanas y Comisionistas de Tránsito, 1.ª ed., Barcelona, 1921.

BAENA, J. *Transporte internacional.* Marge Books, Barcelona, 2002.

BEL, G. *España, capital París.* Ediciones Destino, 2010 – Edicions La Campana, 2.ª ed., marzo de 2011, Barcelona.

BES, J. *Fletamentos y términos marítimos.* Asociación de Navieros Españoles, Madrid, 1982.

BERTRAND, R. *Economía financiera internacional.* Planeta, Barcelona, 1973.

Bonilla, N. y Rodrigo, F. *El operador económico autorizado.* Asociación Española de Concesionarios de Zonas y Depósitos Francos, 1.ª ed., Cádiz y Vigo, 2008.

Buisán, A. y Gordo, E. *Sector exterior en España.* Banco de España. Servicio de Estudios Económicos, Madrid, 1997.

Carbonell Tortós, F. *Geografía comercial y estadística.* José Montesó, 1.ª ed., Barcelona, 1934.

Carmona Molina, F. *El seguro de crédito a la exportación.* Cámara de Comercio, Industria y Navegación de Barcelona y Centro de Estudios de Economía Internacional, 1.ª ed., Barcelona, 1989.

Carr R. *España 1808-1939.* Ariel, 2.ª ed., Barcelona, 1970.

Colomer, M.ª D. y Guardiola Sacarrera, E. *El Comerç exterior espanyol i la integració a la CEE – Sector industrial.* Sirocco, Patronat Català Pro Europa, Barcelona, 1987.

Crosby, P. B. *La qualità è facile.* McGraw Hill Book Co. GMBH - Hamburgo y Editorial Ediego, 1.ª ed., Milán, 1986a.

Crosby, P. B. *La qualità non costa.* McGraw Hill Book Co. GMBH - Hamburgo y Editorial Ediego, 1.ª ed., Milán, 1986b.

De la Rosa Alemay, L. *Marketing internacional. Expansión de la empresa hacia el exterior.* Cámara de Comercio, Industria y Navegación de Barcelona, y Centro de Estudios de Economía Internacional, 1.ª ed., Barcelona, 1989.

Díaz Fernández, J. y Ayuso Lozano, F. L. *El tráfico de perfeccionamiento.* Servicio de Estudios Económicos del Banco Exterior de España, Extecom, 1.ª ed., Madrid, 1980.

Eisemann, F. *Incoterms. Los usos de la venta internacional.* Servicios de Estudios Económicos del Banco Exterior de España, Extecom, 1.ª ed., Madrid, 1985.

Fernández Suárez, F. *Depósitos aduaneros, zonas y depósitos francos en España y la CEE. Recopilación.* Servicio de Estudios Económicos del Banco Exterior de España, Extecom, 1.ª ed., Madrid, 1987.

Furtado, C. *Teoría y política del desarrollo económico.* Siglo XXI Editores, 5.ª ed., México, 1974.

Galera Rodrigo, G. *Derecho aduanero español y comunitario. La intervención pública sobre el comercio exterior de bienes.* Civitas, S. A., 1.ª ed., Madrid, 1995.

García Valera, A. y Arobes Aguilar – Galindo, J. C. *Aduanas 2007: Manual práctico para el operador del comercio exterior.* Asociación Española de Concesionarios de Zonas y Depósitos Francos, 1.ª ed., Cádiz y Vigo, 2007.

García, G., Fernández, I., Jiménez, I. y Laviña, F. *La aventura de exportar.* Colegio de Economistas de Madrid, 1.ª ed., Madrid, 1999.

Garzón Ruiz, J. *Índice legislativo español.* Compañía Anónima Calpe, 1.ª ed., Madrid, 1922.

Gil del Real de Pazos, F. y Arroyo Jiménez, J. A. *Política agrícola común.* Servicio de Estudios Económicos del Banco Exterior de España, Extecom, 1.ª ed., Madrid, 1988.

González Grajera, F. J. *Procedimiento de gestión aduanera. Ministerio de Economía y Hacienda.* Escuela de la Hacienda Pública, 1.ª ed., Madrid, 1988.

González Jaraba, M. *El sistema de impuestos especiales en España.* Marcial Pons, Madrid, Barcelona, Buenos Aires; Ediciones Jurídicas y Sociales, S. A., 1.ª ed., Madrid, 2007.

Gorriño, V. *Ordenación de la economía española.* Servicio de Estudios del Banco Hispano Americano, 1.ª ed., Madrid, 1981.

Granell Trías, F. *La exportación y los mercados internacionales.* Hispano Europea, 1.ª y 5.ª eds., Barcelona, 1974 y 1989.

Granell Trías, F. *Las empresas multinacionales y el desarrollo.* Ariel, 1.ª ed., Barcelona, 1974.

Guardiola Sacarrera, E. *La compraventa internacional y los Incoterms.* Cámara Oficial de Comercio, Industria y Navegación de Barcelona y Centro de Estudios de Economía Internacional, 4.ª ed., Barcelona, 1988.

Guardiola Sacarrera, E. *La compraventa internacional.* Bosch, 1.ª ed., Barcelona, 1995.

Guardiola Sacarrera, E. *La desgravación fiscal a la exportación en España.* Cámara Oficial de Comercio, Industria y Navegación de Barcelona, 1.ª ed., Barcelona, 1977.

Gutenberg, E. *Economía de la empresa.* Deusto, 3.ª ed., Bilbao, 1968.

Herrera Ydáñez, R. *Nuevo código de valoración GATT.* Servicio de Publicaciones del Ministerio de Hacienda, 1.ª ed., Madrid, 1983.

Herrera Ydáñez, R. *Valor en aduana de las mercancías de importación.* Servicio de Estudios Económicos del Banco Exterior de España, Extecom, 1.ª ed., Madrid, 1982.

Hugas Alvadalejo, R. *El transporte y los fletamentos marítimos.* Cámara de Comercio, Industria y Navegación de Barcelona – Centro de Estudios de Economía Internacional, 4.ª ed., Barcelona, 1981.

Ingelmo Pinilla, J. y García-Victoria Gely, J. J. *Régimen de perfeccionamiento activo.* Servicio de Estudios Económicos del Banco Exterior de España, Extecom, 3.ª ed., Madrid, 1987.

Íñigo Fernández, L. E., *Breve historia de España II – El camino hacia la modernidad.* Nowtilus, Madrid, 2010.

Kindleberger, C.P. *Economía internacional.* Aguilar, 1.ª ed., Madrid, 1972.

Lange, O. *Economía política.* Fondo de Cultura Económica. México, 1974.

Lapuente Moreno, F. *El tráfico de perfeccionamiento activo en España.* Centro de Estudios de Economía Internacional y Cámara de Comercio, Industria y Navegación de Barcelona, 1.ª ed., Barcelona, 1984.

Leftwich, R. H. *Sistema de precios y asignación de recursos.* Nueva Editorial Interamericana, 4.ª ed., México D. F., 1972.

León, A. y Romero, R. *Logística del transporte marítimo.* Marge Books, Barcelona, 2003.

Lipsey, R. G. *Introducción a la economía positiva.* Vicens Vives, 4.ª ed., Barcelona, 1970.

Marichalar, L. *El problema económico de España.* Imprenta de B. Rodríguez, Madrid, 1916.

Martí Ragué, L. y Arroyo Ruiz-Zorrila, R. *La desgravación fiscal y otras exenciones impositivas a la exportación.* Index, 1.ª ed., Madrid, 1977.

Martínez Cortiña, R. y Sanpedro, J. L. *Estructura económica.* Ariel, 3.ª ed., Barcelona, 1973.

Martínez Estévez, A. y Martínez Serrano, J. A. *El sector exterior de la economía española.* Colegio de Economistas de Madrid, 1.ª ed., Madrid, 1988.

Ministerio de Economía Nacional. Sección de Política Arancelaria. *Recopilación de la legislación complementaria de los Aranceles de Aduanas hasta fin del año 1930.* Sucesores de Rivadeneyra Artes Gráficas, 1ª ed., Madrid, 1930 y 1931.

Ministerio de Hacienda. *Regímenes aduaneros económicos – Legislación de las comunidades europeas.* Escuela Oficial de Aduanas, 1.ª ed., Madrid, 1985.

Mira, J. y Soler, D. *Gestión del transporte.* Marge Books, Barcelona, 2010.

Mollet, M. *La regulació del comerç internacional: del GATT a l'OMC.* Servei d'Estudis de La Caixa d'Estalvis i Pensions de Barcelona, 1.ª ed., Barcelona, 2001.

Montero L. *Logística e intermodalidad.* Marge Books, Barcelona, 2002.

Morán Mediña, R. y Bellmunt Roig, J. *Los organismos de control en el comercio exterior español.* Cámara de Comercio, Industria y Navegación de Barcelona y Centro de Estudios de Economía Internacional, 3.ª ed., Barcelona, 1990.

Mins Albuixech, J. *Industrialización y crecimiento de los países en desarrollo.* Ariel, 1.ª ed., Barcelona, 1972.

Mutualidad del Personal de Aduanas. *Normativa y práctica de la desgravación fiscal a la exportación.* Mutualidad del Personal de Aduanas, 1.ª ed., Madrid, 1971.

Nême, J. y C. *Organizaciones económicas internacionales.* Ariel, 1.ª ed., Barcelona, 1974.

Perpiñá, R. *De economía hispana, infraestructura, historia.* Ariel, 1.ª ed., Barcelona, 1972.

Poveda del Álamo, G. *Los certificados de origen en la importación y en la exportación.* Cámara Oficial de Comercio de Comercio, Industria y Navegación de Barcelona y Centro de Estudios de Economía Internacional, 1.ª ed., Barcelona, 1984.

REVENGA SANZ, J. *Índice legislativo aduanero.* Heraldo de Aragón, 1.ª ed., Zaragoza, 1956.

ROJO DUQUE, L. A. *Teoría económica. Las identidades macroeconómicas básicas en una economía abierta.* Multiprint, 1.ª ed., Madrid, 1973.

ROMERO, L. *El final de la Guerra Civil.* Ariel, Barcelona, 1976.

ROMERO SERRANO, R. *El transporte marítimo.* Marge Books, Barcelona, 2002.

SANCHÍS MOLL, J. L. *Régimen de comercio exterior.* Ministerio de Economía y Hacienda, Escuela de Hacienda Pública, 1.ª ed., Madrid, 1989.

SBARBI, R. L., ALCALÁ DEL OLMO, E. y GONZÁLEZ REVIRIEGO, L. *Apéndice a las ordenanzas generales de la renta de aduanas aprobadas por Real Decreto de 14 de noviembre de 1924. Comentadas y concordadas.* Novísima Edición - Unión Poligráfica, 1.ª ed., Madrid, 1934.

SÁNCHEZ CALERO, F. *El contrato de transporte marítimo de mercancías. Reglas de La Haya – Visby.* Aranzadi, Elcano (Navarra), 2000.

SCHWARTZ, P. *El producto nacional de España en el siglo XX. Selección de textos.* Instituto de Estudios Fiscales – Ministerio de Hacienda, 1.ª ed., Madrid, 1977.

SERRA ALBÓ, M. *Gestió del comerç internacional.* Generalitat de Catalunya – Consorci de Promoció Comercial de Catalunya – COPCA, 1.ª ed., Barcelona, 2006.

SERRA ARECHAGA, P. *El tráfico de perfeccionamiento.* Colegio Oficial de Agentes y Comisionistas de Aduanas de Barcelona, 1.ª ed., Barcelona, 1978.

SILVA CHORÉN, J. *Gestión administrativa del comercio internacional.* Mc Grawn Hill – Interamericana de España S.A.U. Madrid, 2005.

SMITH ADAM. *An Inquiry into the Nature and Causes of Wealth of Nations.* W. Strahan and T. Cadell, London, 1776.

TAMAMES, R. *Introducción a la economía española.* Alianza, 7.ª ed., Madrid, 1972.

TAMAMES, R. *La polémica sobre los límites al crecimiento.* Alianza, Madrid, 1974.

TAMAMES, R. *Estructura económica internacional.* Alianza, 4.ª ed., Madrid, 1975.

TAMAMES, R. *Estructura económica de España.* Guadiana de Publicaciones, 7.ª ed., Madrid, 1974.

THOMAS, H. *La Guerra Civil española.* Grijalbo, 1.ª ed., Barcelona, 1976.

VICENS VIVES, J. *Historia económica de España.* Vicens Vives, 7.ª ed., Barcelona, 1971.

VILAR, P. *Historia de España.* Crítica, 15.ª ed., Barcelona, 1982.

VILAR, P. *La Guerra Civil española.* Crítica, 3.ª ed., Barcelona, 2006.

Revistas y publicaciones

CABANA, F. *Avui,* de 22 de abril de 2007, «Quadern d'economia»

CABANA, F. *Avui,* de 30 de agosto de 2008, «Quadern d'economia».

CÁMARA OFICIAL DE COMERCIO INTERNACIONAL - CCI. «Reglas oficiales de la CCI para la interpretación de términos comerciales - Incoterms 2000». Publicación n.º 560. Comité español, Barcelona, 1999.

CAÑAS, J. y GILMER, R. W. «Datos sobre maquiladoras». *Artículos de investigación, Southwest Economy,* Federal Reserve Bank of Dallas, mayo-junio de 2007.

CARRERA y DE ODRIOZOLA, A. «La producción industrial española 1842-1981: construcción de un índice anual». *Revista de Historia Económica,* n.º 1, año II, Madrid, 1984.

FERNÁNDEZ SUÁREZ, A. «Regímenes aduaneros específicos en la CEE». *Revista de Hacienda Pública Española,* págs. 387 a 418, año 1985.

GRANDI, J. «La formación de cuadros para la integración». *Redial - Red Europea de Información y Documentación sobre América Latina,* boletín n.º 3, Bruselas, junio de 1994.

INFORMACIÓN COMERCIAL ESPAÑOLA - ICEX. Número monográfico de «Curso de Comercio Exterior». Madrid, 1988.

KAPUR, D., LEWIS J. P. y WEBB, R. «The World Bank. Its Firts Half Century». *Brooking Institution Press,* Washington, 1997.

LA ADUANA ESPAÑOLA ANTE LA EMPRESA, «III Jornadas de Estudios de Aduanas, 1984». Instituto de Estudios Fiscales, Madrid, 1987.

LANGE, O. Teoría del desarrollo económico. Universidad de Varsovia, 1958.

LÓPEZ ROA. «Incidencia de una política liberalizadora, en un país en vías de desarrollo, sobre las propias exportaciones: el caso de España». *Información Comercial Española, ICE: Revista de economía,* n.º 523, 1977.

Mac Dougall. «The Benefits and Costs of private Investiment from Abroad. A Theoretical Approach». *Economic Record,* vol. 36, 1960.

Maluenda García, M.ª J. «Restituciones a la exportación en el sector de frutas y hortalizas». *Boletín Económico del Instituto de Comercio Exterior,* n.º 2.649, del 3 al 9 de abril de 2000.

Revista Aduanera y Tributaria, n.º 195, año V, 17 de enero de 1931. «El servicio de estadística del comercio exterior», págs. 33 y 34.

Rodríguez Carmona, A. «El dumping ecológico: el papel de las medidas comerciales». *Documentos de Trabajo de la Facultad de Ciencias Económicas y Empresariales.* Universidad Complutense, Madrid, 1998.

Tovar Montáñez, J. «Las maquiladoras en México». *Teoría y Práctica,* boletín n.º 1, marzo de 2000, México D. F. BUISÁN, A. y GORDO, E. *Sector exterior en España.* Banco de España. Servicio de Estudios Económicos, Madrid, 1997.

Uriarte Cantolla, A. «Una visión heterodoxa sobre el Protocolo de Kioto». *Hika,* n.º 166, mayo de 2005.

Vargas, H. «Discurso inaugural de la IV Conferencia Latinoamericana de Zonas Francas». *Zona F,* de 1 de junio de 2000.

Vega Zafra, M. Á. *Medidas de apoyo a la exportación: el tráfico de perfeccionamiento activo.* Tesis Doctoral. Universitat d'Alacant, 1997. Dirigida por el doctor Diego Such Pérez. Publicada el 6 de febrero de 2008.

Webs de referencia

www.asociacionzonasfrancas.org
Asociacion de Zonas Francas de las Americas

www.abanfin.com
Asesores Bancarios y Financieros

www.aeat.es
Agencia Tributaria, España

www.aladi.org
Asociación Latinoamericana de Integración / Associaçao Latinoamericana de Integração (Aladi)

www.all-enlinea.com
Asociación Latinoamericana de Logística (ALL)

www.asociacionzonasfrancas.org
Asociación de Zonas Francas de las Américas (AZFA)

www.bancentral.gov.do
Banco Central de la República Dominicana

www.boe.es
Boletín Oficial del Estado, España

www.camaras.org
Cámara de Comercio de España

www.cde.ua.es
Centro de Documentación Europea, Universidad de Alicante

www.cesce.es
Compañía Española de Seguros de Crédito a la Exportación, SA

www.colombiaexport.com
Catálogo Colombiano de Exportadores

www.copemex.com
Compañía Peruana de Comercio Exterior (Copemex)

www.creditoycaucion.es
Crédito y Caución

www.cubaindustria.cu
Cuba Industria, zonas francas y parques industriales de Cuba

dialnet.unirioja.es
Dialnet, Universidad de la Rioja, Plataforma de recursos y servicios documentales

www.economia.gob.mx
Secretaría de Economía de México

www.eur-lex.europa.eu
Diario Oficial de la Unión Europea

www.europarl.europa.eu
Parlamento Europeo

www.icex.es
Instituto Español de Comercio Exterior (Icex)

www.ilo.org
Organización Internacional del Trabajo

www.incoterms.com
Reglas Incoterms de la Cámara de Comercio Internacional (CCI)

www.ine.es
Instituto Nacional de Estadística, España

www.logisnet.com
Logisnet. Cadena de suministro

www.proexport.com.co
Proexport, Promoción de Turismo, Inversión y Exportaciones, Colombia

www.revistasice.com
Revistas ICE, Información Comercial Española

www.sezindia.nic.in
Zonas Económicas Especiales en la India

www.sii.cl
Servicio de Impuestos Internos, Chile

spanish.mofcom.gov.cn
Ministerio de Comercio de la República Popular China

www.worldbank.org
Banco Mundial

www.zonasfrancas.net
Conferencia Latinoamericana de Zonas Francas

Biblioteca de Logística

Aurum 1. Técnicas logísticas para innovar, planificar y gestionar
Luis Carlos Hernández Barrueco

Manual de transporte para el comercio internacional
Cristina Peña Andrés

La mente y el corazón del logista
Laura Pujol Giménez, Mariano F. Fernández

Manual del transporte marítimo
Agustín Montori Díez, Carlos Escribano Muñoz, Jesús Martínez Marín

Manual del transporte de mercancías
Jaime Mira, David Soler

Unidades de carga en el transporte
David Soler

Carretilla frontal contrapesada. Normas de uso y seguridad
VVAA

Seguridad marítima. Teoría general del riesgo
Jaime Rodrigo de Larrucea

Manual técnico de carretillas elevadoras
Vicenç Ripoll

Estiba y trincaje de las mercancías en contenedor
Francisco Fernández Sasiaín

Transporte ferroviario de mercancías
Miguel Ángel Dombriz

Transporte en contenedor
Jaime Rodrigo de Larrucea, Ricard Marí, Álvaro Librán

El transporte por carretera
José Manuel Ruiz Rodríguez

Logística hospitalaria
Borja Ozores

La seguridad en los puertos
Ricard Marí, Jaime Rodrigo de Larrucea, Álvaro Librán

Centros logísticos
Ignasi Ragàs

El Convenio CMR
Francisco Sánchez-Gamborino, Alfonso Cabrera Cánovas

Transporte de mercancías por carretera. Manual de competencia profesional
José Manuel Ruiz Rodríguez

Soluciones logísticas para optimizar la cadena de suministro
Francisco Álvarez Ochoa

El transporte internacional por carretera
Alfonso Cabrera Cánovas

El contrato de transporte por carretera
(Ley 15/2009)
Alfonso Cabrera Cánovas

El seguro de las mercancías en el transporte
Albert Badia

Diccionario de logística
David Soler

Logística urbana. Ciudad y mercancías
Institut Cerdà

Abandono de buques y tripulaciones
Domingo González Joyanes

Almacenamiento de materiales
Mariano Pérez

Operadores logísticos
Andrés Mira

Calidad total y logística
José Presencia

Logística del automóvil
Federico Sabrià

El transporte marítimo
Rosa Romero

Logística de la carga aérea
Carlos Vila López

La cadena de suministro
IESE-CIIL; Coordinador: Federico Sabrià

Subcontratación de servicios logísticos
Josep A. Aguilar

Transporte internacional
Josep Baena

Logística e intermodalidad
Luis Montero

Logística y marketing geográfico
Fernando S. Amago

Avda. Alcalde Moix, 28 – 08207 Sabadell (Barcelona) – Tel. +34-931 429 486 – marge@margebooks.es – www.margebooks.es

GESTIONA

Manual de seguridad en el trabajo *Marge Books*	**Regímenes aduaneros económicos y procesos logísticos en el comercio internacional** *Pedro Coll*

Manual de seguridad en el trabajo
Marge Books

Cómo innovar en las pymes.
Manual de mejora a través de la innovación
Alberto Tundidor Díaz

Guía documental para exportar e importar.
Los 12 documentos clave
Alberto García Trius

Mass customization.
Las claves de la personalización masiva
Blas Gómez Gómez

Crédito documentario. Guía para el éxito
en su gestión
Cristina Peña Andrés, Amelia de Andrés Leal

Guía práctica de las reglas Incoterms® 2010
David Soler

Certificación Lean Six Sigma Green Belt
para la excelencia en los negocios
Lean Six Sigma Institute, SC

Certificación Lean Six Sigma Yellow Belt
para la excelencia en los negocios
Lean Six Sigma Institute, SC

Negociación intercultural. Estrategias
y técnicas de negociación internacional
Domingo Cabeza, Pelayo Corella, Carlos Jiménez

Las reglas Incoterms® 2010. Manual para
usarlas con eficacia
Alfonso Cabrera Cánovas

Regímenes aduaneros económicos y procesos
logísticos en el comercio internacional
Pedro Coll

Inglés náutico normalizado para
las comunicaciones marítimas
José Manuel Díaz Pérez

Shipping & Commercial Case Law
Albert Badia

Gestión medioambiental en la industria
José M.ª Suris

Gestión financiera del comercio internacional
Josep M.º Casadejús

Manual de gestión aduanera. Normativas
del comercio internacional y modelos
de integración económica
Pedro Coll

Los abordajes en la mar
Carlos F. Salinas

El desorden sanitario tiene cura.
Desde la seguridad del paciente hasta
la sostenibilidad del sistema sanitario
con la gestión por procesos
Rajaram Govindarajan

Gestión y liderazgo en una empresa
de seguros
Simón Mahfoud y Digna Peña

MARGE BOOKS

Avda. Alcalde Moix, 28 – 08207 Sabadell (Barcelona) – Tel. +34-931 429 486 – marge@margebooks.es – www.margebooks.es

www.ingramcontent.com/pod-product-compliance
Lightning Source LLC
LaVergne TN
LVHW080425200726
843507LV00004B/722